7 Mythen
über Europa

Retter Europas ist vor allem, wer es vor der Gefahr der politisch-religiös-sozialen Zwangseinheit und Zwangsnivellierung rettet, die seine spezifische Eigenschaft, nämlich den vielartigen Reichtum seines Geistes bedroht.

Jacob Burckhardt

Die Europäische Union besteht aus postklassischen Nationalstaaten, die einige ihrer Hoheitsrechte gemeinsam ausüben und andere auf supranationale Entwicklungen übertragen haben. Jeder Versuch, die Mitglieder dieses Staatenverbundes auf ein »postnationales« Selbstverständnis, die Abschaffung der Nationalstaaten oder die Finalität eines Bundesstaates nach deutschem Vorbild festzulegen, wäre zum Scheitern verurteilt und überdies kontraproduktiv. Er würde den nationalistischen Kräften Auftrieb geben.

Heinrich August Winkler

Eine Welt ohne Grenzen ist eine Wüste;
eine Welt mit geschlossenen Grenzen ist ein Gefängnis;
die Freiheit gedeiht in einer Welt offener Grenzen.

Sir Ralf Dahrendorf

René Cuperus

7 Mythen
über Europa

Plädoyer für ein vorsichtiges Europa

Aus dem Niederländischen
von Gregor Seferens

Bibliografische Information der Deutschen Nationalbibliothek

Die Deutsche Nationalbibliothek verzeichnet diese Publikation
in der Deutschen Nationalbibliografie; detaillierte bibliografische
Daten sind im Internet über http://dnb.dnb.de abrufbar.

ISBN 978-3-8012-0574-4
[Auch als eBook erhältlich: ISBN 978-3-8012-7024-7]

Copyright © 2021 by
Verlag J. H. W. Dietz Nachf. GmbH
Dreizehnmorgenweg 24, 53175 Bonn
Umschlag: Hermann Brandner, Köln
Satz: just in print, Bonn
Druck und Verarbeitung: CPI books, Leck
Alle Rechte vorbehalten
Printed in Germany 2021

Besuchen Sie uns im Internet: *www.dietz-verlag.de*

Inhalt

Eine Europakonferenz in Berlin

»Für die Zukunft Europas muss man nach Deutschland gehen«

Letzten Sommer war ich in Berlin auf einer Konferenz über die Zukunft Europas. Meine erste internationale Konferenz seit anderthalb Jahren Corona-Elend. Das Treffen fand in einer Villa im schicken Berliner Stadtteil Grunewald statt. In dieser Villa befindet sich die *Europäische Akademie,* ein Bildungs- und Konferenzzentrum »zur Stärkung der Europäischen Union«. Die Konferenz war organisiert von der Willi-Eichler-Akademie und der Bundeszentrale für politische Bildung. Ein solches Treffen bietet einen guten, innovativen Einstieg in das übliche Europadenken in Deutschland.

Über Europa wird geredet, als wäre es eine Religion. Für die Deutschen ist Europa *Ersatznation* und *Ersatzreligion* zugleich: Ersatzheimat und neue Religion. Dieses europäische Denken entsprang der moralischen Schuld und den historischen Narben der deutschen Gräueltaten im 20. Jahrhundert.

Der auch in Deutschland bekannte holländische Schriftsteller Arnon Grunberg schrieb dasselbe für *de Volkskrant* in seinem Essay über das Ende der Ära Merkel (Volkskrant, 10. Juli 2021). »Für Deutschland ist die Vereinigung Europas *Staatsräson,* das heißt, die Vereinigung ist aus Sicht des deutschen Staates notwendig (...). Als Nationalstaat verfolgt Deutschland implizit seine eigene Auflösung im Austausch für ein sich langsam verschlechterndes Verhältnis zu Europa (...). Deutschland sieht seine Daseinsberechtigung darin, seine moralische Schuld zu erfüllen, unter anderem durch die Zusammenführung Europas (...). Das deutsche Experiment im 21. Jahrhundert besteht in der schrittweisen Abschaffung des Nationalstaates.«

Gerade in progressiven, sozialliberalen Kreisen – und sie führen oft solche Bildungszentren in Deutschland – ist das in der Tat die offizielle Diktion, die man hört. Die Menschen glauben an eine postnationale Zukunft. Die europäische Einigung wird als der einzig mögliche Fortschritt angesehen, sogar als eine Art altruistisches

Abenteuer, bei dem Deutschland seine nationale Macht im großen europäischen Plan auflöst.

Auf einer solchen Konferenz in Deutschland wird stark schwarz-weiß gedacht und gesprochen. Analysen unterscheiden richtig und falsch, Gut und Böse. Zum Beispiel wurde Donald Trump immer noch stark kritisiert – die Pervertierung der Politik in Person. In einem Impulsreferat eines europäischen Spitzenpolitikers der SPD war der Trump-Schock noch immer quicklebendig. Bemerkenswerterweise wurden Putin und Xi überhaupt nicht erwähnt. Nur Victor Orbán. Unsere westliche Demokratie wird offenbar nicht von China und Russland bedroht, sondern lediglich von Nationalisten, Populisten und Rechtsextremisten. Ihnen gegenüber wird ein antipopulistisches Programm propagiert: Europa, Klima, Migration und LGBTI. Alles, was dafür ist, ist gut. Alles, was dagegen ist oder es aufweicht, löst einen Rutschbahneffekt hin zu Extremismus, Nationalismus, Fremdenfeindlichkeit aus.

Jedes Mal fällt auf, dass die Deutschen die Europäische Union bewusst und unbewusst als eine Art vergrößerte Bundesrepublik sehen – nur mit zusätzlichen Bundesländern. Das ist die Sichtweise und die DNA, mit der die Deutschen Europa betrachten, ob es ihnen gefällt oder nicht. Deutschland ist wie Belgien mit föderalem Denken vertraut. Die Aufgaben- und Arbeitsteilung zwischen dem Berliner Regierungszentrum und den *Bundesländern* ähnelt zunehmend der europäischen Dynamik zwischen Brüssel und den Mitgliedstaaten. Ein deutscher Experte sagte mir, ohne Augenzwinkern, dass in Zukunft die nationalen Mitgliedstaaten nur noch für die Bildungs- und Kulturpolitik zuständig sein würden und der Rest nach Brüssel verlagert werde. Genau das deutsche Modell. Man ist an Kompetenzverteilung und Finanztransfers zwischen Regionen und Zentrum gewöhnt. Den Niederländern ist das völlig fremd.

Zudem sieht Deutschland im Gegensatz zu den kleinen europäischen Ländern die EU nicht schnell als Bedrohung der eigenen Identität. Nicht allein ist der deutsche Nationalstaat historisch belastet, und sein Aufgehen in einem größeren europäischen Ganzen darum moralisch gut. Es ist auch so, dass im Gegensatz zu den kleineren Mitgliedstaaten insbesondere Deutschland und Frankreich von einer größeren und stärkeren EU profitieren. Sie bekommen im Gegenzug die europäische Führung; das ist manchmal etwas kostspielig, aber trotzdem vorteilhaft. Je größer die EU, desto mächtiger werden die großen Länder und desto relativ machtloser die kleinen Länder.

Ein »vorsichtiges Europa«

Auf dieser Konferenz in Berlin habe ich eine unangenehme Position vertreten. Nicht nur in fehlerhaftem Deutsch (wie viele Niederländer sprechen die Sprache Goethes und Heines noch fließend?), sondern auch, weil ich eine andere Europasensibilität betonen wollte als die deutsche Europautopie, nämlich die Europasicht kleinerer Länder wie der Niederlande.

Ich habe für ein »vorsichtiges Europa« plädiert, eine EU, die ihre Grenzen und Schranken kennt. Warum? Weil für die Mehrheit der Menschen in Europa europäische Politik keine gelebte und bekannte Demokratie ist. Mit der Abschaffung der Nationalstaaten kann man keine Mehrheiten gewinnen (und man kann andere Länder nicht auffordern, ihren Nationalstaat wegen der historischen, nationalistischen Barbarei Deutschlands zu opfern). Darüber hinaus müssen vor allem auf nationaler Ebene politisches Vertrauen zwischen Politik und Bevölkerung und demokratisches Selbstbewusstsein wiederhergestellt werden.

Es gibt eine »Populismus-Kluft« in der Gesellschaft zwischen den Hochgebildeten und den Weniger-Gebildeten, wobei Europa die Gruppen eher trennt, als verbindet. Im Moment gibt es daher kein Mandat für die etablierte Politik (die gar nicht mehr so etabliert ist) oder für große Schritte und Sprünge in Europa. Ich bin daher sehr besorgt, wie das größenwahnsinnige Klimapaket der Europäischen Kommission *(Fit for 55)* enden wird: Top-down-Technokratie ohne demokratische Unterstützung.

Der nationale Populismus scheint in Deutschland und den Niederlanden seinen Höhepunkt überschritten zu haben (dank der internen Konflikte von Forum voor Democratie in den Niederlande und *AfD* in Deutschland). Wenn man sich aber Frankreich anschaut, sieht man, wie prekär die politische Situation in Europa wirklich ist. Dort stehen sich Präsident Macron und Éric Zemmour / Marine Le Pen – Establishment versus Antiestablishment – mit 55 Prozent zu 45 Prozent gegenüber. Und die Präsidentschaftswahlen in Frankreich entscheiden über die Stabilität und Unterstützung für die zukünftige europäische Politik.

Europa-Realismus

Ich habe dem deutschen Publikum klar gemacht, dass die Niederländer pragmatisch pro EU sind. Sie wollen wenig mit dem NEXIT-Gerede der Nationalpopulisten zu tun haben, sehen aber Europa auch nicht als ein Ersatzvaterland oder eine Art säkulare Religion. Die Niederländer sind europäische Realisten. Ihnen liegt der Binnenmarkt am Herzen, denn die holländische Wirtschaft lebt, wie die deutsche, vom Handel und vom Export. Sie kümmern sich um die offenen Grenzen und die Freizügigkeit von Menschen, denn die Niederländer sind touristische Großnutzer und holen sich gerne billige Arbeitskräfte für den Agrarsektor. Aber sie fürchten und meiden unbegrenzte Arbeitsmigration, weil sie den Wohlfahrtsstaat untergraben kann.

Die Niederländer erkennen an, dass die europäische Zusammenarbeit nach dem katastrophalen 20. Jahrhundert eine historische Verpflichtung ist: »Nie wieder Krieg«, Ende der deutsch-französischen Erbfeindschaft. Gleichzeitig widerstrebt kleinen Ländern auch eine Rückkehr des Großmachtdenkens in Europa. Das heißt: Respekt für nationale Demokratien, Kulturen und politische Traditionen.

Die Niederländer lieben das Erasmus-Stipendienprogramm, sehen aber im Prinzip in der europäischen Einigung eher einen Demokratieverlust als Demokratiegewinn. Wie kann man ein Mehrvölkerreich mit 500 Millionen Einwohnern in eine wahre Demokratie verwandeln?

Die EU, so argumentierte ich polemisch, ist keine große »deutsche Bundesrepublik« und wird es auch nie sein. Sie ist kein verzehnfachtes Deutschland mit sehr vielen Bundesländern. Nein, wenn die EU etwas ist, dann ist sie eher so etwas Ähnliches wie eine komplexe Vergrößerung Belgiens. Die EU ist dann »27-mal Belgien«. Das heißt: ein komplexes Pseudostaatsphänomen mit einer unglaublichen Vielfalt an Sprachen, Kulturen und politischen

Traditionen. Und muss so angegangen werden, wenn sie ein langes, glückliches Leben haben soll.

Deutschland ist Europa im Kleinen

Mein Plädoyer für ein »vorsichtiges Europa« stieß auf lauwarme Reaktionen. Erst zur Mittagszeit sprachen mich die Leute begeistert an: »*Sie sagen, wie es ist!*«, und räumten damit implizit ein, dass das europäische Denken in Deutschland aus verständlichen historischen Gründen nicht realistisch sei und nicht realistisch sein dürfe.

Zur Relativierung muss nun gesagt werden, dass in Deutschland die europäische Suppe nicht so heiß gegessen wird, wie es das offizielle Denken und Sprechen sie kocht. Im politischen Alltag versuchen deutsche Politiker und politische Entscheidungsträger oft, die europäischen Pläne des französischen Präsidenten Macron abzuschwächen und zu stören. Nachkriegsdeutsche zeichnen sich durch die Haltungen aus: »Keine Experimente!« und ein stabiles und solides »Fahren auf Sicht« aus. Insbesondere in der deutschen CDU/CSU und der FDP gibt es eine große Zurückhaltung gegenüber einer weiteren europäischen Integration. Auch das Bundesverfassungsgericht in Karlsruhe spielt dabei eine entscheidende Rolle, weil es sich weigert, die EU als Pseudodemokratie mit eigenem »Demos« zu sehen. Darüber hinaus gelingt es Deutschland oft auf geniale Weise, nationale Interessen in den europäischen Diskurs zu verpacken. Bei der Interessenvertretung der deutschen Autoindustrie wird die EU plötzlich viel weniger »religiös« interpretiert.

Wie dem auch sei, tiefgründige Kenntnisse über Deutschland sind unverzichtbar für diejenigen, die etwas über die Zukunft der EU sagen wollen. Eine solche Konferenz in Berlin lehrt, dass man die Funktionsweise der Bundesrepublik viel besser studieren muss. Schließlich finden viele der föderalen Erfahrungen und -praktiken später ihren Weg in die EU.

Die Kenntnis Deutschlands ist auch deshalb entscheidend, weil Deutschland eine Art Miniatureuropa für sich ist. Die Nord-Süd- und Ost-West-Trennungslinien innerhalb Europas findet man in Deutschland selbst im Kleinen wieder: mit den *Ossis* in der Rolle der Osteuropäer, der FDP als Sprachrohr der »sparsamen Länder«, den deutschen Grünen als Macrons euroföderalen Handlangern und der Merkel-Doktrin vom *Zusammenhalt*, der alles ein bisschen zusammenhalten muss. Es ist dieses interne »europäische Kräftefeld« innerhalb Deutschlands, das letztlich tiefgreifende Auswirkungen auf die Zukunft der EU haben wird.

Post-Merkel-Deutschland in Post-Corona-Europa

Dieses Buch ist ein lautes Nachdenken über Europa. Ein Essay über die Stärke und Schwäche Europas. Über die Spannkraft und die Zukunftsideale des europäischen Projekts. Über die falschen Mythen der neoföderalen Europhilen und der xenophoben Nationalisten. Es ist ein »europa-realistisches« Buch – weder euroskeptisch noch eurofödéral. Es wurde kurz vor und während der weltweiten Corona-Krise geschrieben, und das hat lesbare Spuren hinterlassen.

Eine differenzierte Sicht von Europa

Ich will sofort mit der Tür ins Haus fallen und mit offenen Karten spielen: Ich ringe mit Europa. Ich bin weder Nationalist noch Föderalist, nicht antieuropäisch, aber auch nicht europhil. Würde es nicht so trendy wie »Transgender« klingen, würde ich mich selbst als »Transnationalist« oder »Transeuropäer« bezeichnen. Ich bin ein Anhänger eines bunten, pluralistischen Europas, nicht eines grauen, technokratischen, zentralistischen. Ich bin ein Anhänger intensiver, grenzüberschreitender europäischer Zusammenarbeit, aber ein Gegner einer forcierten, aufgezwungenen Vereinigung. Ich bin ein Bewunderer der Summe der europäischen Nationalstaaten, wobei das Ganze mehr ist als die Summe seiner Teile.

Europa, das ist für mich vor allem Barcelona, Vilnius, Dublin, Berlin, Zagreb. Europa, das ist das reiche Mosaik europäischer Staaten, Kulturen, Traditionen, Gerüche und Farben. Darüber hinaus gibt es die Notwendigkeit und den Mehrwert der europäischen Zusammenarbeit. Notwendig geworden aufgrund der fatalen Kriegsgeschichte unseres Kontinents. Die Deutschen sagen es treffend: Die Geschichte Europas hat uns zu historischer Zusammengehörigkeit verpflichtet: »Nie wieder« und »Nie wieder allein«. Um dieses »Nie wieder« zu garantieren, haben wir uns tiefgreifende Formen der europäischen Zusammenarbeit und Verflechtung auferlegt.

Die Kernfrage ist und bleibt, wie weit diese europäische Verflechtung gehen muss und gehen kann. Kann man 75 Jahre nach der Befreiung dieselbe »*Ever Closer Union*« anstreben, wie sie die Pioniergeneration in der Nachkriegszeit vor Augen hatte? Ist das in Gesellschaften möglich, die unermesslich viel mündiger und demokratischer sind als Ende der 1940er-Jahre? Geht das in einer Europäischen Union, die durch nahezu permanente Erweiterung (von sechs auf 27 Mitgliedsstaaten und demnächst vielleicht noch mehr) immer diverser und heterogener geworden ist? Ist ein zentralistischer *Top-down*-Einheitsprozess etwas, das noch in die horizontalen Gesellschaften des 21. Jahrhunderts, zu der improvisierenden Network-Generation der *Millennials* passt? Bei all dem sind starke Zweifel angebracht.

Dem gegenüber steht zugegebenermaßen die Frage, ob kleine Nationalstaaten in einer sich globalisierenden Welt überhaupt überleben können, ob ein uneinig und bürokratisch verhandelndes Europa der *Great Power Competition* des 21. Jahrhunderts gewachsen ist? Aber kann dies jemals Grund genug sein, um eine Vereinigung Europas zu erzwingen, ohne dafür den nötigen Rückhalt in der Bevölkerung zu haben?

Zum Glück ist Europa mehr als Brüssel. Mehr als das Europaviertel in Brüssel. Mehr als die europäischen Institutionen. In Brüssel denkt man zu sehr, »sie« seien Europa, sie repräsentierten das »wahre Europa«. Im Gegensatz zu den halsstarrigen, quertreibenden Mitgliedsstaaten. Im Gegensatz zu den Nationalstaaten und den nationalen Nabelschauern. Im Gegensatz zu den nationalistischen Populisten. Im Gegensatz zu den in den Nationalstaaten zurückgebliebenen Menschen, die angeblich die Neue Welt noch nicht verstanden haben. Kleindenkende Menschen, die noch in der Kleinstaaterei des 19. Jahrhunderts leben.

Die »Feinde« Brüssels, die nationalistischen Populisten, sind in ihrem leichtsinnigen Leugnen einer europäischen Schicksalsverbundenheit ebenso fanatisch. Dort, wo die Nationalisten keine »Einheit und Homogenität« in Europa erkennen können, sehen sie davon wiederum zu viel im Nationalstaat und geraten dabei in Konflikt mit dem Pluralismus, der ein wesentliches Element jeder Demokratie ist. Als bestünden Nationalstaaten aus einem einzigen Volk, das mit einer Stimme spricht. Das ist gefährlicher Unsinn.

Das Schwarz-Weiß-Denken über Europa macht mehr kaputt, als uns lieb ist. Die Frage ist nicht: entweder die Europäische Union oder der Nationalstaat, entweder Brüssel oder die Hauptstädte. Wer glaubt, mit dieser Haltung Nationalismus (im Sinne von Patriotismus) dämonisieren zu können, erntet erst recht das, was er bekämpfen will: antieuropäischen Nationalismus. Und wer die Einheit des Nationalstaates im Gegensatz zu Europa besingt, der trällert schon bald eine antidemokratische, fremdenfeindliche Melodie.

Ebenso wenig darf die Europadebatte ausschließlich mit moralischen Begriffen geführt werden: Europa ist gut, der Nationalstaat ist schlecht. »Europa« wird vor allem von Hochqualifizierten gewollt und ungewollt als »*Lifestyle*-Markierung« verwendet. Um sich von ordinären Populisten und »Das-eigene-Volk-zuerst«-Nationalisten abzugrenzen. Europa als moralisches Projekt, bei dem es mehr um die richtige Einstellung geht als um echte Anteilnahme an der europäischen Politik und Wissen darüber geht.

Darum geht es diesen Menschen auch nicht. Es geht um ein Lifestyle-Statement, um ein identitätspolitisches Bekenntnis zu der Blase, der man angehören möchte. Kosmopoliten versus Nationalisten. International versus national. Gut versus schlecht. Wer für Europa ist, ist ein besserer Mensch. Wer Probleme mit Europa hat, ist ein böswilliger oder dummer Mensch.

Dieser Schwarz-Weiß-Moralismus ist eine Folge des Kulturkampfs zwischen Establishment und Antiestablishment, zwischen »Elitisten« und Populisten. Er beeinflusst auch die Debatte über Europa. Er verhindert, dass nüchtern und sachlich über das *Wie* der europäischen Zusammenarbeit kontrovers diskutiert werden kann, und dämonisiert sowohl die Fürsprecher als auch die Kritiker des europäischen Projekts. Das ist schlecht für die Auseinandersetzung und letztendlich schlecht für Europa, denn ihr ist mehr mit Kontroverse und reflexiver Kritik gedient.

Die vernünftige Mitte unter Druck

Ich ringe mit der Unvorsichtigkeit Europas. Die unvorsichtige Art und Weise, mit der mit Europa umgesprungen wird. Nationalpopulisten reißen mit ihren Exit-Idealen die EU auseinander, als gäbe es keine Geschichte. Föderalisten reißen die Nationalstaaten auseinander, als gäbe es keine Geschichte.

Wir stoßen hier auf einen doppelten Fanatismus. Fanatische Europhile predigen öffentlich eine »Revolution gegen die Nationalstaaten«. Sie sehen einzig eine *Europäische Republik* vor sich, einen einzigen und ungeteilten Staat. Dem gegenüber stehen fremdenfeindliche Nationalpopulisten, die für eine fanatische Revolution gegen das Phantom eines zentralistischen Superstaats plädieren und in den europäischen Mitbürgern nichts anderes sehen als Schnorrer und Konkurrenten.

Diese extremen Positionen ziehen die vernünftige Mitte Europas auseinander. Diese wurde in der Nachkriegszeit von den Parteien in der Mitte getragen, doch diese Parteien sind heute durch Wahlen und die demografischen Entwicklungen stark geschwächt, unter anderem, weil sie sich – entgegen ihren ideologischen Traditionen – in den vergangenen neoliberalen Jahrzehnten nicht mäßigen konnten und den Sozialvertrag der Nachkriegszeit mit seiner relativ egalitären Mittelschichtgesellschaft und einem Wohlfahrtsstaat den Marktkräften innerhalb der Europäischen Union und darüber hinaus geopfert haben.

Diese einst verbindenden Parteien der Mitte sind, aufgrund von Konflikten um die neoliberale Globalisierung und Migration, gespalten in einerseits Hochqualifizierte mit einem kosmopolitischen Weltbild und andererseits Niedrig- und Mittelqualifizierte mit einem patriotisch-kommunitaristischen Weltbild. Die betreffenden Parteien sind infolgedessen auch in sich uneinig, was den Zustand und die Zukunft Europas angeht.

Eine gefährliche Entwicklung, weil eben jene vernünftige Mitte den ausbalancierten Kompromiss tragen und vertreten muss: den der »europäischen Integration unter Beibehaltung der nationalen Identität«. Die Mitte muss den Bürgern deutlich machen, dass die europäische Wirklichkeit hybrid ist, eine einmalige Mischung aus nationaler Demokratie und europäischer Integration.

Sowohl die europhile hundertprozentige europäische Föderation als auch die populistische hundertprozentige nationale Souveränität sind Illusionen. Beide sind sie Trugbilder, die die Geschichte sowie die demokratische und internationale politische Wirklichkeit ausblenden. Es entsteht nichts Gutes daraus, wenn man schlicht glaubt, die Geschichte negieren oder sie sich nach eigenen Wünschen zurechtbiegen zu können. Als Politik- und Kulturhistoriker fühle ich mich dann verpflichtet, »historischen Alarm« zu schlagen. In beide Richtungen.

Schön und wichtig war in dieser Hinsicht die Rede des deutschen Bundespräsidenten Frank-Walter Steinmeier, die er am 8. Mai 2020 in der Neuen Wache in Berlin gehalten hat. Wegen der Pandemie war er nur in Begleitung von Bundeskanzlerin Angela Merkel und Bundestagspräsident Wolfgang Schäuble. Steinmeier sprach sich für einen aufgeklärten deutschen Patriotismus aus, schränkte dies aber eindrucksvoll mit den Worten ein: »*Man kann dieses Land nur mit gebrochenem Herzen lieben.*« Und über den Zusammenhang zwischen den europäischen Weltkriegen und dem *Warum* der Europäischen Union sagte er mit ebenfalls beinahe historischen Worten mahnend: »*Wenn Europa scheitert, scheitert auch das ›Nie wieder!‹*« Wir müssen also vorsichtig sein. Wir sind gewarnt.

Die historische Notwendigkeit der europäischen Zusammenarbeit

Ich habe kein Problem damit, die Europäische Union als ein heiliges Projekt zu bezeichnen. Heilig im Lichte des barbarischen 20. Jahrhunderts, in dem Europa in zwei Weltkriegen beinahe Selbstmord begangen hätte. Jene, die sich gegen eine europäische Zusammenarbeit wehren und einfach für eine Rückkehr zu einem Europa der vollkommen unabhängigen, souveränen Nationalstaaten plädieren, machen sich einer ahistorischen Einfältigkeit schuldig. Insbesondere dann, wenn sie keine Antwort auf die Machtunterschiede zwischen großen und kleinen Ländern, die der Rohstoff für Konflikte und Krieg waren, und auf die *Great Power Competition* in einer globalisierenden Welt haben.

Die europäische Kooperation zwischen ehemaligen Feinden mag vielleicht heilig sein, doch das bedeutet ganz bestimmt nicht, dass alles in Brüssel heilig ist. Dass, zum Beispiel, die vielen Tausend Lobbyisten in Brüssel heilig sind. Oder dass der Stabilitätspakt heilig ist. Oder der Wanderzirkus nach Straßburg. Oder die Maseratis in den Tiefgaragen des Europäischen Parlaments. Oder der Euro.

Gerade weil das Prinzip der europäischen Zusammenarbeit so essenziell ist, muss das europäische Projekt mit großer Weisheit und Umsicht betrieben werden, und zwar so, dass es immer mit einer stabilen Akzeptanz bei der europäischen Bevölkerung rechnen kann. Aus Umfragen geht hervor, dass dies zurzeit der Fall ist. Große Mehrheiten in Europa stehen im Prinzip hinter der Europäischen Union. Und laut jüngsten Forschungen hat diese Unterstützung infolge des Brexit-Desasters sogar noch stark zugenommen. Man könnte sogar sagen: Die Europäische Union »*was saved by the bell*« durch den Brexit – das frühe Läuten zum Ende der britischen Mitgliedschaft an Brüssels Haustür hat sie gezwungen, die Augen zu öffnen.

Denn eine Zeitlang sah es weniger rosig aus. Die Unterstützung für die Europäische Union befand sich für längere Zeit auf dem absteigenden Ast. Eigentlich schon seit dem überzogenen Vertrag von Maastricht, als man sich für eine allmähliche Vertiefung entschied. Worauf dann die Bankenkrise, die Eurokrise und die Flüchtlingskrise folgten. Das alles hat damals der Legitimität und der Popularität der EU nicht gutgetan.

Die Europäische Union gerät in Schwierigkeiten, wenn sie mehr Nationalismus hervorruft, als sie bekämpft, und in den letzten Jahren verhielt es sich so. Man betrachte nur den massenhaften Aufstand des sogenannten Nationalpopulismus gegen die EU. Erst seit dem Chaos des Brexits und dem geopolitischen Erwachen Europas im »Jahrhundert von Trump und Xi« hat sich ein Umschwung ergeben, so stark selbst, dass die meisten Nationalpopulisten einen Rückzieher gemacht haben und nicht länger auf einem Exit-Kurs sind; stattdessen wollen sie Europa von innen her aushöhlen.

Die Unterstützung mag jetzt wieder da sein, aber aufgepasst: Aus Untersuchungen geht hervor, dass die Unterstützung für die EU oberflächlich und uninformiert ist. Der durchschnittliche Europäer ist weder fanatisch für noch fanatisch gegen Europa. Er ist gleichgültig-ambivalent.

Die Entscheidung für Europa ist für viele pragmatisch-rational und beruht vor allem auf wirtschaftlichen Interessen und Vorteilen beim Handel. Für andere ist »pro Europa« ein Lifestyle-Statement gegen vulgären Nationalismus und »Das-eigene-Volk-zuerst-Fremdenfeindlichkeit«. Wieder andere wünschen sich vor allem eine stärkere Führungsrolle der EU bei den großen Themen: Klima, Migration, Sicherheit. Doch die Distanz zwischen europäischer *Multilevel-Governance*-Politik und dem durchschnittlichen Europäer bleibt groß.

Das Gefährlichste, was daher passieren kann, ist, dass wir falsche Entscheidungen auf die Spitze treiben: für Europa oder für den Nationalstaat. Kampagnendynamik und Medienlogik neigen allerdings zu einem solchen Schwarz-Weiß, einer solchen Ausschließlichkeit. Das ist die Fallgrube, in die man die Menschen tappen lassen will, für die EU oder für den Nationalstaat. Keine Grautöne, keine Optionen, keine Alternativen.

Im nachlässigen EU-Diskurs wird regelmäßig der Eindruck erweckt, Nationalstaaten seien lebensgefährlich (Nationalismus = Krieg) oder zumindest überholt. Zu klein, um noch ernst genommen zu werden. Doch es ist äußerst riskant, sich auf diese Weise endgültig vom Nationalstaat verabschieden zu wollen, insbesondere dort, wo von einer gut organisierten, gut geölten EU als Alternative überhaupt nicht die Rede sein kann. Im Gegenteil. Durch einen solchen Diskurs drohen wir im schlechtesten aller denkbaren Szenarien zu landen: schwache, reduzierte Nationalstaaten in einer schwachen, uneinigen und handlungsunfähigen EU. Dies alles impliziert, dass der zukünftige Kurs Europas von einem gut austarierten Gleichgewicht zwischen europäischer Zusammenarbeit und nationaler Demokratie bestimmt sein sollte.

Die größte Gefahr, die der EU daher droht, ist eine Entfremdung des europäischen Projekts von seiner Bevölkerung, wodurch Raum für Nationalisten und Antieuropäer entsteht, um diesen Unfrieden zu mobilisieren und auszunutzen. Man muss sich dafür nur ansehen, wie die Eurokrise und die darauffolgende Flüchtlingskrise, die zu den neuen Ungleichheiten und Unsicherheiten der neoliberalen Globalisierung hinzukamen, von der Anti-Establishment-Bewegung des Rechtspopulismus benutzt wurden und sie groß gemacht haben.

Diesem Buch liegen vier Sorgen zugrunde:

1. Die große Entfremdung zwischen der europäischen Politik und dem durchschnittlichen EU-Bürger. Dabei geht es um Entfremdung hinsichtlich von Wissen und Information sowie um gefühlte demokratische Entfremdung. Dahinter verbirgt sich ein echtes Demokratiedefizit. Das »nicht politische Europa« ist vielen Bürgern vertraut geworden und wird breit bejaht: die Vorteile des

Binnenmarkts, Europa als *Softpower*-Weltmacht hinsichtlich von »Produktstandards« und »Sicherheitsgarantien«, das Erasmus-Programm, der freie Verkehr zwischen den Ländern über offene Grenzen. Aber das »politische Europa« in Brüssel, Straßburg und Frankfurt ist für Nichteingeweihte ein Wolkenkuckucksheim. Mehr noch: Das Klischeebild dieses politischen Europas ist das einer postdemokratischen Technokratie, eines »Elitenprojekts« für Banker, Lobbyisten, große Unternehmen und für Menschen mit viel »demokratischem Kapital«. Diese Tatsache allein ermahnt zu europäischer Vorsicht, Selbstbegrenzung und Mäßigung.

2. Meine zweite Sorge betrifft die Instabilität der nationalen Gesellschaften. Dort gibt es in zunehmendem Maße eine politische Fragmentierung, neue Trennlinien und Ungleichheiten, insbesondere zwischen Hochqualifizierten und Niedrigqualifizierten (»international Mobile« versus »national Immobile«). Die etablierte Politik, vor allem die Volksparteien der Nachkriegszeit, kann sich nicht länger auf eine stabile gesellschaftliche Basis stützen, sondern befindet sich in einem Spagat zwischen polarisierenden Kräften: Populismus, postindustrielle Ungleichheit, multikulturelle Spannungen, einem geschwächten Sozialvertrag und politischem Misstrauen. Der positive Beitrag der europäischen Politik besteht darin, die nationale Stabilität zu fördern, nicht sie zu untergraben. Wie kann man es bewerkstelligen, dass europäische Politik nicht im Konflikt zu den nationalen Demokratien steht, sondern mit diesen harmoniert?

3. Meine dritte Sorge steht in Verbindung damit: Gelingt es der Mainstreampolitik, den Angriff der Nationalpopulisten auf Europa abzuwehren? Diese befürworten mit ihren Exit-Plädoyers *de facto* eine Auflösung der EU. Mit ihrer illusionären Vorstellung von hundertprozentiger nationaler Souveränität und der Unterschätzung der geopolitischen Schwäche Europas scheren sie sich einen Dreck um die Lektionen des 20. Jahrhunderts. Wie können wir in Europa den aggressiven Nationalismus dauerhaft hinter uns lassen und ihm keine Chance zur Rückkehr geben?

4. Meine vierte Sorge betrifft die geopolitischen Machtverschiebungen auf unserem Globus. Der Aufstieg Chinas, ja sogar die dominante Entfaltung eines »asiatischen Jahrhunderts«, dem ein geschwächter und uneiniger Westen gegenübersteht. Die transat-

lantischen Beziehungen befinden sich seit dem ›Donald-Trump-Schock‹ in einer Krise. Antiamerikanismus hat sich breitgemacht in Europa, und der Gedanke einer europäischen strategischen Autonomie (gegenüber die USA) hat seitdem an Bedeutung gewonnen. Europa präsentiert sich zugleich als eine gespaltene, träge und nach innen gekehrte Union, die nicht bereit ist für die *Great Power Competition* des 21. Jahrhunderts. Wie kann man die außenpolitische Handlungsfähigkeit und die globale Konkurrenzfähigkeit der EU stärken? Wie macht Europa als ›postmoderne Venus‹ Weltpolitik?

Was ist angesichts dieser Herausforderungen und Probleme eine kluge europäische Politik? Wie kann man, gemäß dem Motto der deutschen EU-Ratspräsidentschaft »*Gemeinsam. Europa wieder stark machen*«? Welches Europa kann mit der dauerhaften Unterstützung der europäischen Bürger rechnen? Wie wird man, bei aller Gemeinsamkeit, den beträchtlichen politischen, wirtschaftlichen und kulturellen Unterschieden innerhalb der EU gerecht? Wie seiner Seele, der reichen kulturhistorischen Vielfalt?

Die kommenden Jahre werden zum *Reality Check* für die Reichweite und Glaubwürdigkeit der europäischen Ambitionen in stark gespaltenen Gesellschaften werden.

Darum geht es in diesem Buch. Es ist ein Versuch, aufs Neue laut nachzudenken, um in Form eines Essays die Stärke und Schwäche des europäischen Projekts deutlich zu machen. Um die komplizierte, lauwarme Haltung des »europäischen Bürgers« hinsichtlich der Europäischen Union erneut zu verstehen, und herauszufinden, welches »Projekt Europa« darauf eine richtige und nachhaltige Antwort sein kann. Kein »Das-eigene-Land-zuerst«, aber auch keine »Vereinigten Staaten von Europa«! Die beiden Extreme basieren auf Mythen, wie im Verlauf des Buchs deutlicher gemacht werden wird. Nationalpopulismus und Neoföderalismus sind beide riskante Irrwege, die nur mit unwahren Mythen verteidigt werden können. Der »Europäer« möchte irgendwas dazwischen, einen realistischen Mittelweg: intensive europäische Zusammenarbeit unter Beibehaltung der nationalen Identität. Ob es diesen Mittelweg wirklich gibt und er tatsächlich auch eingeschlagen wird, das ist die große Frage.

Dieses Buch konstatiert einen tragischen europäischen Kurzschluss: Die meisten Bürger wissen nicht, in welchem Europa sie leben. Sie meinen, in einem konföderierten Europa zu leben – dort, wo europäische Integration unter Beibehaltung der nationalen Souveränität vorliegt –, aber *de facto* leben sie in einem föderalen Europa. Vor allem die Währungsunion ist eine nahezu verwirklichte »*Ever Closer Union*«, in der die Mitgliedsstaaten europäische Teilstaaten geworden sind, deren Haushaltssouveränität aufgegeben wurde und nicht mehr existiert (*Taxation without Representation*).

Die große Frage ist: Was wird passieren, wenn den Bürgern mit der Zeit deutlich (gemacht) wird, in welcher EU sie eigentlich leben? Entscheidet sich die stille, konstruktiv-pragmatische Mehrheit dann für die etablierte Ordnung der EU oder für die national-populistischen Gegenkräfte? Meine größte europäische Sorge ist, dass ich die Antwort auf diese Frage nicht sicher weiß. Ich wage dies nicht vorherzusagen.

Meine Befürchtung ist, und aus dieser Angst ist dieser Essay entstanden, dass Europa theoretisch einer größeren und stärkeren Einheit bedarf, um in einer sich globalisierenden Welt überleben zu können. Eine möglichst weitgehend gemeinschaftliche Außen- und Sicherheitspolitik sowie eine möglichst weitgehend gemeinschaftliche Klima-, Wissenschafts- und Technologiepolitik. Zudem braucht sie geschlosseneres Handeln, um der Währungsunion die Stabilität zu verleihen, die sie braucht. Meine große Sorge jedoch ist, dass Europa per Definition politisch, kulturell, wirtschaftlich und verwaltungstechnisch zu divers und uneins ist, um eine solche Einheit zustande zu bringen, ohne gleichzeitig dem demokratischen Geist und der kulturellen Vielfalt, aus denen Europa gerade seine einmalige Lebensqualität schöpft, enormen Schaden zuzufügen.

Meine Furcht läuft auf ein faustisches Dilemma hinaus: Um Europa zu retten, zu stärken und zu beschützen, laufen wir Gefahr, seine Seele vernichten zu müssen. Ich setze darum alles auf eine Zwischenposition, in der Hoffnung, dass diese möglich sein wird, denn wenn dem nicht so ist, laufen wir mit offenen Augen in die Schwarz-Weiß-Falle einer Einheitsföderation oder nationalistischer Nationalstaaten.

Ein starkes Europa nach außen,
ein sanftes Europa nach innen

Mehr Einheit wird vor allem aus geostrategischen Gründen gefordert. Europa kann sich ein Auseinanderdriften des Ostens und Westens, des Nordens und Südens nicht erlauben, wenn es nicht zum Spielball der großen selbstsicheren und autoritären Mächte werden will. Die EU lässt sich viel zu oft auseinanderdividieren, wobei das berüchtigtste Beispiel die 17+1 »Seidenstraßen«-Zusammenarbeit zwischen China und Zentraleuropa ist.

Will Europa in der globalen Weltordnung einigermaßen bestehen, muss es über seinen Schatten springen und auf der Ebene der Staats- und Regierungschefs ein »geopolitisches Europa« bilden. Außerdem ist in der Außenpolitik Mehrheitsentscheidung nötig, damit nicht etwa ein Veto Maltas oder Zyperns die EU lähmt. Auch sollte ein *Europäischer Sicherheitsrat* eingerichtet werden, mit ständigen Sitzen für die E3 (Deutschland, Frankreich und Großbritannien) sowie wechselnden Sitzen für Länder-Gruppen. Und was die Verteidigung betrifft, hat die US-Regierung recht: Europa muss endlich einen vollwertigen Beitrag zur NATO liefern und lernen, sich selbst besser zu verteidigen.

Der Clou aber ist: Das Mandat der Wähler für eine solche »externe, europäische Souveränität« in einer immer feindlicher werdenden Welt, kann nur durch mehr innereuropäischen Respekt vor der nationalen Souveränität, Identität und Demokratie erlangt werden. Ein »geopolitisches Europa« ist besser als eine »politische Union«.

Was wir brauchen, ist eine europäische Doppelstrategie: stark nach außen, sanft nach innen. Wir müssen uns, wie gesagt, davor hüten, in der »schlechtesten von zwei Welten« zu landen: schwache Nationalstaaten in einem schwachen Europa. Wir brauchen selbstbewusste, gut regierte Nationalstaaten, die von der EU gestärkt und unterstützt, anstatt behindert und gebremst werden.

Entgegen dem Brüsseler Einheitszwang muss es mehr Respekt vor nationalen Eigenarten und Identitäten geben (insoweit diese nicht dem europäischen Prinzip des demokratischen Rechtsstaats widersprechen).

Mythen (über krumme und gerade Gurken)

Dieses Buch ist, wie gesagt, ein europarealistischer Essay. Es ist ein Buch über die Stärke und Schwäche Europas. Über Hoffnung und Sorgen. Über die Spannkraft und die Zukunftsideale des europäischen Projekts. Über die falschen Mythen der neoföderalen Europhilen und der xenophoben Nationalisten. Es ist weder euroskeptisch noch euroföderal.

Es ist eine Warnung vor der gefährlichen Demontage der Europäischen Union durch Nationalpopulisten. Aber es ist auch eine Warnung vor der schlecht durchdachten europäischen Vereinigung durch die Neoföderalisten. Die Europäische Union ist eine einzigartige Konstruktion, absolut unverzichtbar und überlebenswichtig im geopolitisch rauen Wetter des 21. Jahrhunderts. Allerdings darf die EU nie losgelöst von den nationalen Demokratien gedacht werden, die die übergroße Mehrheit der Europäer als ihre demokratische Heimat empfinden. Das zwingt zur Vorsicht.

Wir müssen deshalb mit Mythen vorsichtig sein. Wir müssen uns davor hüten, einander Mythen zu erzählen. Mythen über hundertprozentige Souveränität. Mythen über einen europäischen Superstaat. Mythen über das Verschwinden der Nationalstaaten. Mythen über europäische Einheit und Mythen über nationale Einheit. Mythen über krumme Gurken und Mythen über gerade Gurken.

Mythen sind erzählende Überlieferungen, Geschichten, in denen ein Volk oder eine Kultur seine/ihre Ansichten über große Ereignisse in der Urzeit, über die Götterwelt oder die Entstehung der Welt darstellt. Man denke etwa an die griechische Mythologie. Doch nicht umsonst hat der Begriff »Mythos« eine zweite Bedeutung bekommen. Mythen sind auch Fabeln. Anekdoten ohne Grundlage. »Als richtig akzeptierte, aber unfundierte Vorstellungen über eine Person, einen Gegenstand oder ein Geschehen; insbesondere historische Mythen. Eine erzählende und in der Regel schmeichelnde, vollständig oder zum Teil unrichtige, absichtlich oder zufällig in die Welt gesetzte Überlieferung bezüglich der Vergangenheit eines Volks, einer Gruppe oder eines Individuums«, gibt das Wörterbuch Auskunft.

Wörter haben Einfluss. Auch falsche Wörter und Trugbilder haben Einfluss. Das komplizierte – historisch notwendige, aber demokratisch riskante – europäische Projekt wird von Mythen geplagt. Durch etwas zu stark selbstbeweihräuchernde Mythen der Europhilen über die Entstehung der EU, aber auch durch destruktive, unterminierende *Fake*-News-Fabeln der Feinde der EU. Um dem europäischen Projekt wieder eine mehrheitliche Unterstützung der vernünftigen Mitte der europäischen Bürger zu verschaffen, werden wir Entmythologisierung betreiben müssen, Entmythologisierung der europhilen und eurofeindlichen Fabeln, die über Europa in Umlauf sind.

Sieben Mythen über Europa

Was passiert in diesem Buch? Es werden sieben Mythen beschrieben und analysiert, die wie eine Art »Zukunftsideologie« das europäische Projekt (und die Debatte darüber) begleiten. Dabei geht es sowohl um den Diskurs der Nationalpopulisten, als auch um die Zukunftsvisionen derer, die ich die Neoföderalisten nenne, jene, die trotz permanenter Erweiterung an der Idee einer »*Ever Closer Union*« festhalten und wortreich die »Vereinigten Staaten von Europa« anstreben.

Beide Lager bedienen sich starker Bilder von Europa. Europa würde ein Superstaat sein, sagen die Populisten. Europa würde ohne totale Einigung verloren sein im 21. Jahrhundert, sagen die andern. Es ist diese Art von Scheinargumenten und apokalyptischen Drohungen, die in diesem Buch unter die Lupe genommen werden. Sie werden hier »Mythen über Europa« genannt, falsche (Wahn- oder Wunsch-)Vorstellungen bezüglich des Prozesses der europäischen Integration.

1

Der Mythos der »Ever Closer Union«

»Ein immer engerer Bund« ist die Phrase, die buchstäblich als Mythos über dem europäischen Projekt schwebt. Seit den römischen Verträgen ist die europäische Integration ein Prozess ohne Finalität. Ein Projekt ohne Endziel. Es gibt nur die Ahnung eines Endziels: die »*Ever Closer Union*«. Die suggestive Bedeutung dieser Phrase ist letztendlich ein eins gewordenes Europa, in Form der Vereinigten Staaten von Europa oder als ein einziger föderaler Superstaat. Doch vollkommen sicher ist das nicht. Das ist, was Nationalisten, Euroskeptiker und Eurorealisten an dem Mythos der »*Ever Closer Union*« so ärgert. Dieser Ärger ist allerdings merkwürdig ambivalent: Man fürchtet sich vor etwas, das man zugleich für unmöglich hält.

Was sind eigentlich die Grenzen des europäischen Projekts? Was sind die juristischen Grenzen – siehe die immer wieder für Aufregung sorgenden Urteile des Bundesverfassungsgerichts in Karlsruhe? Was sind die wirtschaftlichen Grenzen der Integration in einer immer diverseren Europäischen Union? Wie groß ist die demokratische und kulturelle Spannkraft der Union?

Das sind essenzielle, nahe liegende Fragen zum Projekt der europäischen Zusammenarbeit, und doch werden sie nicht gerne gestellt. Die sogenannte Finalitätsdiskussion ist von Tabus und Verkrampfungen geprägt.

Die berühmte Formel aus den Römischen Verträgen (1957) – »*an ever closer Union among the peoples of Europe*«, also die immer engere Union unter den Einwohnern Europas – wirkt in der Debatte zwischen »Souveränisten« und Europaskeptikern einerseits und euphorischen Proeuropäern andererseits bis heute wie ein Spaltpilz. Die Proeuropäer betrachten das »immer weitere Zusammenwachsen der Völker Europas« als die Bestätigung dafür, dass die Europäische Union mehr ist als ein Binnenmarkt. Sie ist auch ein politisches Projekt, ein Projekt der Schicksalsverbundenheit auf der Grundlage gemeinsamer historischer Erfahrungen. Sie sehen »einen immer engeren Bund« als Zustimmung dazu, dass die europäischen Völker angesichts der Schrecken von zwei Weltkriegen eine auf gemeinsamen Werten gegründete Zukunft teilen wollen. Sie betonen, dass es vor allem auch um eine Annäherung der europäischen Bürger untereinander geht, durch Handel, Austausch, Zusammenarbeit und Erasmus-Stipendien. Also nicht nur ein Staatenbund.

Europaskeptiker (in leichter und schwerer Ausführung) sehen dagegen in einer »*Ever Closer Union*« eine *Carte blanche* für unbegrenzte europäische Integration. Als ein Codewort für unendlich mehr Europa. Als ein Alibi, um ununterbrochen immer weiter zu integrieren, bis hin zur europäischen »Vereinigung«. Vermutliches Endziel: eine irgendwie föderale, supranationale Staatsform. Sie lesen »*Ever Closer Union*« als eine teleologische Formel, deren Endziel die Selbstauflösung der Nationalstaaten und ihr Aufgehen in einem großen europäischen Ganzen ist.

Völlig aus der Luft gegriffen ist diese Vorstellung nicht. Nach den Verwüstungen des Zweiten Weltkriegs wurde dieses Ziel von den Europapionieren wortreich angestrebt. Nationalstaaten galten lange Zeit als verhängnisvolle Verursacher von Krieg und Elend. Sie galt es durch supranationale Zusammenarbeit aus der Welt zu schaffen. Doch im Laufe der Jahre ist die Bedeutung von gut regierten, demokratischen Nationalstaaten wieder zurückgekehrt. Ein Bericht der London School of Economics über »an ever closer Union« formuliert dies präzise:[*]

»During the course of the second half of the twentieth century the idea of the nation state as an intrinsically problematic political form began to lose its hold on the political imagination. Instead, it was increasingly widely believed that it was not the form of the nation-state as such that was the problem but the form of government within that state. In particular, the pathologies were strongly connected to authoritarian, totalitarian and otherwise non-democratic regimes. A democratic nation-state, by contrast,

[*] Alle englischen Zitate finden sich als deutsche Übersetzung am Ende des Buchs.

was regarded as an instrument of peace and security both within itself and between such states.«[1]

Unterschiedliche Wege zur Integration?

Viele sogenannte »echte« Proeuropäer hielten aber entschieden an dem nicht präzise formulierten Endziel eines irgendwie föderalen Staates fest. Diese Stimmen sind in der letzten Zeit sogar wieder lauter geworden, vor allem seit dem Beginn der Corona-Krise. Nicht wenige halten eine »ever closer Währungsunion« für unvermeidlich, wenn die wirtschaftliche und finanzielle Gesundung der am schwersten betroffenen Länder gelingen und die Stabilität des Euro langfristig gesichert werden soll. Doch auch die geopolitische Situation, die durch steigende Spannungen zwischen China und den USA sowie einem geschwächten, uneinigen Europa als Spielball dazwischen geprägt ist, verlange nach einer »*Ever Closer Union*«, einem starken und vereinten Europa.

Auf ganz andere Weise warf der Brexit ein neues Licht auf das Konzept der »*Ever Closer Union*«. Man kann sich im Nachhinein sogar die Frage stellen, ob es nicht zum Brexit gekommen wäre, wenn man dem damaligen britischen Premierminister David Cameron seinen Willen gelassen und die Formulierung »an ever closer Union« aus den europäischen Verträgen gestrichen hätte. Dies war eine seiner Forderungen für ein »*Remain*«. Die Briten – die bereits eine Sonderstellung außerhalb der Eurozone und des Schengen-Raums einnahmen – wollten festgeschrieben sehen, dass sie eine weitere politische Integration in Europa nicht mitmachen mussten. In einem letzten Versuch, den Brexit zu verhindern, hat der Europäische Rat im Februar 2016 Cameron noch eine letzte Brücke gebaut, auch wenn sie ein wenig kryptisch formuliert war:

»The European Council declared that the reference to an ›ever closer union‹ cannot prevent different Member States to take different paths of integration or force all Member States to aspire to a common destiny.«[2]

Diese Erklärung hat, wie wir heute wissen, das Pro-Brexit-Votum der Briten letztendlich nicht abwenden können. Im Gegenteil. Das Vereinigte Königreich hat sich durch den Brexit weiter denn je von der »Union« entfernt. Bis auf den heutigen Tag stellt sich jedoch die Frage, wie viel Verschiedenheit die europäische Integration und Zusammenarbeit tatsächlich erlauben. Wie viel Spielraum haben die Mitgliedsstaaten, um von den europäischen Regeln und Vorschriften abzuweichen? Können sich Länder der europäischen Uniformität der *Einheitsgröße für alle*, des *One-size-fits-all* entziehen?

De facto gibt es in der EU »differenzierte Integration« (unterschiedliche Geschwindigkeiten, *Opt-outs*, Schengen-Länder, Eurogruppe), doch zugleich ist alles darauf gerichtet, ein *Sich-die-Rosinen-aus-dem-Kuchen-picken* und *Trittbrettfahren* unmöglich zu machen. Insbesondere auch für das Vereinigte Königreich nach dem Brexit.

Außerdem geht es vor allem um das *Level Playing Field* des Binnenmarkts und um die *Vier Europäischen Freiheiten*: freier Verkehr von Waren, Kapital, Dienstleistungen und Personen. Damit kann und darf kein Kuhhandel betrieben werden. Auch stellt sich die Frage, inwieweit sich die Mitgliedsstaaten – namentlich die der Eurozone – tatsächlich der *»Ever-Closer-Union«*-Dynamik entziehen können. Mit der Währungsunion wurde ein sehr weitgehender Weg der verflochtenen Schicksalsverbundenheit eingeschlagen. Es sieht nicht danach aus, als würden dort viele nationale Handlungsmöglichkeiten entstehen. Eher verhält es sich umgekehrt, wenn wir die Schulden- und Transferunion betrachten, die infolge der Corona-Krise im Aufbau begriffen sind.

Und dennoch ist der Wunsch nach einer gewissen Eigenständigkeit ein weitverbreiteter Wunsch in vielen europäischen Ländern. Es gibt Widerwillen gegen allzu zwingend auferlegte Vorschriften und europäische Einmischung. Wir beobachten hier eine große Bandbreite. Da sind auf der einen Seite Griechenland und Italien, die sich gegen die stigmatisierende, technokratische Konditionalität der Sparprogramme wehren. Keine Machtübernahme durch technokratische Troikas! Da sind Polen und Ungarn, die das Gefühl haben, als »uneuropäische Diktaturen« dämonisiert zu werden. Und wir haben Länder wie Deutschland und die Niederlande, die der Ansicht sind, dass Europa einerseits die Einhaltung der gemeinschaftlichen Regeln nicht gut kontrolliert und durchsetzt, und auf der anderen Seite zu »marktorientiert« in den nationalen Wohlfahrtsstaat eingreift (sozialer Wohnungsbau, *Airbnb*, Natura 2000, Ausschreibungsvorschriften).

Nach der *Big-Bang*-Erweiterung, der Eurokrise, der Flüchtlingskrise und dem Brexit hat sich eine gewisse Ernüchterung hinsichtlich der großen europäischen Ideale eingestellt. Eine Illustration dessen ist ein im Mai 2019 im niederländischen Parlament verabschiedeter Antrag zur *»Ever Closer Union«*. Am Vorabend des Gipfeltreffens im rumänischen Sibiu (Hermannstadt) wurde mit einer ansehnlichen Mehrheit im Parlament eine Entschließung mit der Bitte an die europäischen Staats- und Regierungschefs angenommen, die Formel »an ever closer Union« aus den europäischen Verträgen zu streichen. Der Text lautet:

> »Die Regierung bittet den Rat, sobald sich die Gelegenheit ergibt, einen Entwurf zur Überarbeitung der Verträge vorzulegen, der dahingeht, die Formulierung ›an ever closer Union‹ aus dem Vertrag über die Europäische Union und dem Vertrag über die Arbeitsweise der Europäischen Union zu streichen.«

Begründung:

> »Aufgrund der Überlegung, dass unter anderem auf der Basis dieser Formulierung – wie auch durch die Rechtsprechung des Europäischen Gerichtshofs – die europäische Integration immer weiter vertieft, verstärkt und beschleunigt wurde, und aufgrund der Überlegung, dass zahllose Bürger der Europäischen Union sich nicht heimisch fühlen in einer EU, die zu einem immer engeren Zusammenschluss der Völker wird, weil dies zu einer unnötigen und unerwünschten Einschränkung der Souveränität der Mitgliedsstaaten beitragen kann.«

So der Text eines mit beträchtlicher Stimmenmehrheit angenommenen Antrags des niederländischen Parlaments, eines Landes, das zu den Gründungsmitgliedern der EU gehört. Da wir gerade von Ernüchterung sprechen!

Allerdings denkt nicht jeder in den Niederlanden so. Im *NRC Handelsblad* übten einige ehemalige niederländische Außenminister in einem Artikel scharfe Kritik an diesem Papier: »Dieser unsinnigen Entschließung zu folgen, würde einen fundamentalen Bruch mit dem Streben nach einem demokratischen und zielführenden Europa bedeuten, auf das alle niederländischen Regierungen siebzig Jahre lang hingearbeitet haben. Eine ›ever closer Union‹ ist der Grundwert und die Grundlage des europäischen Integrationsprozesses. Der darf nicht unterminiert werden.« Nach Ansicht der ehemaligen Minister ist diese negative Haltung zu Europa nichts anderes als ein Auswuchs der Angst vor den Rechtspopulisten und der Versuch, diesen durch opportunistische Maßnahmen Wähler abzujagen. Diese Art antieuropäischer Rhetorik schade der niederländischen Position in Europa ernsthaft und vermittle der Bevölkerung ein falsches Bild von Europa.

Amy Verdun, Professorin für europäische Politik an der Universität Leiden, hielt die Entschließung für »reinste Symbolpolitik«. »Die Niederlande können diese Textänderung überhaupt nicht erzwingen. Um die ›Ever Closer Union‹ aus dem Vertrag zu streichen, müssen alle anderen 27 Staaten dem zustimmen.« Verdun ist der Ansicht, das Parlament übertreibe die Bedeutung dieser Formulierung. »Das Streben nach einem immer engeren Zusammenschluss ist ein Fundament der Europäischen Union, doch diese Phrase verpflichtet niemanden zu konkreten Schritten. Nirgendwo in den Verträgen wird definiert, was das Endziel ist, wie weit also die Integration gehen sollte. Das bestimmen die Mitgliedsstaaten selbst, in wechselseitigem Austausch.« Es ist ein Menetekel, dass eine Mehrheit des niederländischen Parlaments sich dessen nicht sicher ist.

Man könnte nun in einem doppelten Sinn vom Mythos der »Ever Closer Union« sprechen. Für die Europaskeptiker ist es ein Mythos, dass die »Ever closer Union« jemals funktionieren könnte. Sie wehren sich gegen diese weitgehende Beschneidung der nationalen Souveränität und sind der Ansicht, dass es für eine solche Union keinen Rückhalt bei der Mehrheit der europäischen Bürger gibt.

Leidenschaftliche Proeuropäer meinen, bei der Vorstellung von einer »Ever Closer Union« handele es sich im Gegenteil um Mythenbildung der Europaskeptiker und Rechtspopulisten. Sie jagten damit den Bürgern Angst vor einem imaginären Superstaat und vor dem Verschwinden des Nationalstaats ein, während in den Augen der Europabefürworter nationale und europäische Souveränität einander nicht ausschlössen, sondern sich ergänzten. Gleichzeitig ist der über Brüssel schwebende Mythos der unerreichten Finalität des europäischen Integrationsprozesses ein lieb gewonnenes Symbol für Weiterentwicklung und Fortschritt.

Der Ursprung der »Ever Closer Union«

In Anbetracht des beispiellosen Elends, das alle Staaten Europas während des Zweiten Weltkriegs erlebt hatten, und der Trümmerhaufen, die sie immer noch umgaben, ist es bis heute ergreifend, das Foto von der Unterzeichnung der Römischen Verträge zu betrachten. Im *Palazzo dei Conservatori* auf dem kapitolinischen Hügel unterzeichneten am 25. März 1957 folgende Männer in dunklen Anzügen den Vertrag: Paul-Henri Spaak und Jean-Charles Snoy et d'Oppuers für Belgien; Konrad Adenauer und Walter Hallstein für die Bundesrepublik Deutschland; Christian Pineau und Maurice Faure für Frankreich; Joseph Luns und Johannes Linthorst Homan für die Niederlande; Antonio Segni und Gaetano Martino für Italien und Joseph Bech und Lambert Schaus für Luxemburg.

Dies kann man nicht anders als eine nahezu erstaunliche Tat bezeichnen, eine Handlung von Nelson-Mandela-haften Ausmaßen. Wie schaffte man es, nach den grauenerregenden Ereignissen des Zweiten Weltkriegs einander nicht voller Hass und Rachegelüsten gegenüberzustehen, sondern stattdessen nach Zusammenarbeit und Verbindung zu streben? Wie anders war es nach dem Ersten Weltkrieg gewesen, als Rache, Bestrafung und das Verlangen nach Wiedergutmachung die Bestandteile des Versailler Friedensvertrags werden sollten? Ein Vertrag, der am Ende zum Keim für den Aufstieg Nazi-Deutschlands und für den Zweiten Weltkrieg wurde.

An und für sich war es also ein wunderschöner Gedanke der Europapioniere, die Sache diesmal völlig anders anzugehen. Das »Nie-wieder« bedeutete: Anstatt zu Feinden werden wir zu Partnern. Wir werden sogar eine Art Familie und werden am Ende im selben »Haus Europa« leben. Wir schaffen – langfristig – die einander gegenüberstehenden Nationalstaaten ab – kriegswütige Kleinstaaterei aus dem 19. Jahrhundert – und verschmelzen unsere wirtschaftlichen und militärischen Interessen, um auf diese Weise Kriege untereinander in Europa praktisch unmöglich zu machen.

Die Geburt des modernen Europa im Palazzo dei Conservatori auf dem kapitolinischen Hügel, © picture-alliance/dpa.

Dies war der Grundgedanken der Pioniere der ersten Stunde hinter der »*Ever Closer Union*«.

Wir können dies in den eigenen Worten eines solchen Pioniers und europäischen Wegbereiters nachlesen. Edmund (Mom) Wellenstein machte, nachdem er im Nazi-Konzentrationslager Amersfoort gefangen gewesen war, Karriere als niederländischer Spitzendiplomat. Er wurde Generalsekretär der Hohen Behörde der Europäischen Gemeinschaft für Kohle und Stahl (»Montanunion«). Über den Ursprung der europäischen Zusammenarbeit äußerte sich Wellenstein wie folgt:

> »Ich denke, mir ist vom Krieg das Gefühl geblieben: Die Dinge müssen hier, in unserem kleinen Teil der Welt, wo wir einander vollständig in den Ruin getrieben haben, nach dem Krieg ganz anders angepackt werden. Es muss etwas vollkommen Neues kommen, das darf nicht noch einmal so passieren.«

Am Ende des Zweiten Weltkriegs verbreitete sich eine radikale Idee der Versöhnung. Manche plädierten für eine Weltregierung auf der Grundlage von regionalen Föderationen, um den Frieden zu sichern. Andere sprachen unumwunden von einer Art »*United States of Europe*«, wie Winston Churchill es tat. Auch der Marshallplan der Amerikaner schien auf eine supranationale Vereinigung Europas ausgerichtet zu sein.

Die frühe Geschichte der europäischen Zusammenarbeit ist zur Genüge bekannt. Die Abenteuer Schumans und Monnets, die Europäische Gemeinschaft für Kohle und Stahl im Jahr 1951 und dann, 1957, die Gründung der Europäischen Wirtschaftsgemeinschaft durch die Unterzeichnung der Römischen Verträge, in denen die Formulierung »*an ever closer Union*« schriftlich festgehalten wurde.

Andeutungen einer »*Ever Closer Union*« waren bereits im Vertrag über die Montanunion zu finden. Die Europapioniere Monnet und Schuman wollten mit dieser vagen Zielvorgabe zwei Prinzipien betonen: erstens, dass die europäische Integration ein Prozess ist und kein Projekt mit einem Endziel und einem Abschlussdatum: »*Europe will not be made all at once, or according to a single plan. It will be built through concrete achievements which first create a de facto solidarity.*«[3] Und zweitens, dass das europäische Bauwerk, wie Monnet selbst es ausdrückte, »eine Verbindung zwischen europäischen Bürgern ist und nicht nur eine Zusammenarbeit zwischen Staaten«. Er verweist damit auf das supranationale Element, das es neben dem intergouvernementalen gibt.

Zug ohne Ziel

Europe, a Leap into the Unknown, so heißt vielsagend das Buch, das Victoria Martín de la Torre über den Beginn der europäischen Zusammenarbeit geschrieben hat. Ein Sprung ins Ungewisse, das ist, was der europäische Integrationsprozess von Anfang an gewesen ist. Bis auf den heutigen Tag wird angezweifelt und diskutiert, was die Europäische Union genau ist, wo die geografischen und politischen Grenzen der EU liegen, worin die Identität von Europa besteht usw. Ein UPO, ein *Unidentified Political Object,* wird die EU manchmal spaßeshalber genannt, und das ist kein völliger Unsinn.

Die EU ist ein hybrides Konstrukt aus Konföderation und Föderation, aus supranationalen und intergouvernementalen Elementen, einer europäischen Rechtsordnung *sui generis*, die offen ist für Veränderungen und unterschiedliche Sichtweisen, wie die Meinungsverschiedenheiten zwischen dem Europäischen Gerichtshof in Luxemburg und dem Bundesverfassungsgericht in Karlsruhe regelmäßig zeigen.

Der Streit zwischen diesen beiden Gerichten ist grundlegend für das Selbstverständnis der *(ever closer)* Europäischen Union. Ist die EU nun ein europäischer Staat, ein »Bundesstaat«, mit einer eigenen Rechtsordnung und einem europäischen Recht, das über dem der Nationalstaaten steht? Oder ist die EU eine supranationale Organisation, in der die Kompetenzen letztendlich bei den Mitgliedsstaaten liegen? Laut Karlsruhe – das schon früher die Ansicht vertrat, dass es keinen »europäischen *demos*« gibt – sind die Mitgliedsstaaten »Herren der Verträge« [2BvR 859/15 vom 5. Mai 2020], und daher hätten die nationalen Regierungen und Parlamente bei europäischen Fragen am Ende das letzte Wort. Der EuGH sieht das anders und ist der Meinung, dass die EU eine eigene Rechtsgemeinschaft ist, in der das Recht der Union, das über den nationalen Rechtsordnungen steht, durch den Europäischen Gerichtshof geschützt wird, ohne Einmischung nationaler Gerichte. Dieser *Zusammenstoß der Gerichte,* über den das letzte Wort noch nicht gesprochen ist, zeigt, wie unterschiedlich »an ever closer Union« interpretiert werden kann, selbst im Jahr 2021 noch, Jahrzehnte nach der Unterzeichnung der Römischen Verträge.

Nicht von ungefähr wird bei Gesprächen über den Charakter der Europäischen Union auch regelmäßig die Metapher eines »Zugs ohne klares Ziel« genannt. Europa ist in diesem Bild dann ein fahrender, mitunter dahinrasender Zug. Wir Europäer sind irgendwo auf der Strecke in den Zug gestiegen, mit unbekanntem und undefiniertem Ziel. Es ist nicht klar, wie viele Waggons hinter der Lokomotive hängen; es kommen immer neue dazu. Unklar ist auch, welcher Lokführer im Fahrstand sitzt und welche Schaffner die Kontrollen durchführen. Nicht deutlich ist auch, wo sich die Erste und Zweite Klasse befinden und ob alle für ihre Fahrkarte auch denselben Preis bezahlen. Zielort: »*Ever Closer Union*«. Wo ist das genau? Wie sieht es dort aus? Wie weit ist es noch?

Die Finalität der europäischen Integration ist immer ein nebulöses, undeutliches und ziemlich wenig diskutiertes Thema geblieben. Schwer angezweifelt, im politischen Sinn, aber auch infolge unterschiedlicher *Mindsets* und kulturpolitischer Traditionen der Mitgliedsstaaten, vor allem je mehr die Erweiterung fortschritt.

Die Formulierung »an ever closer Union« hat starke Konnotationen. Das kann nicht ignoriert werden. Sie suggeriert Bewegung auf ein Endziel hin, eine Bewegung, die niemals aufhört, bis dieses Ziel erreicht ist. Der »allerengste Zusammenschluss«, der denkbar ist, ist dann ein ineinander Aufgehen, ein Verschmelzen, gemeinsam zu einer politischen Einheit werden. Das bedeutet: Aufhebung der Binnengrenzen, eine gemeinsame Währung, ein Parlament, eine Flagge, eine Armee, ein Haushalt, eine Regierung. Das ist der suggestive Schleier, der über einer »*Ever Closer Union*« liegt.

Das vermeintliche Endziel ist dann Europa als ein die Nationalstaaten ersetzender Staat oder die Mitgliedsstaaten überwölbender föderativer Staat. Sowohl die Europapioniere als auch die heutigen Neo-Föderalisten wie Guy Verhofstadt oder die Europäische Bewegung machen auch kein Geheimnis daraus, dass sie dies letztendlich wollen. Mehr noch: Sie sind der Ansicht, der Weg führe unvermeidlich dorthin.

Es ist ein solches Plädoyer für die unvermeidliche Vereinigung Europas, das bei anderen wiederum Unruhe und Unbehagen weckt. Nicht nur bei populistischen oder rechtsextremen Nationalisten, sondern auch bei Menschen, die das Gefühl haben, dass die nationale Demokratie (dem, woran Menschen hängen und womit sie sich meist am stärksten verbunden fühlen, außer in schlecht regierten, korrupten Ländern) fahrlässig und lakonisch abgeschrieben wird, ohne dass der Nachweis geliefert würde, welche Erfolgschancen die »europäische Vereinigung« eigentlich genau hat. Ohne Beweis, dass im großen Maßstab der EU 27 »gelebte Demokratie« gedeihen und ein solidarischer Wohlfahrtsstaat existieren kann. Und ohne Beweis dafür, dass es in Europa eine breite gesellschaftliche Zustimmung für einen solchen geopolitisch motivierten Quantensprung gibt. Ist das verantwortungsvolle Führerschaft? Ist das europäische Demokratie?

Wird hier nicht ein Ideal überstrapaziert, weit über den politischen Horizont des größten Teils der Bevölkerung hinaus, einem Horizont, der nicht weiter reicht als bis zur lokalen und nationalen Demokratie? Bedeutet die Europäisierung von politischer Führung nicht, dass diese Führung technokratisch aus der nationalen Demokratie herausgeschnitten wird *(Policies without Politics; Technocracy without Democracy)*? Müssen wir nicht im Gegenteil vorsichtig und sehr selektiv bei der Europäisierung von politischer Führung sein, weil die EU für große Teile der Bevölkerung nun einmal die Welt der Postdemokratie verkörpert? Und wie verhält sich europäische Vereinigung zu dem Widerwillen gegen Uniformierung und Harmonisierung, der in vielen Mitgliedsstaaten stärker wird? Die europäische Harmonisierungsmaschine geht von *einer Größe, die allen passt* aus (»*one size fits all*«, davon, dass alle Richtlinien und Verordnungen von Athen bis Helsinki, von Dublin bis Sofia anwendbar sind. Aber ist dies tatsächlich die gelebte und gewünschte Wirklichkeit?

Das ist es, was das Motto »*an ever closer Union*« problematisch macht. Der Schlagschatten des europäischen Einheitsstaats liegt unveränderlich auf diesem Begriff. Denn egal, wie weit die europäische Integration auch immer fortgeschritten sein mag, laut den europäischen Verträgen bleibt schließlich »immer enger« das Ziel. Dieses Konzept ist und bleibt äußerst vage, unbestimmt und dehnbar und lässt eine Denkweise entstehen, in der eine weitergehende europäische Vereinigung die Norm für Fortschritt ist. Das weckt Widerstand. Insbesondere wenn diese Vereinigung mit großen Gesten herbeigezwungen wird.

Vielsagend ist in dieser Hinsicht die Ablehnung des Europäischen Verfassungsentwurfs durch zwei Mitgliedsstaaten der ersten Stunde: Frankreich und die Niederlande. In der Euphorie über das neue Jahrtausend wollte man eine mit der amerikanischen Verfassung vergleichbare, europäische aufstellen. Den *Philadephia-Moment* der Vereinigten Staaten von Europa nannte man dies schon mal. Es sollte anders kommen. Die »Europäische Verfassung« stieß auf unerwartet großen Widerstand bei großen Teilen der europäischen Bevölkerung. In dem Moment, als die EU von einem Prozess der kleinen Schritte überging zu einem Projekt der großen Gesten, folgte darauf unmittelbar die Reaktion der Wähler in Form von negativen Referendumsergebnissen. Ein Zeichen dafür, dass viele Europäer große Gesten in Richtung »*Ever Closer Union*« der europäischen Staatsgründung nicht wünschenswert finden. Danach sieht es jedenfalls aus.

Gewieft hat man anschließend Monnets Methode der kleinen Schritte auf die Europäische Verfassung angewandt. Mit *Cut & Paste* wurde die Verfassung schließlich doch noch im Vertrag von Lissabon (2007) untergebracht. Referenden zu diesem Vertrag gab es nicht mehr. Auf die früheren Ergebnisse von Volksentscheiden wurde nicht mehr eingegangen. Das hat große Wut hervorgerufen, insbesondere bei den antieuropäischen Rechtspopulisten. In den Niederlanden etwa ist aus dieser Wut das *Forum für Demokratie* hervorgegangen, die Partei von Thierry Baudet.

Das Gefühl, mit dem die *Gründerväter,* die europäischen Pioniere aus dem Zweiten Weltkrieg kamen – wir bauen eine neue Welt auf den Ruinen der alten Nationalstaaten –, dieses Gefühl gibt es nicht mehr in der Intensität. Offensichtlich ist, dass die europäische Integration im Laufe der Zeit zu einer komplexen Geschichte von Supranationalität neben Intergouvernementalismus geworden ist und dass die Nationalstaaten innerhalb der EU eine wichtige, bleibende Stellung eingenommen haben. Ja, dass bei der Umsetzung der europäischen Regeln alles mit der verwaltungstechnischen Qualität und nicht korrupten Ausführungskapazität der nationalen Bürokratien steht und fällt.

Umso befremdlicher bleibt es daher auch zu sehen, dass die Debatte über die europäische Integration weiterhin oft in Schwarz-Weiß-Begriffen geführt wird: zu hundert Prozent für die EU oder zu hundert Prozent dagegen. Man ist entweder Europäer oder Nationalist. In der sehr polarisierten Europadiskussion scheint es nicht viele Nuancen zu geben. Es gibt keine *Fifty Shades of Grey* in der Europadebatte.

Jene, die »a closer Union« als Prozessbeschreibung ablehnen (wie etwa David Cameron oder das niederländische Parlament mit seiner Entschließung) gelten als Spielverderber, die die europäischen Ambitionen durchkreuzen. Sie pusten die europäische Märchenkerze aus. Sie stören den Open-End-Prozess der europäischen Integration, indem sie behaupten: Egal, wie das Zusammenwachsen Europas auch verläuft, es wird kein supranationaler Staatsbildungsprozess werden. Es gibt Grenzen der Integration und der Vereinigung, vor allem nach der gewaltigen Vergrößerung der EU von sechs auf 27 Mitgliedsstaaten. Es bleibt etwa so, wie es jetzt ist, eine Mischung aus Nationalstaaten und europäischen Regelungen, wobei als neuer, ungeschriebener Konsens die Subsidaritätsregel gilt: »National, wo möglich, europäisch, wo nötig«.

Unterschiedliche Mindsets in Europa

Alle Mitgliedsstaaten der Europäischen Union sind auf eine andere Weise aus dem Zweiten Weltkrieg gekommen. Die Länder, die unter Nazi-Besatzung und Kriegsgewalt gelitten hatten, lagen in Schutt und Asche, materiell und moralisch. Die galt natürlich vor allem für Deutschland, das »Täterland«. Es hat lange gedauert, bis man dort das Ende des Zweiten Weltkriegs als »Befreiung« feiern konnte.

Dafür bedurfte es der Achtundsechziger-Generation, die das schuldige und verkrampfte Schweigen der Kriegsgeneration unsanft brach. Darauf folgten der Kniefall von Bundeskanzler Willy Brandt vor dem Mahnmal zum Gedenken an das Warschauer Ghetto im Jahr 1970 und vor allem die Bundestagsrede von Bundespräsident Richard von Weizsäcker 1985, vierzig Jahre nach der deutschen Kapitulation, in der er selbstkritisch über deutsche Schuld und historische Verantwortung der jungen Nachkriegsgenerationen sprach. »Der 8. Mai war ein Tag der Befreiung. Er hat uns alle befreit von dem menschenverachtenden System der nationalsozialistischen Gewaltherrschaft«, lautete der am häufigsten zitierte Satz dieser Rede. Der 8. Mai war danach nicht mehr der Tag der Niederlage, sondern der *Tag der Befreiung*.

»Die Rede vom 8. Mai 1985 hatte eine ähnliche Wirkung wie der Kniefall von Willy Brandt in Warschau«, sagte die Grünen-Politikerin Antje Vollmer anlässlich des Todes von Richard von Weizsäcker. »Beide Politiker nahmen so ein wenig den traumatisierten Nachbarländern die Angst vor den Deutschen und sie erlaubten uns, den damals Jüngeren, ganz vorsichtig wieder einzuwandern in das eigene Land, in dem wir gelebt hatten wie Fremde.«

Und dieser Kernsatz der Weizsäcker-Rede macht genau deutlich, wie Westdeutschland (für den »antifaschistischen« Unrechtsstaat DDR gilt etwas anderes) aus dem Zweiten Weltkrieg gekommen ist. Man lebte »im eigenen Land wie Fremde«, mit einem – angesichts der Nazi-Verbrechen sehr verständlichen – vollkommen verzerrten, vergifteten Verhältnis zur eigenen Nation. Deutschland war ein Land mit einem posttraumatischen Belastungssyndrom, auf der Suche nach sich selbst und auf der Suche nach einer neuen Zukunft, heraus aus der düsteren Periode der Barbarei.

Diese Zukunft fand man, so berichten es alle Geschichtsbücher, in der euroatlantischen Einbettung Westdeutschlands, in der sogenannten »*Westbindung*«, der Integration Deutschlands in die transatlantische Partnerschaft mit den Vereinigten Staaten, und vor allem in der Integration Deutschlands in die Europäische Gemeinschaft. Europa sollte die »Ersatznation« sein für diejenigen, die »im eigenen Land gelebt hatten wie Fremde«. Eine neue, auf der französisch-deutschen Versöhnung basierende europäische Schicksalsgemeinschaft, in der Deutschland mehr oder weniger aufgehen würde. »Nie wieder Krieg.« »Nie wieder Nationalismus.« »Nie wieder deutsches Großmachtdenken.« »Nie wieder deutsches, rassistisches Überlegenheitsdenken.«

Dies alles sollte unterbunden und unmöglich gemacht werden durch die europäische Vereinigung und die NATO. So wie Deutschland zuvor durch die Teilung ein Opfer gebracht hat für die Katastrophe, die es über die Welt gebracht hatte, so sollte das Land jetzt seinen Nationalstaat aus historischen Gründen für die gute Sache der europäischen Vereinigung opfern. »*Nie wieder.*« »*Nie wieder allein.*«

Der Punkt ist nun, dass nicht alle Länder dieselbe Art Kriegstrauma hatten wie Deutschland. Sie kamen mit einem anderen *Mindset* aus dem Krieg, was eine andere Haltung hinsichtlich der europäischen Vereinigung und des Nationalstaats mit sich bringt.

Nehmen wir etwa das Vereinigte Königreich. Dieses Land war voller Patriotismus aus der »Schlacht um England« hervorgegangen. Es hatte unter Churchill ungerührt mit einer *Stiff Upper Lip* die Bombardements von London durchgestanden, hatte mit der Royal Air Force die Lufthoheit erobert und hatte es schließlich gemeinsam mit den westlichen Bundesgenossen und den Russen an der Ostfront geschafft, das mächtige Nazi-Deutschland in die Knie zu zwingen und zu schlagen.

Lag es in Anbetracht dieser Kriegserfahrung nahe, dass auch das Vereinigte Königreich seinen Nationalstaat weitgehend relativieren und in einem Vereinigten Europa aufgehen lassen würde?

»Unlike the original six founding countries the UK did not grapple with the trauma of occupation during or guilt for World War II, it was not recovering from Fascism like Greece, Spain and Portugal, or from Communism like the countries of Central-Eastern Europe. The reasons for the UK's original accession were arguably much more pragmatic.«[4]

(London School of Economics, Brexit-Bericht)

Wir sind hier wohl auf eine der Grundströmungen unter dem letztendlichen Brexit gestoßen. Das Kriegsnarrativ als Legitimation für eine immer weitergehende europäische Vereinigung traf nie wirklich für das Vereinigte Königreich zu; im Gegenteil: Aus historischen Gründen schaute das Land mit Misstrauen auf Kontinentaleuropa.

Was für Großbritannien gilt, gilt in anderer Weise auch für Polen. Dieses Land wurde überaus hart von der Geschichte getroffen, eingeklemmt zwischen der Sowjetunion und Nazi-Deutschland. Der polnische Nationalismus muss angesichts dieser schwierigen, existenziellen Umstände (die beiden Großmächte teilten das Land rücksichtslos unter sich auf, und die polnische Elite wurde ermordet) als »defensiver« Nationalismus zwecks Schutzes des eigenen Volks, der eigenen Sprache und Kultur gewertet werden. Eine solche Erfahrung zieht eine ganz andere Haltung hinsichtlich des Problems Nationalstaat, Nationalismus und europäische Integration nach sich. Dafür dürfte Europa durchaus etwas mehr Verständnis aufbringen.

Auf einem sehr viel niedrigeren Niveau der Traumatisierung gilt dies auch für Länder wie die Niederlande. Auch dieses Land wurde 1940 von Nazi-Deutschland überfallen und bis 1945 besetzt. Ein Narrativ von Terror, Holocaust, Kollaboration und Widerstand. Auch hier war es Nationalismus, Oranje-Nationalismus (»Für Gott, Vaterland und Oranje«), der die niederländische Widerstandsbewegung motivierte, eher ein Befreiungsnationalismus gegen Fremdherrschaft als die Art von Nationalismus, für den man sich in Deutschland später schuldig fühlen sollte.

Ich widme mich diesem Punkt so ausführlich, um zu zeigen, wie stark die Erblast der Deutschen ihren Stempel auf das allgemein akzeptierte Legitimationsnarrativ hinter der Vereinigung

Europas gedrückt hat. Die deutsche Entgleisung des nationalen Denkens und Handelns in rassistischen (»Herrenvolk«) und kriegstreiberischen Nationalismus hat in großem Maße die Vorstellung geprägt, dass Nationalismus, Nationalstaaten und Nationen per Definition pathologische, kriegswütige und perverse Phänomene sind. Die Lehre der Geschichte habe deutlich gemacht, dass wir diese Nationalstaaten überwinden müssen, dass wir auf dem Weg zu der alternativlosen »Ever Closer Union« auf ihre Auflösung hinarbeiten müssen. Dieses weitgehend auf der deutschen Erfahrung beruhende Narrativ wird den Erfahrungen anderer Länder nur begrenzt gerecht, und daher können die Absichten und Erwartungen, mit denen man dem europäischen Projekt entgegentritt, sehr unterschiedlich sein.

Ever wider, ever closer

Eine der Kernfragen ist, ob das 1957 formulierte Ideal der »Ever Closer Union« im Jahr 2021 noch Gültigkeit hat. Passt es noch zu einer völlig anderen Europäischen Union, die seitdem entstanden ist, und zu den völlig veränderten Gesellschaften in Europa? Im Umfeld des Vertrags von Maastricht gab es eine intensive Debatte über die Frage, was Vorrang haben sollte: Vertiefung oder Erweiterung? Man dachte, dass beides zugleich nicht möglich sein würde. Beide Absichten stünden einander im Weg. Allgemein war man der Ansicht, man müsse eigentlich erst vertiefen und erst danach erweitern, weil der umgekehrte Weg unmöglich sei. Nach einer umfassenden Erweiterung wäre Vertiefung ausgeschlossen.

Heute wissen wir, dass Vertiefung und Erweiterung zugleich vorgenommen wurden. Ja, sogar ohne allzu bescheidene Zurückhaltung. Die Europäische Währungsunion bedeutete potenziell eine gewaltige Vertiefung der Integration, weil es – laut den Lehrbüchern für Wirtschaftswissenschaften – eine Währungsunion ohne eine gemeinsame Steuer- und Haushaltspolitik nur schwer dauerhaft geben kann. Mit der Währungsunion als virtuelles politisches Einheitsprojekt wurden historische Weichen gestellt. Man wollte auf diese Weise die europäischen Länder unumstößlich und unauflöslich aneinanderbinden, in der Hoffnung auf Konvergenz und Transfersolidarität. Mit der Eurozone hat man also de facto, ohne große gesellschaftliche Debatte mit der europäischen Bevölkerung, eine »*Ever Closer Union*« erzwungen. Eine riskante Wette auf die Zukunft.

Ähnlich übermütig war man bei der Erweiterung der Europäischen Union. Nicht behutsam, nicht, indem man nur Länder zuließ, die tatsächlich die Kopenhagen-Kriterien erfüllten (nicht nur auf dem Papier, sondern strukturell). Nein, auch hier, aus (an sich verständlichen) geopolitischen Gründen gab es die volle Ladung der *Big-Bang*-Erweiterung um zentral- und osteuropäische Staaten, gefolgt von drei Balkanländern. Kann eine *Ever Wider* EU auch eine *Ever Closer* EU sein, oder schließt das einander aus? Oder führt dies alles zu einem sprichwörtlich schwachen und uneinigen Europa und letztendlich zur Abspaltung und Bildung einer vorangehenden Pilotgruppe, eines *Kerneuropas*?

Man könnte sich im Nachhinein fragen, ob die Vorstellung der europäischen Pioniere, dass das Nachkriegseuropa in einem immer enger werdenden Verbund eins werden müsse, sich nicht ebenso als eine Überreaktion erwiesen hat wie der Versailler Vertrag einst eine Überreaktion auf den Ersten Weltkrieg war.

Ist eine »Ever Closer Federation«, sind die Vereinigten Staaten von Europa wirklich ein kluges und vernünftiges Endziel? Kann ein solches Konstrukt tatsächlich mit einer mehrheitlichen Unterstützung in Europa rechnen? Damals und heute? Ist das wirklich machbar? Auch noch nach der Erweiterung auf 27 sehr heterogene Mitgliedsstaaten? Auch nach der seit 1945 erfolgten Reifung der nationalen Demokratien und der Bürgerschaft in den europäischen Gesellschaften?

Ich habe da große Zweifel. Selbst im *Kerneuropa* der einstigen Gründernationen besteht der althergebrachte Europakonsens nicht mehr, und wäre es auch nur, weil die Rechtspopulisten mit ihrer ablehnenden Haltung zur EU bei rund 20 Prozent der Wähler Anklang gefunden haben. Darüber hinaus ist es ein recht deutliches Signal, dass zwei der Gründerstaaten, Frankreich und die Niederlande, mehrheitlich »non« und »nee« zum Europäischen Verfassungsentwurf gesagt haben, der das Symbol für eine weitere Staatsbildung war.

Was ist der Endpunkt, die Finalität der europäischen Integration? Bis wohin geht die Vereinigung genau? Das bleibt ein ungelöstes Problem, das oft mit der Plattitüde abgetan wird, die EU sei nun einmal *sui generis*, ein hybrides Konstrukt zwischen Föderation und Konföderation, ein im Entstehen begriffener Staat, aber auch wieder keiner. Aber entspricht dies alles tatsächlich der Wirklichkeit?

Konföderal oder föderal? Ich fürchte, dass die Mehrheit der europäischen Bürger meint, in einer Konföderation zu leben, während die hybride europäische Wirklichkeit, insbesondere die der Eurozone, inzwischen eine föderale ist. Europa ist nicht länger ein Staatenbund mit gemeinsamen Vereinbarungen, sondern hat sich schleichend zu einer völkerrechtlichen Pseudoeinheit entwickelt, mit sehr weit reichenden »staatlichen« Befugnissen (vom Europäischen Semester für die Koordinierung der Wirtschaftspolitik bis hin zu Interventionen der EZB). Dieser »europäische Kurzschluss« zwischen dem, »was die EU ist«, und dem, »was die europäischen Bürger denken, was die EU ist«, ist problematisch für den langfristigen Rückhalt für die EU. Dieser Rückhalt wird jetzt durch den großen Schritt vorwärts in Form des Corona-Wiederaufbauplans zusätzlich auf die Probe gestellt. Die EU ist eifrig dabei, den Rubikon zu überschreiten.

Sonntagsrhetorik versus europäische Praxis

Es besteht eine große Lücke zwischen der Sonntagsrhetorik über Europa und der praktischen europäischen Wirklichkeit. In den europäischen Verträgen (wie etwa im Vertrag von Lissabon) und vor allem in feierlichen Reden werden allerlei ideologische Scheinbewegungen hin zu einer immer näher heranrückenden europäischen Vereinigung gemacht: »*A closer Union*«. Dies macht den Souveränisten, Populisten, Europaskeptikern und Europarealisten Angst und führt zu (manchmal gespielter) Panik.

Dem liegt in erheblichem Maße eine vereinfachte Vorstellung von europäischer Integration zugrunde, während die europäische Wirklichkeit ein komplexes Amalgam aus Supranationalität und Intergouvernementalismus sowie europäischen Institutionen neben Nationalstaaten ist. Insbesondere in Gestalt des immer einflussreicher werdenden Europäischen Rats, der von den Staats- und Regierungschefs gebildet wird, verfügt die EU über eine Arena, in der nationale und europäische Interessen und Perspektiven in Kompromissen zueinanderkommen. Letztendlich wird dort entschieden, inwieweit Europa auf bestimmten Politikfeldern »ever closer« zusammenkommt oder aber eben nicht (wie die schwierigen Debatten über die Migrationspolitik, die Streitigkeiten über die Verletzung des Rechtsstaatlichkeitsprinzips durch Ungarn und Polen und die Uneinigkeit in der Währungsunion hinsichtlich von Eurobonds zeigen).

Der niederländische EU-Denker Luuk van Middelaar hat dieses Biotop des Europäischen Rats sehr hübsch als »Zwischensphäre« bezeichnet. Die EU hat mehr und mehr ihr Aussehen verändert. Es hat sich eine Verschiebung von technokratischer »Regelpolitik« zu einer hyperpolitischen »Ereignispolitik« vollzogen. Darin spielt der Europäische Rat die absolute Hauptrolle. Im Europäischen Rat findet die Transsubstantiation der nationalen Politik zur europäischen Politik statt, so könnte man Van Middelaar interpretieren. Die Gesamtheit der Mitgliedsstaaten, versammelt im Europäischen Rat, produziert eine »Zwischensphäre«, die zwischen der Welt der nationalen Demokratien und den europäischen Institutionen sowie der der gemeinschaftlichen Vorgehensweise im Umfeld der Europäischen Kommission liegt.

Europäische Souveränität oder europäische Unterschiede?

Tatsache ist, dass »*an ever closer Union among the peoples of Europe*« in den letzten Jahrzehnten eine starke Entwicklung gezeigt hat. Zweifellos gab es zugleich *an Ever Deeper Union* und *an Ever Wider Union* (Dinan). Sowohl geografisch, durch die Vergrößerung der Zahl der Mitgliedsstaaten, als auch in Bezug auf die Zunahme der EU-Einmischung auf den Gebieten der Politik und Verwaltung, hat sich die Europäische Union stark entfaltet und als expansiv erwiesen.

Ob *ever deeper* (vertiefter) und *ever wider* (erweitert) auch *ever closer* (enger) ergeben hat, ist eine gute und wichtige Frage. Fühlen sich die europäischen Bürger immer enger miteinander verbunden? Ja und nein. Auf der einen Seite der Bilanz steht der Aufstieg einer ganzen Reihe von europaskeptischen und europafeindlichen populistischen Parteien sowie der Brexit. Auf der anderen Seite der Bilanz haben wir in den meisten Ländern die noch immer große

Unterstützung einer breiten Mehrheit der Bevölkerung, dank oder trotz der Vertiefung und der Erweiterung.

Eine »Ever Closer Union« bleibt ein ambivalenter Begriff. Im Laufe der Geschichte ist die Vorstellung der Pioniere, dass es eines »immer engeren europäischen Verbunds« bedürfe, um die perversen, gefährlichen Nationalstaaten abzulösen und zu ersetzen, zwar verwässert, aber das »föderale Ideal« ist nie ganz verschwunden, und ganz bestimmt nicht in Brüssel.

Aufgrund der gewaltigen EU-Erweiterung hat man sich damit abfinden müssen, dass es de facto mehrere Geschwindigkeiten, Modalitäten und Stadien der Integration in der EU gibt. Es ist allein schon aufgrund der größeren wirtschaftlichen, kulturellen und politischen Diversität infolge dieser Erweiterung ein enormer Unterschied, ob man mit sechs Mitgliedsstaaten eine »Ever Closer Union« anstrebt oder mit 27/28. »The EU is now an effectively multi speed union without a single ›final destination‹.« (Bericht der London School of Economics)

Und dennoch erheben sich, wie gesagt, erneut Stimmen, die meinen, »an ever closer Union« sei gerade jetzt mehr denn je geboten. Das hat mit der Corona-Krise zu tun, unter der vor allem die Kohärenz der Eurozone zu leiden hat. Ein weiterer Grund ist die geopolitische Situation. Allerorts wird befürchtet, dass eine geschwächte und uneinige EU zu einem geopolitischen Spielball im neuen »Kalten Krieg« zwischen der herrschenden Ruling Power USA und der aufstrebenden Rising Power China zu werden droht.

Insbesondere der französische Präsident Macron plädiert daher für eine »Ever Closer Union« in neuer Form. Er bezeichnet sie als »europäische Souveränität« oder »europäische strategische Autonomie«.

Was wir beobachten ist, dass – nach einem Jahrzehnt des im Brexit kulminierenden europaskeptischen Backlash (Eurokrise, Flüchtlingskrise) – einer »Ever Closer Union« neues Leben eingehaucht wird. Es gebe ein neues Momentum für die Vereinigung Europas, einen Make-or-break-Moment, sowohl innerhalb der Eurozone (als Folge der Post-Corona-Krise), als auch im geopolitischen Machtkampf zwischen China und den USA.

Was die Währungsunion betrifft, spricht man bereits von der »Ever Closer Monetary Union«. Viele Experten halten es für unvermeidlich, dass in der Eurozone weitere Integration stattfinden muss, wenn die Einheitswährung bestehen bleiben soll. Der außenpolitische Weg über die Europäische Zentralbank EZB ist nicht nachhaltig. Siehe das Urteil aus Karlsruhe. Man kommt, laut Experten, vermutlich nicht um eine weitere Integration und Zentralisation der Steuer- und Haushaltspolitik mit einem EU-Finanzminister an der Spitze herum. Doch es ist sehr die Frage, ob dies politisch ein erwünschter und machbarer Weg ist und ob dies die Spannungen zwischen Nord- und Südeuropa nicht eher verstärkt als löst.

Vergleichbares gilt auch für die neue Weltordnung. Der Diskurs, der zurzeit am stärksten in Mode ist, will, dass die Europäische Union keine andere Wahl hat, als sich zu einer mächtigen geopolitischen Einheit zusammenzuschmieden. Sonst drohe sie zum Spielball Chinas, Russlands und der Vereinigten Staaten zu werden. Die einzige Möglichkeit, im »asiatischen 21. Jahrhundert« – in einem verstärkten globalen Wettbewerb, in der Europa und der Westen nicht mehr die erste Geige spielen – zu überleben, bestehe in weitgehender Zusammenarbeit. Zu denken wäre hier an die Bildung eines »strategisch autonomen Europas« und einer »Sicherheitsunion«, um in dieser Form die Interessen Europas und der einzelnen nationalen Mitgliedsstaaten schützen und verteidigen zu können.

Dies würde bedeuten, dass die Debatte über eine »*Ever Closer Union*« wieder aufflammt. Mit allen Fragen, die weiterhin gestellt werden können. Ist das wirklich realistisch und erreichbar, ein solcher immer engerer Verbund? Würde er die Unterstützung der Völker finden? Und gelingt das überhaupt, angesichts von 27 Mitgliedsstaaten mit sehr unterschiedlichen Ökonomien und politischen Kulturen? Oder bedarf es einer »Koalition-der-Willigen-Vorhut«? Eines »Kerneuropa« aus ehrgeizigen, gleichgesinnten Ländern, die ungehindert schneller weiter wollen, so wie es auch Macron vor Augen hat?

Doch wie verhält es sich dann mit dem Rückhalt bei den Wählern für ein solches zukünftiges *Kerneuropa*? Das sind nicht mehr die Gründer aus der Zeit Monnets und Schumans. Wir haben es heute mit politisch sehr uneinigen Gesellschaften zu tun, in denen die Macht und die Autorität der »Europa tragenden«, etablierten Parteien im Laufe der Zeit stark abgenommen hat, wie die Referenden zum europäischen Verfassungsentwurf in Frankreich und den Niederlanden und der Aufstieg der rechts-populistischen Parteien zeigen. Wie soll man diese politisch uneinigen Länder in die Transfer- und Schuldenunion der Eurozone und in eine Sicherheitsunion mit gemeinschaftlicher Außen- und Verteidigungspolitik bekommen? Dafür wird es viel politischer Führung und Überzeugungskraft bedürfen. Und was bedeuten diese Entwicklungen für das Verhältnis zwischen großen und kleinen Ländern in der EU? Deshalb zum Schluss einige Bemerkungen über das ewige »deutsche Dilemma« in Europa.

Wer hat Angst vor Deutschland?

»Wer hat Angst vor Deutschland?« Diese Frage scheint heute nur noch aus den Geschichtsbüchern zu kommen. Angst vor Deutschland – das hat seit Jahrzehnten keine Rolle mehr gespielt, nicht wahr? Auf dem Fußballplatz vielleicht noch. Aber politisch? Nach dem Zweiten Weltkrieg wurde Deutschland zu einer Vorzeigedemokratie. Sie ist vollständig Teil der Europäischen Union und der NATO geworden und somit zu einer unverzichtbaren Säule der Unterstützung des transatlantischen Bündnisses, auch bekannt als »der Westen«. Angela Merkel hat als langjährige Kanzlerin sowohl Deutschland als auch Europa Ruhe, Prosperität und Regelmäßigkeit verliehen.

Vielleicht sogar ein wenig zu viel Ruhe und Regelmäßigkeit. Denn wer hat da noch Angst vor Deutschland? Man hätte hoffen können, dass Putins Russland etwas mehr Angst vor Deutschland haben würde. Das hätte Putin vielleicht davon abgehalten, die Krim zu annektieren. Dann wäre MH17 niemals abgeschossen worden. Oder nehmen wir an, China hätte etwas mehr Angst vor Deutschland. Dann wäre es in Osteuropa und auf dem Balkan vielleicht weniger brutal vorgegangen und Deutschlands größter China-Denkfabrik *MERICS* hätte es nie die Sprache verschlagen.

Doch nicht diese Angst vor Deutschland ist es, über die wir hier sprechen, sondern die von der das Buch des bekannten deutschen Historikers Andreas Rödder handelt: *Wer hat Angst vor Deutschland. Geschichte eines europäischen Problems (2018)*. In diesem Buch zeigt

Rödder, wie fast die gesamte europäische Geschichte von der »deutschen Frage« oder dem »deutschen Problem« dominiert wurde. Was bedeutet das? Dass Deutschland als »Zentralmacht Europas« zu klein ist, um Europa zu kontrollieren, aber zu groß und zu stark, um eines der vielen kleinen Länder Europas zu sein. Es ist zu einer sogenannten »halbhegemonialen Position« in Europa verdammt.

Lange wurde in der europäischen Geschichte die deutsche Frage – insbesondere von Frankreich und England – durch ein schwaches und gespaltenes Mitteleuropa quasi gelöst. Das damalige Deutschland, zum Spielball Napoleons geworden, teilte man in Fürstentümer auf. Auf die schiefe Bahn geriet Europa mit Deutschland erst nach der deutschen Vereinigung unter Otto von Bismarck, als dieser 1871 das preußisch-deutsche Reich gründete. Plötzlich war im Herzen Europas eine neue Großmacht entstanden, die zu einer totalen Destabilisierung der Kräfteverhältnisse führte – mit dem Ersten und Zweiten Weltkrieg als folge, den Katastrophen des zwanzigsten Jahrhunderts.

Die zentrale Aufgabe blieb, die deutsche Macht zu zähmen und mit ganz Europa in Einklang zu bringen. Im Versailler Vertrag sollte sie vor allem gebrochen werden. Doch dieser »demütigende« Frieden führte zu Revanchismus und Revisionismus und gipfelte in Nazi-Deutschland.

Nach dem Zweiten Weltkrieg unternahmen die ehemaligen Kriegsgegner Deutschlands einen neuen Versuch, seine Macht einzudämmen. Das Land wurde in Besatzungszonen aufgeteilt, was die Teilung zwischen der Bundesrepublik und der DDR zur Folge hatte. Unter dem Eindruck des Kalten Krieges wurde die Bundesrepublik vollständig in das westliche Bündnis der NATO und der Europäischen Gemeinschaft (Westbindung) integriert. Der preußische Militarismus ließ sich durch die Einbindung des strategisch wichtigen Ruhrgebiets in die Europäische Gemeinschaft für Kohle und Stahl entschärft und legte so den Grund für eine Aussöhnung zwischen den sogenannten Erbfeinden Frankreich und Deutschland. Die Bundesrepublik entwickelte sich zu einer gut funktionierenden liberalen Demokratie. Sie war nicht mehr die preußisch-romantische Kulturnation, die sich gegen westliche Zivilisation richtete. Deutschland war endlich im Westen angekommen. Der Politikstil der Bundesrepublik mit seiner bescheidenen Hauptstadt am Rhein war von außenpolitischer und militärischer *Zurückhaltung* geprägt. Bonn verstand sich als *Zivil-* und *Friedensmacht* und zog *Softpower* der *Hardpower* vor.

Erst mit der zweiten deutschen Vereinigung (nicht Bismarcks, sondern der von Helmut Kohl) wurde die Frage »*Wer hat Angst vor Deutschland*« wieder aufgeworfen. Würde ein wiedervereinigtes Deutschland nicht unverhältnismäßig groß und mächtig auf dem europäischen Kontinent werden? Würde die Aussöhnung mit Frankreich nicht durch den neuen, kleineren Stärkenunterschied unter Druck geraten?

Wie Bundeskanzler Helmut Kohl damals die Vereinigung insbesondere mithilfe der Supermächte Amerika und Sowjetunion erreichte, war ein Paradebeispiel kluger Diplomatie. Dabei übertönte er die Vorbehalte seiner damaligen europäischen Partner. Rödders nimmt in seinem Buch den damaligen französischen Präsidenten Mitterrand, die britische Premierministerin Thatcher und den niederländische Premierminister Lubbers in den Blick. Alle drei hatten ihre Vorbehalte gegen die deutsche Einheit – aus verständlichen-historischen Gründen. Die Antworten auf alle Bedenken und Vorbehalte hießen am Ende Euro und Währungsunion.

Der französische Präsident Mitterrand nannte die D-Mark die »deutsche Atombombe«. Und so wie die Gemeinschaft für Kohle und Stahl die deutsche Macht durch Ihre Europäisierung schwächen sollte, sollte nun die deutsche Wirtschafts- und Währungsdominanz in einer gemeinsamen Europäischen Währungsunion entschärft werden. Das war der Preis für die Deutsche Einheit und zugleich der Weg, um die deutsche Vorherrschaft in Europa zu verhindern und zu entschärfen.

Das ist nicht gerade das, was alle Europäer vor Augen haben: dass nämlich die europäische Einigung der geopolitische Preis für die deutsche Einigung ist. Der »Kanzler der Einheit«, Helmut Kohl, äußerte dazu jedoch sehr deutlich: »Die Frage des Baus des europäischen Hauses unter irreversibler Einbindung des mit Abstand stärksten Landes, Deutschland, ist die Frage von Krieg und Frieden im 21. Jahrhundert.« Mit anderen Worten: Die europäische Integration muss und darf nicht anderes als unumkehrbar sein.

So gesehen ist die deutsche Einigung eine riesige Hypothek für das Schicksal der europäischen Zusammenarbeit. Man könnte auch sagen, die Generation der Kohls und Mitterrands hat mit der Geschichte Glückspiel getrieben. Denn für zukünftige Generationen etwas als *irreversibel* festzulegen – ist das nicht historische *Hybris*? Wer kann denn schon sagen, wie sich die europäische Integration entwickeln wird? Siehe Brexit! Schauen wir auf die Spannungen zwischen Ost und West, Nord und Süd. Oder auf die Fragen der europäischen Wertegemeinschaft und der Währungsunion, die eher spalten als verbinden.

Ein neues deutsches Dilemma

Dieser ganze Problemkomplex steht nun unter zusätzlichem Druck durch die neue geopolitische Situation: der Vormarsch Asiens und der Niedergang des Westens. In Brüssel und Umgebung gibt es inzwischen deutlich hörbare Rufe nach »europäischer Souveränität«, nach »europäischer strategischer Autonomie«. Amerika sei seit Trump unzuverlässig geworden. Autoritären Mächten wie China, Russland und der Türkei sollte stärker entgegengetreten werden – der Ruf nach mehr geopolitischer Einheit, Macht und Handlungsfähigkeit Europas wird dringender.

Was nicht wirklich dazugesagt wird, ist, dass dies ein völlig anderes Deutschland erfordert. Ein Deutschland, das seine Nachkriegsaußenpolitik und militärische Zurückhaltung hinter sich lässt und stattdessen eine neue *Führung* in Europa entwickelt. Wir stoßen dann, wie Rödder es nennt, auf ein neues deutsches Dilemma. Einerseits fordert Europa mehr deutsche Führung, aber wenn es das tut (wie bei der Eurokrise oder in der Flüchtlingskrise), wird ihm bald deutsche Dominanz oder Hegemonialgebaren vorgeworfen. In Griechenland oder Polen haben die Menschen sogar wieder Angst vor Deutschland.

Es ist sogar noch schlimmer. Wer der Mode folgt und schreit, Europa müsse eine stärkere geopolitische Einheit werden und in der rauen Welt der Außenpolitik mehr mit einer Stimme sprechen, dem ist nicht klar, dass dies eine harte Trennung zwischen großen und kleinen Ländern innerhalb der EU zur Folge haben wird und damit an ein Tabu innerhalb der EU rührt: die faktische Machtungleichheit zwischen großen und kleinen Ländern.

Der CDU-nahe Historiker Rödder plädiert für eine stärkere europäische Führung und schlägt vor, eine geopolitische Partnerschaft zwischen Deutschland, Frankreich und Großbritannien aufzubauen. Das nennt er dann: *Elysée à trois* – nach dem Elysée-Vertrag zwischen Frankreich und Deutschland. Dieses *Direktorat* der drei großen Länder soll dann die Richtung in Europa nicht nur militärisch und außenpolitisch, sondern auch wissenschaftlich und technologisch vorgeben.

Rödder sieht durchaus die Gefahr, dass kleinere europäische Länder sich dabei ausgeschlossen und ausgegrenzt fühlen könnten. Also schlägt er vor, dass auch eine *Konsultation à six* möglich sein soll: mit Spanien, Italien und Polen. Wieder keine Niederlande, die irgendwo im Rang zwischen Belgien, Österreich und Dänemark stehen. Es gibt also doch Gründe, Angst vor einem geopolitisch erstarkenden Deutschland zu haben. Bedenke: Was vielleicht gut für Europa ist, ist schlecht für das Selbstverständnis der kleinen EU-Länder.

LITERATUR:

[1] Juurd Eijsvoogel: ›Voor Duitsers voelt het inmiddels ook als een bevrijding‹, *NRC Handelsblad*, 30. April 2020.

[2] Jean De Ruyt: ›Is there an escape from ›Ever Closer Union‹?‹, *European Policy Brief*, February 2018.

[3] *Ever Closer Union* Report of the hearing held on 15th April, 2016, LSE European Institute.

[4] Desmond Dinan: Ever Closer Union. An Introduction to European Integration, Macmillan, 2010.

[5] Yvonne Hofs: ›Nederlandse motie tegen het ›steeds hechter verbond‹ in de EU is vooral een staaltje lekker politiek profileren‹, *de Volkskrant*, 1. Mai 2019.

[6] Fleur Verbeek: ›Deze partijen zijn voor/tegen een ›ever closer union‹, *Elsevier*, 29. April 2019.

[7] Sybilla Dekker, Bernard Bot, et.al.: ›Halfhartigheid Rutte over Europa blijft scepsis voeden‹, *NRC Handelsblad*, 1. Mai 2019.

[8] President Macron's Initiative for Europe: A sovereign, united, democratic Europe, Website *France Diplomatie. French Foreign Ministry*, ohne Datum.

[9] WRR Rapport, *Europese Variaties*.

[10] ›We moeten wel/niet af van ›ever closer union‹, twistgesprek *NRC Handelsblad*, 3. Mai 2019.

[11] *Interview mit Dr. E. P. Wellenstein,* Den Haag, 10. Juli 1998. Interviewer R. Dingemans und J. Schram (Manuskript erhalten vom Sohn Edmond Wellenstein).

[12] Victoria Martín de la Torre: Europe, a leap into the unknown: a journey back in time to meet the founders of the European Union, 2014.

[13] René Cuperus: Quo vadis post-Merkel Duitsland. Zal Duitsland van geopolitieke koers veranderen met de Ampel (of Jamaica)-coalitie?, *Clingendael-Alert,* Oktober 2021.

2

Der Mythos vom Ursprung

Laut der offiziellen EU-Geschichtsschreibung liegen »die historischen Wurzeln der Europäischen Union im Zweiten Weltkrieg«. Die Barbarei und die Verwüstungen dieses Krieges sollten der Kulminationspunkt der französisch-deutschen Erbfeindschaft sein und den Anlass für das Gebot »Nie wieder Krieg« und die französisch-deutsche Versöhnung darstellen. Von der Schuman-Erklärung über die Montan-Union bis hin zum Élysée-Vertrag. Die These, die hier dargelegt wird, lautet: Die europäische Zusammenarbeit war viel mehr eine Reaktion auf den Ersten Weltkrieg (Verdun) als eine Antwort auf den Zweiten Weltkrieg. Dieser Krieg war eher ein russisch-deutscher »totaler Krieg« als ein französisch-deutscher Konflikt. Mit dem Beitritt ehemaliger Diktaturen in Südeuropa und einst von den Sowjets besetzter Länder in Zentraleuropa darf die Geschichte vom Ursprung der europäischen Zusammenarbeit inzwischen erweitert werden. Damit war die »geografische Vereinigung« Europas nahezu vollständig.

Jede Ausstellung, jedes Buch über die Entstehung der Europäischen Union beinhaltet dieselben ikonenhaften Fotos: Helmut Kohl und François Mitterrand auf dem Friedhof bei Verdun (1984). Hand in Hand. Angela Merkel und Emmanuel Macron in Aachen bei der Erneuerung der französisch-deutschen Freundschaft (2019). Und das am stärksten zur Ikone gewordene Bild von allen: Charles de Gaulle und Konrad Adenauer, die gemeinsam den *Élysée-Vertrag* unterschreiben und dies mit einem Kuss besiegeln (1963). Dieser Vertrag ist der Urtext der französisch-deutschen Nachkriegsfreundschaft, der Ursprung der französisch-deutschen Achse, um die sich die europäische Integration dreht.

Hier berühren wir den Ursprungsmythos der EU: Die Europäische Union wurde aus den Trümmern des Europäischen Bürgerkriegs (1914–1945) geboren. Sie ist aus dem Beinah-Selbstmord Europas

Ein Kuss, der die Freundschaft besiegelt: Adenauer und de Gaulle nach Unterzeichnung des Élysée-Vertrages, © picture-alliance.

Hand in Hand nach Europa: Mitterrand und Kohl 1984 auf dem Friedhof
bei Verdun, © picture-alliance.

im Ersten und Zweiten Weltkrieg entstanden. Mehr als alles andere will die europäische Vereinigung die definitive Antwort auf die Erbfeindschaft zwischen Deutschland und Frankreich sein, auf die Jahrhunderte während Rivalität zwischen diesen beiden großen Nachbarländern. Diese Rivalität kam in Kriegen, wechselseitigen Besetzungen und Besitzanspruch auf Grenzgebiete zum Ausdruck.

Nie wieder Krieg. Plus jamais la guerre. Das ist, was die europäische Zusammenarbeit zuerst und vor allem legitimiert. Raison d'être der europäischen Kooperation war, dem gegen den jeweils anderen gerichteten Nationalismus durch Vergemeinschaftung von Kohle, Stahl und Handel ein Ende zu bereiten, insbesondere dem kriegslüsternen, expansiven und überlegenheitstrunkenen Nationalismus. Denn: »*Nationalisme: c'est la guerre*« – Nationalismus, das bedeutet Krieg (Mitterrand).

Am symbolischsten dafür war die Begegnung des französischen Präsidenten François Mitterrand und des deutschen Bundeskanzlers Helmut Kohl auf dem *Cimetière national et ossuaire de Douaumont* bei Verdun am 22. September 1984. Das Beinhaus von Douaumont, das einen großen französischen Soldatenfriedhof überragt, ist ein düsteres Monument, in dem sich die Überreste von 130.000 nicht identifizierten französischen und deutschen Soldaten befinden. Überreste, das sind Knöchel, Knochen und Schädel. Alle hier Bestatteten sind in der Schlacht von Verdun gefallen, eine der blutigsten Abnutzungsschlachten des Ersten Weltkriegs. An diesem Ort standen Mitterrand und Kohl längere Zeit Hand in Hand und erklärten auf Französisch und Deutsch, die Feindschaft zwischen ihren Ländern hinter sich gelassen zu haben:

»Wir haben uns versöhnt. Wir haben uns verständigt. Wir sind Freunde geworden.«

Für die französisch-deutsche Erbfeindschaft gibt es noch ein anderes Symbol: Elsass-Lothringen. Um dieses Gebiet wurde im deutsch-französischen Krieg von 1870/71 und im Ersten Weltkrieg gefochten. Es handelt sich um einen schwer umkämpften Landstrich. Infolge von Kriegen und Annexionen in den Jahren 1681, 1870, 1918, 1940 und 1944 ist Straßburg wiederholt von deutscher in französische Hand übergegangen und umgekehrt.

Nicht zufällig wurde Straßburg, die Hauptstadt des Elsass, zur Heimstatt der französisch-deutschen Versöhnung. Die Stadt wurde aus diesem Grund zum offiziellen und symbolischen Sitz des Europäischen Rates und des Europäischen Parlaments. Hier findet allmonatlich eine Plenarsitzung des Europäischen Parlaments statt, weshalb sich jeden Monat der Europazirkus von Brüssel nach Straßburg und wieder zurückbegibt. Die zwölfmal pro Jahr anfallenden Reisekosten für etwa 3.000 Menschen: 140 Millionen Euro jährlich. *Green Deal*-Energiekosten unbekannt.

Straßburg bleibt aufgrund der französisch-deutschen Erbfeindschaft ein heiliger Ort für die EU. Deshalb stößt die von vielen befürwortete Verlegung der Plenarsitzungen nach Brüssel auch auf so großen Widerstand. Im Falle Frankreichs spielten dabei zudem Wirtschafts- und Prestigegründe eine Rolle, so wird geflüstert. In kühl kalkulierenden Ländern wie den Niederlanden steht der europäische Wanderzirkus (aus nachvollziehbaren Gründen) permanent in der Kritik. Die ständigen Umzüge sind ein beliebtes Thema für Populisten und europaskeptische Politiker, um damit im Wahlkampf zu punkten. Doch, wie man hört, spielt das Thema Verschwendung und Vergeudung durch die EU in Ländern wie Deutschland und Italien eine untergeordnete Rolle. Dort setzt man sich kaum für einen einzigen Sitz des Europäischen Parlaments ein und man wertet die politische Symbolik höher.

Straßburg ist ein wesentlicher Teil der Mythologie, die die EU über sich kultiviert. Die Stadt ist ideal gelegen, am Rhein, genau an der Grenze zwischen Deutschland und Frankreich. Und sie ist ein Symbol für den kriegslüsternen und revanchistischen Nationalismus, den die Europäische Union überwinden will. Es ist der Traum-Ort, um die deutsch-französische Freundschaft zu feiern. Es gibt eine Brücke über den Rhein, über die man einfach so von Frankreich nach Deutschland geht. Das ist die französisch-deutsche Europabrücke. Auf dieser Brücke brüskierte der damalige italienische Ministerpräsident Berlusconi Bundeskanzlerin Merkel, indem er unverschämt lange telefonierte und die Gruppe der Staats- und Regierungschefs endlos warten ließ. Dies geschah während der Feierlichkeiten anlässlich der Rückkehr Frankreichs in die NATO 2009.

Europäische Mythologie

Apropos historische Symbole. Nicht weit vom Brandenburger Tor, im *Tiergarten,* stieß ich, als ich mit einem Mietfahrrad meines Berliner Hotels unterwegs war, auf eine Plakette. Ich meinte darauf undeutlich einige bekannte Personen zu erkennen. Und so war es auch. Ich sah die Porträts von Charles de Gaulle und Konrad Adenauer. Die Plakette erwies sich als Teil eines Denkmals, das gleich neben der Akademie der *Konrad-Adenauer-Stiftung* stand, der CDU-nahen politischen Stiftung, die – wie auch die sozialdemokratische *Friedrich-Ebert-Stiftung* – ein sehr großes internationales Netzwerk an Forschern und politischen Beratern unterhält.

Neben diesem Begegnungs- und Kongresszentrum der Adenauer Stiftung also, und ganz bestimmt nicht zufällig dort, fand ich dieses Denkmal. Wie sich zeigte, war es ein gar nicht mal so altes Denkmal zur Erinnerung an das vierzigjährige Bestehen des deutsch-französischen Freundschaftsvertrags. Der damalige französische Staatspräsident Jacques Chirac hatte es am 23. Januar 2003 enthüllt, beinahe auf den Tag genau vierzig Jahre nach der Unterzeichnung des Élysée-Vertrags am 22. Januar 1963. Dieses Denkmal erhielt daher auch den Namen *Adenauer-de Gaulle-Denkmal.* Außer dem französischen Präsidenten Chirac schmückten auch der damalige Bundeskanzler Gerhard Schröder, die Vorsitzende der CDU Angela Merkel und der Bundeskanzler a. D. Helmut Kohl die Feier mit ihrer Anwesenheit. Auf der Denkmal-Plakette (mit dem schönen Bild von de Gaulle und Adenauer, die einander mit beiden Händen innig festhalten) steht folgender Text, eine Passage aus dem Élysée-Vertrag:

> Gemeinsame Erklärung zum deutsch-französischen Freundschaftsvertrag
> »Die Versöhnung zwischen dem deutschen und dem französischen Volk, die eine Jahrhunderte alte Rivalität beendet, stellt ein geschichtliches Ereignis dar, das das Verhältnis der beiden Völker zueinander von Grund auf neu gestaltet.« (Charles des Gaulle/ Konrad Adenauer, Paris, 22. Januar 1963)

Und dieses Zitat stammt aus der Gemeinsamen Erklärung zum Élysée-Vertrag:

Gemeinsame Erklärung [zum Élysée-Vertrag]

Vom 22. Januar 1963 [1] (BGBl. II S. 706)

Der Bundeskanzler der Bundesrepublik Deutschland, Dr. Konrad Adenauer, und der Präsident der Französischen Republik, General de Gaulle, haben sich

- zum Abschluß der Konferenz vom 21. und 22. Januar 1963 in Paris, an der auf deutscher Seite der Bundesminister des Auswärtigen, der Bundesminister der Verteidigung und der Bundesminister für Familien- und Jugendfragen; auf französischer Seite der Premierminister, der Außenminister, der Armeeminister und der Erziehungsminister teilgenommen haben,

- in der Überzeugung, daß die Versöhnung zwischen dem deutschen und dem französischen Volk, die eine Jahrhunderte alte Rivalität beendet, ein geschichtliches Ereignis darstellt, das das Verhältnis der beiden Völker zueinander von Grund auf neu gestaltet,

- in dem Bewußtsein, daß eine enge Solidarität die beiden Völker sowohl hinsichtlich ihrer Sicherheit als auch hinsichtlich ihrer wirtschaftlichen und kulturellen Entwicklung miteinander verbindet,

- angesichts der Tatsache, daß insbesondere die Jugend sich dieser Solidarität bewußt geworden ist, und daß ihr eine entscheidende Rolle bei der Festigung der deutsch-französischen Freundschaft zukommt,

- in der Erkenntnis, daß die Verstärkung der Zusammenarbeit zwischen den beiden Ländern einen unerläßlichen Schritt auf dem Wege zu dem vereinigten Europa bedeutet, welches das Ziel beider Völker ist, mit der Organisation und den Grundsätzen der Zusammenarbeit zwischen den beiden Staaten, wie sie in dem heute unterzeichneten Vertrag niedergelegt sind, einverstanden erklärt.

Dieser französisch-deutsche Freundschaftsvertrag, der auch Bestimmungen für besondere Beziehungen und Begegnungen zwischen beiden Ländern beinhaltet, wurde das Symbol der Versöhnung zwischen den ehemaligen »Erbfeinden« nach dem Krieg und stellt einen wichtigen Baustein für die weitergehende Zusammenarbeit in Europa dar. Der Text ist eine grundlegende Absichtserklärung für ein starkes, vereinigtes Europa.

An den Vertrag wurde also 2003 erinnert. Einige Jahre später, 2019, wurde der *Élysée-Vertrag* (genau 56 Jahre nach der Unterzeichnung) erneut bestätigt und aktualisiert. Am 22. Januar 2019 unterzeichneten der französische Präsident Macron und die deutsche Bundeskanzlerin Merkel den sogenannten Vertrag von Aachen, einen Vertrag über die bilaterale »Zusammenarbeit und Integration«, der dazu gedacht war, den deutsch-französischen Motor der europäischen Zusammenarbeit mit neuer Energie zu versorgen. Der Zeitpunkt dieses Treffens in Aachen war nicht zufällig gewählt, sondern hatte seinen Grund im Ergebnis des Brexit-Referendums. »*Aachen*« war ausdrücklich als politische Reaktion auf den Austritt der Briten aus der EU gedacht. Um zu verhindern, dass der Brexit zu einem Dämpfer für den europäischen Geist wird, musste dem deutsch-französischen Motor neues Leben eingehaucht werden. Bundeskanzlerin Merkel sagte anlässlich des Treffens in Aachen, dass die europäische Zusammenarbeit nun, nach dem Austritt der Briten, intensiviert werden muss. (Letztendlich entpuppte sich nicht der Brexit, sondern die Corona-Krise als Katalysator für eine engere europäische Zusammenarbeit unter französisch-deutscher Führung.)

Falscher Mythos: Die EU ist die Antwort auf den Ersten Weltkrieg, nicht auf den Zweiten

Wie man der Gemeinsamen Erklärung zum *Élysée-Vertrag* deutlich entnehmen kann, lautet die »EU-Formel« im Kern wie folgt: Die französisch-deutsche Rivalität, die in Europa zu so viel Elend geführt hat, muss durch die französisch-deutsche Freundschaft überwunden werden. Sie bildet ihrerseits die Basis für die notwendige europäische Vereinigung. »*Nie wieder Krieg.*« Friede durch Freundschaft, Zusammenarbeit, ja, durch »Vereinigung«. Diese Formel ist zum Urmythos der europäischen Vereinigung geworden. Das zeigen auch die schönen Worte, die Bundespräsident Steinmeier in seiner Rede am 8. Mai 2020 in der Neuen Wache in Berlin hierfür fand, als er vor dem Zerfall Europas warnte und nicht zu weniger, sondern zu mehr internationaler Zusammenarbeit aufrief:

»›Nie wieder!‹, das haben wir uns nach dem Krieg geschworen. Doch dieses ›Nie wieder!‹, es bedeutet für uns Deutsche vor allem: ›Nie wieder allein!‹ Und dieser Satz gilt nirgendwo so sehr wie in Europa. Wir müssen Europa zusammenhalten. Wir müssen als Europäer denken, fühlen und handeln. Wenn wir Europa, auch in und nach dieser Pandemie, nicht zusammenhalten, dann erweisen wir uns des 8. Mai nicht als würdig. Wenn Europa scheitert, scheitert auch das ›Nie wieder!‹ (...). Wir dürfen nicht zulassen, dass diese Friedensordnung heute vor unseren Augen zerrinnt.«

Diesen Urmythos finden wir auch ausführlich auf der offiziellen Website der Europäischen Union. Diese Website wird von der Generaldirektion Kommunikation der Europäischen Kommission im Auftrag der EU-Institutionen gepflegt. Dort kann man lesen, wie die EU selbst Rechenschaft über das Entstehen der europäischen Zusammenarbeit gibt:

»The European Union is set up with the aim of ending the frequent and bloody wars between neighbours, which culminated in the Second World War. As of 1950, the European Coal and Steel Community begins to unite European countries economically and politically in order to secure lasting peace. (....) The historical roots of the European Union lie in the Second World War. Europeans are determined to prevent such killing and destruction from ever happening again. West European nations create the Council of Europe in 1949. 9 May 1950: French Foreign Minister Robert Schuman presents a plan for deeper cooperation. Later, every 9 May is celebrated as ›Europe Day‹. 18 April 1951: based on the Schuman plan, six countries sign a treaty to run their heavy industries – coal and steel – under a common management. In this way, none can on its own make the weapons of war to turn against the other, as in the past. (...) The EU has roots in the devastation of World War II. In 1945, Europe's economy was in shambles. Huge swaths of the population were homeless or displaced. And as European industries tried to get back on their feet, political tensions split East and West in a rising Cold War. Economic instability and the spectre of hyperinflation—the exact conditions that earlier had helped give rise to German fascism and pave the road to World War II—prompted post-war European leaders to act. Officials banded together to sidestep conflict through economic means. The steel and coal industries of West Germany, France, Belgium, Luxembourg and the Netherlands united, creating a common commodities market in an effort to both stabilize the economy and make it impossible for a single country to corner the market on materials used to wage war.«[5]

Bis hierhin in Kürze die »offizielle« Geschichtsschreibung der Europäischen Union über ihre Entstehung, die Mythologie des Wie und Warum. Daran ist wenig auszusetzen, bis auf einen einzigen Punkt, und das ist, worum es mir in diesem Kapitel über den Ursprungsmythos geht: Ich möchte die These bestreiten, dass »die historische Wurzel der Europäischen Union im Zweiten Weltkrieg liegt«. Das ist die übliche Behauptung. Das Standardregister. Europa sei die heilige Antwort auf Krieg und Holocaust. Europäische Vereinigung als ewiges Heilmittel gegen nationale Rivalität. Dies ist eine starke Behauptung, aber ist sie auch wahr?

Meine These besagt, dass die Europäische Gemeinschaft in erster Linie eine Antwort auf den Ersten Weltkrieg war und sehr viel weniger eine Reaktion auf den Zweiten Weltkrieg. Nicht umsonst wurde für das symbolische Foto von Kohl und Mitterrand Verdun gewählt und nicht Vichy. Das war kein Zufall.

Es ist vor allem *La Grande Guerre,* auf den die große Rivalität und der Revanchismus zwischen Frankreich und Deutschland zurückzuführen ist, und die Schlacht von Verdun ist deren blutiges Symbol. Sie war der Kulminationspunkt und die Apokalypse der französisch-deutschen Kriege.

Dies gilt in viel geringerem Maße für den Zweiten Weltkrieg. Damals gab es, insbesondere im Vergleich zum Ersten Weltkrieg, nur ein relativ kurzes militärisches Aufeinandertreffen zwischen Frankreich und Deutschland, in den Monaten Mai und Juni 1940. Nazi-Deutschland umging im sogenannten *Blitzkrieg* die *Maginot-Linie* und zwang Frankreich schnell in die Knie. Darauf folgte die schmerzliche Kollaboration des Vichy-Regimes unter Marschall Pétain, dem großen Helden des *Grande Guerre*. Dies ergab ein überaus unangenehmes Kapitel in der Geschichte des französisch-deutschen Verhältnisses, ein Kapitel, das folglich auch im

Ursprungsmythos der Europäischen Gemeinschaft zum größten Teil ignoriert wird. Nicht umsonst spielt Charles de Gaulle so eine große Rolle in der Geschichte, gehörte er doch als Chef der *Freien Französischen Streitkräfte* zu den wenigen Franzosen, die aus dem Exil an der Befreiung ihres Landes mitarbeiteten.

Mein Einwand lautet: Der Zweite Weltkrieg ist weniger Folge und Teil der französisch-deutschen »Erbfeindschaft«. Und die Gründe dafür sind das Marionettenregime von Vichy und die kurzen Kampfhandlungen im Frühsommer 1940 infolge der Kapitulation durch Pétain. Dies macht einen Vergleich der Kriegserfahrungen aus dem Ersten und Zweiten Weltkrieg so gut wie unmöglich. Ein deutlicher Fall von französisch-deutscher Rivalität steht einem undeutlichen gegenüber.

Es ist für »neutrale« Niederländer schwierig nachzufühlen, dass das Kriegstrauma des Ersten Weltkriegs in Ländern wie Frankreich, Belgien und England viel langfristiger und eindringlicher war als das des Zweiten Weltkriegs. Man kann schlecht Leiden mit Leiden vergleichen – es gibt keine Richter-Skala, mit der man Leid messen könnte –, doch was die Zahl der Toten, die Zahl der zerstörten Familien angeht, so hat in Frankreich und England der *Grande Guerre* härter zugeschlagen als der Zweite Weltkrieg. (Die gilt natürlich nicht für das, was der jüdischen Bevölkerung im Holocaust widerfahren ist. Das bleibt in jeder Hinsicht eine einzigartige Apokalypse.) Aber betrachtet man die Zahl der Toten in den Schützengräben, die Dauer der Kriegshandlungen, die Schrecken, die dieser, mit maschineller Gewalt und Giftgas gnadenlos geführte Krieg, ins Bewusstsein der Menschen gebrannt hat, so hat der Erste Weltkrieg unermesslich viel Leid gebracht.

Man kann die unterschiedlichen Auswirkungen des Ersten und Zweiten Weltkriegs in jedem französischen Dorf, in jeder französischen Stadt wahrnehmen. Auf jedem Platz in Frankreich, nicht weit vom Rathaus, dem Hôtel de Ville mit der Aufschrift *Liberté, Egalité, Fraternité,* steht ein Kriegerdenkmal, oft verziert mit der Figur eines französischen Soldaten aus dem Ersten Weltkrieg, einem *Poilu,* einem Hahn, dem Symboltier Frankreichs, oder einer Figur der Marianne.

Auf diesem Denkmal ist eine Tafel befestigt, auf der die Namen der im *Grande Guerre* getöteten Dorfbewohner verzeichnet sind.

Eine unglaublich große Zahl oft, auch in den kleinsten Dörfern. Der Erste Weltkrieg wird vom niederländischen Fachmann für den Ersten Weltkrieg, Koen Koch, wegen der ungeheuer vielen Toten und der industriell-maschinellen Weise des Tötens in Form von massivem Artilleriebeschuss und Giftgas, gelegentlich als »Holocaust in den Schützengräben« bezeichnet. Die Zahl der Toten, sowohl der militärischen wie der zivilen Opfer, die man auf diesen Tafeln in ganz Frankreich findet, ist unbeschreiblich.

Sehr plastisch wird einem auf der Rundreise entlang der französischen Kriegerdenkmale vor Augen geführt, wie unterschiedlich die Auswirkungen des Ersten und Zweiten Weltkriegs gewesen sein müssen. Auf den Denkmalen sieht man fast immer lange Reihen mit Namen von Toten aus den Jahren 1914–1918. Unter diese Namensreihen wurde später eine kleine Zahl von Namen der Toten des Zweiten Weltkriegs eingemeißelt. Oft im Verhältnis von achtzig zu zwanzig. Damit wird klar: Der Abscheu vor dem Krieg und die französisch-deutsche Feindschaft sind stärker mit dem Ersten Weltkrieg verbunden als mit dem Zweiten Weltkrieg.

Das alles führt zu einer leichten Entmythologisierung des Ursprungsmythos der Europäischen Union: Die EU ist nicht die direkte Antwort auf den Zweiten Weltkrieg, sie ist vielmehr die verspätete Reaktion auf den Ersten Weltkrieg. Die Europäische Gemeinschaft für Kohle und Stahl (EGKS) und den Élysée-Vertrag muss man eigentlich als Korrekturen des *Vertrags von Versailles* (1919) betrachten. Die Folgen dieses Vertrags hatten sich als katastrophal erwiesen. Deutschland wurde durch gewaltige Wiedergutmachungszahlungen und harte Friedensbedingungen erniedrigt. Frankreichs Wunsch war es eigentlich gewesen, Deutschland in Kleinstaaten zu teilen, um das Land nachhaltig zu schwächen. Viele, darunter der amerikanische Präsident Wilson und der Ökonom John Maynard Keynes, fürchteten, der Vertrag von Versailles könne Anlass zu einem neuen Krieg werden. Und sie behielten recht.

Als Reaktion auf die viel größeren Gräuel Nazi-Deutschlands wählte man daher nicht erneut einen erniedrigenden Frieden zwischen Feinden, sondern entschied sich für Vereinbarungen, die der Zusammenarbeit und Freundschaft zwischen Partnern dienen sollten. Die Montanunion, der Schuman-Plan und der Élysée-Vertrag waren also, so gesehen, die *späte Einsicht* aus dem, was mit dem Versailler Vertrag in den Zwischenkriegsjahren schiefgegangen war. Das waren sie viel mehr, als die Antwort auf Vichy, den Holocaust oder die kurzen Kampfhandlungen im Mai und Juni 1940.

Verkürzend könnte man sagen, dass der Erste Weltkrieg (soweit es die europäische Bühne betrifft) vor allem ein deutsch-französischer Konflikt war, während der Zweite Weltkrieg in erster Linie ein deutsch-russischer Krieg war. Man kann diese These anhand der Orte, an denen gekämpft wurde, und der Opferzahlen belegen. Es führt zu weit, all diese Vergleiche hier tatsächlich anzustellen, doch es ist evident, dass man die »Schlacht um Frankreich« im Zweiten Weltkrieg nicht mit dem Grabenkrieg des Ersten Weltkriegs vergleichen kann. Und auch nicht mit dem Unternehmen Barbarossa oder der Schlacht um Stalingrad.

Am 5. Juni 1940, in einer Operation, die von den Deutschen den Codenamen *Fall Rot* erhalten hatte, umging die Wehrmacht die *Maginot-Linie* und rückte sehr schnell in Frankreich vor. Nachdem der tags zuvor mit der Bildung einer neuen Regierung beauftragte Marschall Pétain bereits am 17. Juni das Deutsche Reich um Bekanntgabe der Waffenstillstandsbedingungen ersucht hatte, wurde am 22. Juni ein entsprechendes Abkommen unterzeichnet. Das noch unbesetzte Südostfrankreich wurde zum Vasallenstaat mit Regierungssitz in Vichy. Das übrige Frankreich war Besatzungsgebiet. Zwar wurden in den wenigen Tagen des Kampfes Zehntausende französische Soldaten getötet, doch ihre Zahl ist sehr viel kleiner als die der in den Schützengräben des Ersten Weltkriegs Umgekommenen, ganz zu schweigen von den vielen Millionen Toten, die Russland im Zweiten Weltkrieg zu beklagen hatte.

Der Zweite Weltkrieg war kein Schützengrabenkrieg, schon gar nicht an der Westfront, sondern kann besser charakterisiert werden als »a gigantic clash of land armies of Wehrmacht and the Red Army, the greatest land conflict in history«[6] (Adam Tooze). Der Vernichtungskrieg zwischen der Sowjetunion und Nazi-Deutschland war sozusagen ein einziges großes Verdun. Die Schlacht von Stalingrad kann als Symbol für diesen gnadenlosen Zermürbungskrieg an der Ostfront betrachten.

Doch anders als Verdun hat Stalingrad keine Länderfreundschaft gebracht. Worin bestand die Versöhnung als Reaktion auf die deutsch-russische Rivalität und Erbfeindschaft? Wo waren die »Nie-wieder«-Stimmen und Initiativen, die man als Reaktion auf dieses blutige Hauptkapitel des Zweiten Weltkriegs hätte erwarten können? Wo waren der deutsche Monnet und der russische Schuman?

Ich habe schon mal zum Nachdenken gesagt: Nach dem Zweiten Weltkrieg hätte eigentlich zur Versöhnung ein Kohle-und-Stahl-Pakt zwischen der Sowjetunion und Deutschland geschlossen werden müssen, nicht zwischen Frankreich und Deutschland. Stattdessen kam es zum lebensbedrohlichen »Kalten Krieg«, der sich im Gegenteil weit vom »Nie-wieder-Krieg«-Gebot entfernte. Die Tragödie der Geschichte ist unergründlich.

Was ich deutlich machen will, ist, dass nach dem Zweiten Weltkrieg die Doktrin des »Nie wieder Krieg«, der wirtschaftlichen Zusammenarbeit, ja sogar der Vergemeinschaftung als Substitut für militärische Rivalität und nationalistische Feindschaft eigentlich ein Projekt Deutschlands und Russlands hätte sein müssen. Stattdessen konzentrierte man sich voll und ganz auf die deutsch-französische Versöhnung, nicht zuletzt unter dem Druck und der Schirmherrschaft der Vereinigten Staaten und Winston Churchills, die die Frontlinien des heraufziehenden Kalten Kriegs sehr schnell im Blick hatten. Nimmt man all dies zusammen, dann ist die europäische Zusammenarbeit weniger logisch und konsequent aus dem Zweiten Weltkrieg hervorgegangen, als man später suggerieren wollte.

So bleibt auch die Stellung des Vereinigten Königreichs kompliziert, damals und heute. Wo blieb England im Narrativ von der französisch-deutschen Erbfeindschaft? War es nicht seltsam und unfair, dass der einzige echte Widersacher Nazi-Deutschlands, das Vereinigte Königreich, beim Start der Europäischen Gemeinschaft (wenn auch zum Teil durch eigenes Zutun) außen vor blieb? Und dass alle Ehre für die europäische Zusammenarbeit nach dem Krieg vom Täterland Deutschland und dem Kollaborationsland Frankreich eingefordert wurde? Das Vereinigte Königreich, das sich selbst lange Zeit eher als Weltmacht betrachtete, denn als europäischer Mitgliedsstaat, war so nur marginal und peripher Teil der europäischen Mythologie. Denn die basierte ja fast ausschließlich auf der französisch-deutschen Erbfeindschaft.

Etwas Vergleichbares gilt für die Konzeption des Nationalstaats. Im französisch-deutschen Diskurs der Nachkriegszeit galten Nationalstaaten als Kriegstreiber und Kriegsführer. Schaff den Nationalismus ab, dann schafft man den Krieg ab, lautete die Vorstellung. *Nationalisme, c'est la guerre* – Nationalismus, das bedeutet Krieg (François Mitterrand).

Auch diese europäische Grundidee – den Nationalstaat aufgeben als historisches Opfer für die Entgleisungen des kriegslüsternen Nationalismus im Ersten und Zweiten Weltkrieg – lässt sich weniger gut beim Vereinigten Königreich anwenden. Das hatte sich gerade wegen seines Nationalismus als imstande erwiesen, die Schlacht um England zu gewinnen und eine Besetzung durch die Nazis zu verhindern. Dasselbe gilt für kleinere, von Nazi-Deutschland besiegte und besetzte Länder wie die Niederlande, Belgien oder Polen. Dort waren die nationale Eigenheit und Identität eine Quelle der Inspiration für viele Formen des Widerstands. Man muss hier eine historische Unterscheidung zwischen »offensivem« und »defensivem« Nationalismus, zwischen imperialistischem Nationalismus und Befreiungsnationalismus machen. Die Verabsolutierung der deutsch-französischen Erfahrungen, insbesondere die Verallgemeinerung des deutschen Schicksals in der europäischen Tragödie, ist daher nicht ohne Probleme und Widersprüche.

Auf den Brexit komme ich in diesem Buch noch ausführlich zu sprechen, doch die unterschiedlichen historischen Erfahrungen Englands, Deutschlands und Frankreichs sind ein Teil der Erklärung für die europaskeptische Distanz des Vereinigten Königreichs zum Kerneuropa und für die letztendliche Entfremdung, die (losgelöst von vielen anderen Ursachen, auch intern britische) zum Brexit führte.

Das Narrativ, das Europa über sich selbst verbreitet, ist also nicht ganz wahrheitsgetreu. Der Heiligenschein, der Brüssel umgibt – »diese EU ist die einzig mögliche Antwort auf den Zweiten Weltkrieg und auf Auschwitz« –, ist bestenfalls die halbe Geschichte. Die EU ist nicht im und durch den Zweiten Weltkrieg entstanden, denn gerade in diesem Krieg war die französisch-deutsche »Erbfeindschaft« mit ihrer Mischung aus Kollaboration und Feindschaft äußerst komplex.

»Nie wieder Krieg« und die deutsch-französischen Freundschaftsverträge passen viel besser zur Geschichte des Ersten Weltkriegs. Der war ein imperialer, bewaffneter Konflikt um Territorium und Macht, passend zu Fritz Fischers Quintessenz *Griff nach der Weltmacht*. Der Zweite Weltkrieg hingegen war vor allem ein Vernichtungskrieg an der Ostfront. Dort befinden sich die *Bloodlands* (Timothy Snyder), dort lag Hitlers *Lebensraum*, dort wurde der gnadenlose Zermürbungskrieg zwischen Russland und Deutschland geführt, in Stalingrad oder Kursk.

Gemäß der Formel »Nie wieder Blutvergießen und nie wieder Krieg« hätte also nach dem Zweiten Weltkrieg eine gewisse Versöhnung mit Russland, ein Élysée-artiger Freundschaftsvertrag zwischen Russland und Deutschland nahe gelegen. Der Kalte Krieg ist hierfür natürlich der große Spielverderber gewesen, als auf den Konferenzen von Jalta und Potsdam Ost- und Westeuropa in »Einflusssphären« eingeteilt wurden, teilweise eine Reaktion auf die rüde Besetzung Osteuropas und Ostdeutschlands durch Stalin. Statt zu einer Montanunion zwischen Moskau und Berlin kam es zur Teilung Deutschlands und zum Kalten Krieg zwischen dem Warschauer Pakt und der NATO, zwischen totalitärem Kommunismus und liberalem Kapitalismus.

Europäische Zusammenarbeit wurde unter diesem Einfluss mehr zu einer Geopolitik als zu einem Versöhnungsprojekt. Der Ursprungsmythos der Europäischen Union wurde nun zu der bekannten Zeile »*Die Deutschen unten halten, die Amerikaner drin und die Russen raus*« zusammengepresst. Die EU wurde zu einem Stützpfeiler der euroatlantischen Weltordnung, so wie die EU auf dem Gebiet der Wirtschaft und des Handels eine Präfiguration der ökonomischen Globalisierung sein würde, eines immer stärker integrierten Welthandels- und Produktionssystems.

Es wäre übrigens angemessen gewesen, wenn Europa seinen Ursprungsmythos im Laufe der Zeit im Rhythmus der Erweiterungsrunden angepasst und erweitert hätte. Wenn sie also nicht weiterhin nur auf den Horror des Zweiten Weltkriegs und die Montanunion als dessen logische Folge verwiesen, sondern einen stärkeren Akzent auf die weitere geografische Vereinigung Europas gesetzt hätte. Angefangen mit dem Beitritt der südlichen Länder – Griechenland, Spanien, Portugal – für die die Mitgliedschaft in der

EU die liberal-demokratische Bestätigung ihres Abschieds von den finsteren Tagen der Diktatur war.

Oder später, 2004, bei der *Big-Bang*-Erweiterung um die zentraleuropäischen und baltischen Staaten, als die seit dem Zweiten Weltkrieg bestehende Teilung Europas aufgehoben wurde und – mit allen dazugehörigen Komplikationen – von der »Heilung« Europas, dem Fall des Eisernen Vorhangs und der geografischen Vereinigung Europas gesprochen werden durfte. Neben der deutsch-französischen Freundschaft gehören auch diese Erweiterungen zum konstituierenden Fundament dessen, was die Europäische Union geworden ist. Eine Art neuer Ursprung.

LITERATUR:

[14] Frank-Walter Steinmeier: »Man kann dieses Land nur mit gebrochenem Herzen lieben.« Rede zum 8. Mai 2020, *Frankfurter Allgemeine Zeitung*, 8. Mai 2020 (hier zitiert nach dem Text auf der Homepage des Bundespräsidenten).

[15] Adam Tooze: »We Remember World War II Wrong«, *Foreign Policy*, May 7, 2020.

[16] L. Wessels/T. Bosch (Hg.), Nationalisme, naties en staten. Europa vanaf circa 1800 tot heden, Nijmegen 2012.

3

Der Brexit-Mythos

Beim Brexit Mythos geht es um den Hochmut der Briten zu glauben, ein »Stand-alone-Britain« wäre in einer globalisierenden Welt besser dran als ein eng mit Europa verbundenes Vereinigtes Königreich. Es geht um den Mythos, Großbritannien würde nach dem Brexit wirtschaftlich aufblühen und könne seinen Handel mit der EU leicht durch weltweiten Handel ersetzen. Es geht um den Mythos, in Sachen Migration Herr im eigenen Land zu sein. Es geht um den Mythos, dass »vollständige« nationale Souveränität in einer vernetzten Welt Vorteile bringt und keine Nachteile. Wir müssen die Entwicklung natürlich noch abwarten, aber es sieht alles danach aus, als würde der Brexit, kurzfristig jedenfalls, mit einer starken politischen und gesellschaftlichen Destabilisierung einhergehen und das Vereinigte Königreich wirtschaftlich zurückwerfen.

Und das zieht einen Brexit-Schock nach sich, und zwar auf dem europäischen Kontinent. Viele europäische Bürger waren erschrocken angesichts des politischen Chaos, das der Austrittsprozess vor allem auf britischer Seite verursacht hatte. Man denke nur an Regierungswechsel, aufgelöste Parlamente und häufige Neuwahlen. Auch das wirtschaftliche Chaos, das nach dem Brexit erwartet wird, hat viele Europäer auf dem Kontinent so abgeschreckt, dass selbst die nationalpopulistischen Anti-EU-Parteien aus wahltaktischen Gründen ihren Exit-Kurs gemäßigt oder sogar vollständig aufgegeben haben. Eine Scheinanpassung von Neo-Nationalisten?

Dennoch wäre es ein Irrtum zu glauben, der Brexit habe den EU-Enthusiasmus stark wachsen lassen und ein Mandat geschaffen, auf das man seelenruhig einen »Großen Sprung vorwärts« gründen könnte. Anders, als sich manche wünschen, hat der Brexit nicht automatisch zu EU-Liebe geführt. Es stimmt, nach dem Brexit hat die allgemeine Zustimmung zur EU in Umfragen zugenommen, doch der Brexit hat aus der EU auch eine Art »Hotel California« gemacht. Er hat nämlich gezeigt, dass ein Verlassen der EU beinahe eine »Mission impossible« ist. Insbesondere für kleine Länder ist ein Austritt fast unmöglich. Das ist der zweite Brexit-Schock.

Der doppelte Brexit-Schock

Mit wachsender Beunruhigung waren wir, die übrigen Europäer, Zeuge, was für einen Trümmerhaufen der Brexit im Vereinigten Königreich verursacht hat. Wir reden hier über die Zeit vor Corona. Die Zeit, in der die Premierministerin Theresa May auf einem Parteitag ihr seltsames Tänzchen aufführte, um bald darauf das Opfer des schleppenden Brexit-Elends zu werden. Und das Opfer Boris Johnsons.

Wir sahen ein zutiefst zerrissenes Land. Intern zerstrittene Parteien, in denen man sich wie in einem shakespearischen Königsdrama nach dem Leben trachtete. Hinzu kam, dass ständig Neuwahlen oder ein zweites Referendum *(People's Vote)* drohten. Außerdem prophezeite man dem Vereinigten Königreich immer wieder einen möglichen wirtschaftlichen Zusammenbruch und schwere Krawalle wegen Nahrungsmittelknappheit und geschlossener Flughäfen, auf die sich Polizei und Armee vorbereiten müssten. Der Brexit versprach eine Freakshow von Plagen und Katastrophen zu werden.

Ist es angesichts dessen erstaunlich, dass alle übrigen Europäer sich ihrerseits zu wahren Europäern bekehrt haben? Das war der Brexit-Schock. Wer will schon einen solchen rauchenden Trümmerhaufen aus seinem Land machen? Wer wünscht sich ein Verlassen der Europäischen Union mit solch dramatischen Folgen? Und dass sie einhergeht mit einer vollkommenen Destabilisierung der britischen Wirtschaft, das wünscht man seinem ärgsten Feind nicht.

Übrigens muss sich erst noch zeigen, ob die vorhergesagten Folgen auch tatsächlich eintreten. Allen Informationen dazu muss ernsthaft misstraut werden und bedürfen eines besonders sorgfältigen Faktenchecks. Die politischen und wirtschaftlichen Interessen, den Brexit als Katastrophe oder aber umgekehrt als fantastischen Erfolg von »*stand alone Global Britain*« darzustellen, sind enorm. Viele, insbesondere Brüssel, haben großes Interesse daran, dass der Brexit kein Erfolg wird, sondern ein gewaltiger Fehlschlag. Das würde andere Länder lehren, nicht auch den europäischen Club zu verlassen. London hingegen liegt viel daran, den Brexit als sozial-ökonomisches Wundermittel zu präsentieren. Was also die prophezeite Brexit-Katastrophe angeht: erst sehen, dann glauben.

Und bei aller Dramatik: Intellektuell gesehen ist der Brexit faszinierend. Eine wichtige europäische Lektion. Er lehrt uns, was es eigentlich bedeutet, Mitglied der Europäischen Union zu sein oder eben nicht. Der Brexit ist ein anschaulicher Europakurs für Bevölkerungen, die oft viel zu wenig über die EU wissen und viel zu weit entfernt von ihr stehen. Das ist, wie dem auch immer sei, demokratischer Fortschritt. Der Brexit als europäischer *Concours* für alle Europäer.

Und diese Lektion kann sich durchaus als noch doppeldeutiger erweisen, als wir jetzt denken. Der zweite, zeitversetzte Schock, könnte durch das einsetzende Bewusstsein ausgelöst werden, dass die Europäische Union eine Falle ist, aus der man halbwegs ordentlich nie wieder herauskommt. Wir sind bis in alle Ewigkeit zur EU verurteilt. Was immer die EU auch beschließt oder verfügt, es betrifft uns. Die Europäische Union ist in der Tat eine Art *Hotel California:* »*You can check out any time you like, but you can never leave!*« – *auschecken kannst du, abhauen niemals! (The Eagles)* Was dieses Wissen mit den Europäern machen wird, steht noch dahin, aber es wird sicher Auswirkungen auf das Projekt der europäischen Zusammenarbeit haben. Möglicherweise bremst es die Ambitionen, vielleicht verstärkt es aber auch das Gefühl der Schicksalsverbundenheit.

Man muss sich davor hüten, den Brexit in einem schlichten Richtig-Falsch-Schema zu betrachten. Als wären wir Kontinentaleuropäer die Vernünftigen und Weltweisen, während die Briten engstirnige Nationalisten sind, die der Zukunft den Rücken zuwenden. Auch auf dem Kontinent gibt es sehr viel mehr Brexit, als wir wahrhaben wollen.

Brexit, das sind die *Gilets Jaunes* in Frankreich, der Aufstand der »Gelbwesten« gegen den Narzissmus von Paris, die Revolte des vergessenen Frankreichs, dessen Einwohner in der Peripherie sich vom erfolgreichen Metropolen-Frankreich als Bürger zweiter Klasse behandelt fühlen. Brexit, das sind die »Blockierfriesen« in den Niederlanden, die sich gegen die »rassistische« Verurteilung des traditionellen, niederländischen »Zwarte Piet« wehren. Das sind die Bauern, die mit ihren Treckern gegen Maßnahmen demonstrieren, die die Überdüngung des Bodens verhindern sollen. Und Brexit, das war das tiefe Misstrauen gegen den UN-Migrationspakt von Marrakesch. Man möchte nicht mehr durch unkontrollierte und unbegrenzte Migration überfallen werden, und man traut der nationalen Politik nicht länger zu, internationalem Druck standhalten zu können und die Kontrolle darüber zu haben, wer ins Land kommt und wer nicht. Das ist der Kater nach der Flüchtlingskrise von 2015.

Brexit, das ist der (größer werdende) Aufstand gegen die forcierte *Vergrünung* Europas, die von vielen Bürgern als Frontalangriff auf den Lebensstil der (unteren) Mittelschicht empfunden wird. Autofreie Städte. Eine teure Energiewende (»Weg von fossilen Brennstoffen«). Die Dämonisierung des Verzehrs von Fleisch, des Rauchens, des Alkohols und des Fliegens durch »grüne, nachhaltige« Hochqualifizierte. Dadurch entstehen genau die Trennlinien, die in England beim Brexit gezogen wurden: zwischen dem wohlhabenden Süden und der postindustriellen, verwaisten Mitte Englands, zwischen den florierenden Wachstumsgegenden und den verwahrlosten Schrumpfgebieten, zwischen Zentrum und Peripherie. Wer den populistischen Zeitgeist reizt, ohne Perspektiven für die Zukunft zu bieten, der bettelt um Probleme.

Brexit: Das sind wir selbst

Beträfe der Brexit uns doch bloß nicht. Dann wäre das alles leichter zu verdauen. Dann könnte man all die Analysen und Katastrophenszenarien gleichmütig zur Kenntnis nehmen. Ja, die Briten haben ein riesiges Problem. Infolge ihrer eigenen dämlichen Entscheidung. Dann müssen sie jetzt eben auch mit den Konsequenzen leben.

Aber so verhält es sich nicht. Leider. Der Brexit, das sind wir selbst. Die Kräfte, die zum Brexit geführt haben, sind dieselben wie die, denen auch die Gesellschaften auf dem europäischen Kontinent ausgesetzt sind. Das Vereinigte Königreich ist eine konzentrierte Version von uns selbst. Was der Brexit überdeutlich vor Augen geführt hat, ist eine zutiefst gespaltene Gesellschaft. Ungefähr 50 Prozent zu 50 Prozent. *Fifty-fifty.* Das ist die sogenannte Globalisierungskluft, die die heutigen Gesellschaften spaltet. Auf Kosten der politischen Mitte.

Die Globalisierungskluft teilt die Gesellschaft grob gesagt in zwei Hälften, in ein Pro-Establishment-Lager und eine Anti-Establishment-Lager. Höher qualifizierte, international orientierte junge Leute stehen niedriger qualifizierten Älteren gegenüber, die sehr an Traditionen hängen. Frauen stehen Männern, Regierungsparteien stehen Protestparteien gegenüber.

Das Vereinigte Königreich ist vermutlich das am stärksten globalisierte Land Europas. Insbesondere London als Metropole ist viel globaler als Berlin, Paris und Amsterdam zusammen. Dadurch ist in Großbritannien der *Clash* zwischen Globalisierungsgewinnern und Globalisierungsverlierern um ein Vielfaches härter als in Ländern wie Deutschland oder den Niederlanden. Die Globalisierungskluft zwischen London (mit großer Mehrheit *Remain*) und den alten, heruntergekommenen Industriestädten in Nordengland (mit großer Mehrheit *Leave*), zwischen Zentrum und Peripherie ist so gut wie unüberbrückbar. Das Vereinigte Königreich hat sich auch stärker als Länder wie Frankreich und Deutschland zu einem postindustriellen Land entwickelt. Alles konzentriert sich auf den Finanzsektor, auf die *City of London,* mit einer politischen Klasse, die sich den Interessen der *City* ausgeliefert hat. Auch die Labourpartei. Diese durch gemeinsame Interessen verbundene Clique aus finanzieller und politischer Elite hat unter anderem den Brexit als Volksaufstand ausgelöst.

Vergleichbares kann über die Migration gesagt werden. Auch auf diesem Gebiet ist im Vereinigten Königreich alles ein klein wenig extremer. Der freie Verkehr von Personen ist an sich eine wunderbare Idee. Aber nicht in einem Europa, in dem durch permanente Erweiterung die sozialökonomischen Unterschiede so groß geworden sind, dass ganze Volksgruppen sich auf den Weg in die reicheren Länder gemacht haben. England ist aufgrund seiner Sprache (jeder Lette will ein englisches Praktikum machen) und seines neoliberalen Wohlfahrtsstaats überproportional das Ziel osteuropäischer Migranten gewesen. In Ostengland sprechen quasi halbe Dörfer Bulgarisch oder Polnisch. Der *Braindrain* durch die Abwanderung talentierter junger Menschen aus Zentraleuropa ist eine Katastrophe für diese Länder, und sei es auch nur, weil dadurch die liberal-demokratischen Kräfte, die sich den autoritären Tendenzen in Osteuropa entgegenstellen könnten, geschwächt werden. Orbán hat dank des *Braindrains* kein Problem, im Sattel zu bleiben. Die Europäische Union hat die große osteuropäische Einwanderungswelle nicht mit Weisheit und gesundem Menschenverstand lenken wollen, ungeachtet wiederholter Warnungen von britischen Politikern. Dafür wurde sie mit dem Brexit bestraft.

Die »Brexit-Globalisierungskluft« erfordert zwingend nationale und europäische Maßnahmen, wenn wir nicht in gesellschaftliche Konflikte und unkontrollierbare Instabilität geraten wollen. Es muss letztendlich lokal und national zu einer Versöhnung zwischen höher und niedriger Qualifizierten, zwischen Jungen und Alten, Eingesessenen und Migranten kommen. Doch die Art und Weise, wie die EU heute arbeitet und organisiert ist, hilft dabei nicht. Im Gegenteil.

So wie das »Elitenprojekt« Europa jetzt funktioniert, bringt es die Menschen gegeneinander auf und spaltet unsere Gesellschaft in Hoch- und Niedrigqualifizierte, die einander gegenüberstehen. Die Europäische Union ignoriert nationale Eigenheiten, verletzt Gefühle demokratischer Selbstbestimmung und beschädigt die Handlungsfähigkeit des Nationalstaats, ohne eine glaubwürdige, effiziente und faire Administration an dessen Stelle zu setzen.

Der Dämpfer des Brexits

Der Mythos, der in Europa die Runde macht, besagt, dass die Bürger der EU infolge des Brexits mit einem Schlag proeuropäisch geworden sind. Das politische Chaos, das im Vereinigten Königreich mit dem Brexit einherging, die Wechsel an der Regierungsspitze, die vielen ungewissen Abstimmungen im britischen Parlament, die angefachte Angst vor wirtschaftlichem Niedergang und internationaler Isolation: Dies alles soll eine so abschreckende Wirkung gehabt haben, dass die große Mehrheit der Europäer jeden Gedanken an einen »Exit« verwirft. Und die Statistik stützt diese Aussage. Aus Zahlen des *Eurobarometers* (nicht unbedingt die unabhängigste

Quelle, wenn es um die Unterstützung für die EU geht, aber nun denn) geht hervor, dass in der Bevölkerung der Rückhalt für die EU seit den schwierigen Brexit-Verhandlungen beträchtlich zugenommen hat, und in weiteren Untersuchungen kommt man zu dem Ergebnis, dass es tatsächlich einen Zusammenhang zwischen dem wachsenden Zuspruch für die EU und dem Brexit gibt.

Der Brexit macht sehr deutlich, was es heißt, Mitglied der Europäischen Union zu sein, und was es bedeutet, aus der EU auszutreten. Der Brexit zeigt, was beim Austritt auf ein Land zukommt, wie eng verwoben die Mitgliedsstaaten, die europäischen Institutionen und der Binnenmarkt miteinander inzwischen sind. Wie ein riesiger Teller EU-Spaghetti oder Rührei. *How to unscramble a scrambled egg?* Oder: *Wie holt man das Kind aus dem Brunnen, wenn es schon hineingefallen ist?*

Am besten erkennt man die Post-Brexit-Schockwirkung an den schleunigst veränderten Positionen der rechtspopulistischen Parteien. Die waren mehrheitlich auf einem Anti-EU-Exit-Kurs, doch während der Brexit-Verhandlungen begannen diese Parteien – wie etwa der *Rassemblement National* (RN) von Marine Le Pen, die AfD in Deutschland, Salvinis *Lega* in Italien und die *Partij voor de Vrijheid* (PVV) in den Niederlanden –, ihre harten Exit-Positionen abzuschwächen und sie allmählich sogar aufzugeben. Man plädiert nicht länger für bedingungslose Exits aus der EU. Stattdessen steuert man radikale Renationalisierungsreformen innerhalb der EU an. Also nicht raus aus der EU, sondern die EU nach rechtspopulistischem Schnitt reformieren. Dies ist eine ebenso deutliche wie opportunistisch nach den Wählern schielende Reaktion auf die infolge des Brexits stark veränderte öffentliche Meinung in der EU. Wie aufrichtig und dauerhaft dieser Kurswechsel ist, bleibt abzuwarten.

Viele rechtspopulistische Parteien betreiben nämlich eine Fassadenpolitik. Nach außen *(Frontstage)* kommuniziert man taktischer und verblümter als innerhalb der eigenen Parteizirkel *(Backstage)*. So kann man von Marine Le Pen unterschiedliche Aussagen über einen *Frexit* konstatieren, und auch die niederländische Partei *Forum für Demokratie* hat einen Vorsitzenden, Thierry Baudet, der selbst ein vehementer Befürworter eines *Nexit* ist, während die Partei selbst keine weitergehenden Forderungen stellt als die Durchführung von Referenden über die Mitgliedschaft der Niederlande in der EU und in der Währungsunion.

Dies aber zeigt, dass Austrittsszenarien zurzeit auf dem europäischen Kontinent nicht sehr populär sind. Dass man mit einem solchen Programmpunkt keine Wahlen gewinnen kann, ist den rechtspopulistischen Anti-EU-Parteien schon deutlich geworden. Das Brexit-Momentum hat sich nicht als allgemeines Exit-Momentum erwiesen. Allerdings scheint die Corona-Krise in dieser Hinsicht das Blatt wieder zu wenden. Nicht die Corona-Krise selbst, sondern die gemeinschaftliche Reaktion darauf in Europa. Der Streit, der innerhalb der Währungsunion zwischen dem Norden und dem Süden entbrannt ist, und der gewaltige Wiederaufbaufonds *(NextGenerationEU)*, den die Europäische Kommission im Zuge des Merkel-Macron-Plans auf den Weg gebracht hat, birgt durchaus Sprengstoff. An dem Tag, an dem die Kommissionspräsidentin Ursula von der Leyen die Schaffung eines Hilfsfonds in Höhe von 750 Milliarden Euro verkündete (27. Mai 2020), war der NEXIT in den Niederlanden (zum ersten Mal wieder) *Trendthema* auf Twitter. Je europäischer die Vorgehensweise, umso mehr Munition für Nationalpopulisten.

Und doch war es nicht so, dass der Brexit vor der Corona-Krise automatisch zu EU-Begeisterung geführt hat, auch wenn viele in Brüssel und Umgebung das durchaus dachten oder glauben wollten. Das ist die andere Seite des Brexit-Mythos. Die EU-Bürger sind in jedem Fall erschrocken angesichts des Chaos, den ein EU-Austritt mit sich bringt, aber das Ergebnis ist nicht eine warmherzige Umarmung der EU. Man muss sich davor hüten, sich mit dem Stimmungswechsel infolge des Brexits in die eigene Tasche zu lügen.

Was liegt vor? Der Brexit war aus zwei Gründen ein Dämpfer für das europäische Projekt. Wir hatten uns daran gewöhnt, dass immer mehr Länder der EU beitraten – ja, dass es eine regelrechte Warteliste von beitrittswilligen Nationen gab. Wir waren geschockt darüber, dass nun ein EU-Land (jedenfalls die Mehrheit der Wahlberechtigten) plötzlich die Union verlassen wollte. Zudem noch ein sehr wichtiges Land, nämlich das Vereinigte Königreich. Das nagt an dem Projekt, losgelöst von der Frage, ob die Ursachen für den Brexit nun europäischer oder national-britischer Art waren. Die Tatsache, dass ein Land meint, es im 21. Jahrhundert ohne die EU schaffen zu können, während die übrigen Europäer sich einigermaßen mit dem Gedanken angefreundet hatten, die EU sei notwendig in einer sich globalisierenden Welt – inmitten der *Great Power Competition* zwischen Amerika und China –, war an und für sich schon beunruhigend. Es ist keine Nachricht, die Hoffnung schenkt, wenn ein Land plötzlich ausschert, und noch mal, nicht einfach irgendein Land, sondern Großbritannien. Das beschädigt den Fortschrittsoptimismus des europäischen Projekts empfindlich.

Der zweite Dämpfer ist eine Folge des komplexen und tiefgreifenden Charakters des Brexit-Prozesses. Wenn es selbst einem so mächtigen und wohlhabenden Land wie dem Vereinigten Königreich nur mit Ach und Krach gelingt, sich mühsam aus der EU zu lösen, was sollen dann bloß andere Länder machen? Wir reden hier nämlich über ein Land mit einer *Special Relationship* zu den Vereinigten Staaten, das mit *Oxbridge* über die besten Universitäten Europas verfügt, in dem mit der *City of London* das finanzielle Herz der Welt schlägt und das durch das Commonwealth gut vernetzt ist. Wenn für ein *Powerhouse* wie dem Vereinigten Königreich der Austritt aus der EU solche möglicherweise dramatischen Folgen für Handel, Wirtschaft und die geopolitische Position nach sich zieht, wie können wir als kleineres Land jemals an einen »EXIT« auch nur denken?

Der Post-Brexit-Mythos

Verkomplizierend ist, dass sich der Brexit-Prozess noch in vollem Gang befindet. Auf britischer Seite besteht ein gewaltiges Interesse daran, den EU-Austritt zu einem riesigen Erfolg zu machen oder zumindest als einen solchen darzustellen. Umgekehrt ist der EU daran gelegen, den Brexit als absoluten Reinfall zu präsentieren, als Katastrophe mit Ansage, die sich nun in Zeitlupe ereignet. Europa will auf jeden Fall, dass die EU zusammenbleibt und dass keine anderen Länder dem Beispiel der Briten folgen. Der Brexit musste also schmerzhaft und teuer sein und keinesfalls lukrativ und vorteilhaft. Insbesondere nicht kurzfristig. Daher gab es also kein *Rosinen-aus-dem-Kuchen-Picken* oder *Trittbrettfahren*, sondern knallharte Verhandlungen mit den Briten.

Viele Europäer in Brüssel sind insgeheim über den Brexit erleichtert. Mit dem Austritt der Briten sei die EU homogener geworden, einträchtiger und handlungsfähiger. Das Vereinigte Königreich galt immer schon als Störfaktor, der die europäische Integration verzögerte oder regelrecht sabotierte. Großbritannien sei nur aus Eigeninteresse Teil des Binnenmarkts gewesen, ohne »wirkliche« europäische Gesinnung, und habe immer nur deshalb für die Erweiterung gestimmt, um die Vertiefung zu behindern.

Der Brexit ist also nicht nur eine Katastrophe, sondern nach Ansicht der »wirklichen Europäer« auch ein stiller Segen: Jetzt endlich volle Kraft voraus, dafür sorgen, dass der Brexit kein Erfolg, sondern ein teurer Reinfall wird, und Europa neuen Schub geben. Das ist, worauf man zusteuert: Die EU braucht einen Post-Brexit-Impuls, in Richtung eines stärkeren, handlungsfähigeren und einträchtigen Europa. Die Nationalstaaten müssen ihre verlorene Souveränität durch – wie der französische Präsident Macron es ausdrückt – »europäische Souveränität« wiedergewinnen. Der Vertrag von Aachen, der am 22. Januar 2019 von Macron und Merkel unterzeichnet wurde, ist aus dieser Post-Brexit-Stimmung hervorgegangen. Nicht auf den Brexit-Scherbenhaufen starren, nicht die Wunden lecken, sondern im Gegenteil mit wiedergewonnener Kraft vorwärts.

Die Corona-Krise scheint die Post-Brexit-Stimmung enorm verstärkt zu haben: Nach anfänglicher Enttäuschung über das national-egoistische Krisenmanagement auf dem Gebiet der Volksgesundheit, präsentierte die EU einen riesigen, gesamteuropäischen Wiederaufbauplan, mit dem die gesamte Post-Brexit-Europäisierungs-Agenda mit einem Schlag abgearbeitet wird. Von der pseudo-föderalen Schuldenunion bis hin zu europäischen Steuern. Man sagt, es wäre für die EU undenkbar gewesen, diesen »Sprung über den Rubikon« mit dem Vereinigten Königreich zu machen.

Was man auf jeden Fall sagen kann, ist, dass der Brexit intellektuell und politisch-edukativ sehr interessant und wichtig ist. Der Brexit-Entflechtungs- und Loslösungs-Prozess ist ein lang andauerndes öffentliches Europaseminar. Der Brexit lehrt die europäischen Bürger aus erster Hand, was die Europäische Union genau ist, welche Konsequenzen es hat, Mitglied oder kein Mitglied zu sein, was der Binnenmarkt bedeutet, wie das norwegische oder türkische Model aussieht usw. Der Brexit führt uns, mehr als alle Sitzungen des Europäischen Parlaments und alle Europawahlen zusammen, den Wert, den Zwang und die Hyperkomplexität der EU vor Augen. Das ist das Beste, was man darüber sagen kann.

Die Post-Brexit-Anpassung der Neonationalisten

Bei den letzten Europawahlen herrschte Angst. Damals erwartete man einen umfassenden »populistischen Tsunami«, der über Europa hereinbrechen würde. Als wäre der Brexit der erste Dominostein, der viele weitere umwerfen würde. Für kurze Zeit schien es eine gefährliche Dynamik zu geben, als Nationalpopulisten wie Le Pen in Frankreich, Wilders in den Niederlanden oder Strache in Österreich meinten – in Absprache mit Brexit-Propagandisten wie Nigel Farage und Steve Bannon –, auf den Brexit-Zug aufspringen zu können. Sie dachten, der Brexit sei der endgültige Sieg über »das Establishment« und auch in ihren Ländern könne die Forderung nach dem Austritt aus der EU mit großer Unterstützung bei der Bevölkerung rechnen. »*Taking back control*«. »*Grenzen dicht*«. »*Wieder Herr im eigenen Land*«. Selbst die Migration regeln (soll heißen: stoppen) und nein zu den vereinheitlichenden, technokratischen Vorschriften aus Brüssel sagen, das schien ihnen die Garantie für Erfolg bei den Wählern zu sein. Auf für Rechtspopulisten auf dem Kontinent. Marine Le Pen nannte den Brexit den Beginn von »*a people's spring*«, einen Frühling für das Volk. In ihrem Büro hing ein *Frexit*-Plakat mit dem Text: »Brexit: Und jetzt Frankreich!«

Am Ende erwies sich das alles als großer Irrtum. Man hatte nicht richtig bedacht, dass die Vorbehalte gegen die Europäische Union auf dem Kontinent stark von denen auf den britischen Inseln abweichen. Das Vereinigte Königreich hat natürlich immer schon eine Sonderrolle in der EU gespielt, wenn man sich den systematischen Anti-Europa-Diskurs in den Parteien und den Medien (*tabloids*) anschaut, der die Mitgliedschaft begleitete. Großbritannien stand de facto mit einem Bein in der EU und mit dem anderen außerhalb. Nicht mit dabei in Schengen. Nicht in der Eurozone. *Opt-out* auf der sozialen Ebene. Und es teilte eben nicht die historische Urerfahrung Europas: von Nazi-Deutschland besetzt gewesen zu sein und/oder im Ersten Weltkrieg verwüstetes Kriegsgebiet gewesen zu sein. Dadurch beteiligte sich das alte Commonwealth-Imperium mit einem völlig anderen *Mindset* an der europäischen Zusammenarbeit und hatte ein problematisches Verhältnis zur französisch-deutschen Achse.

In Ländern wie Frankreich, den Niederlanden oder Deutschland herrscht in Teilen der Bevölkerung durchaus Verärgerung und Frustration hinsichtlich der EU, einzelnen Aspekten oder Auswirkungen der EU, aber diese europakritische Haltung führt nicht zu einer vollkommenen Ablehnung der Union. Große Mehrheiten (70 bis 80 Prozent) befürworten pragmatisch-rational oder idealistisch-engagiert die Mitgliedschaft in der Europäischen Union. Es wird höchstens, wie in konservativen Wirtschaftskreisen Deutschlands, über einen *Dexit* aus der Währungsunion diskutiert, doch ein vollständiger Austritt aus der EU ginge ihnen dann doch zu weit. Es gab jedoch rechtspopulistische Parteien, die sich für einen EU-Austritt ausgesprochen haben, aber die Unterstützung für diese Forderung war immer beschränkt.

Inzwischen haben die rechtspopulistischen Parteien unter dem Einfluss des Brexit-Momentums einen anderen Kurs eingeschlagen. Es heißt nicht länger *Frexit, Öxit, Dexit* oder *Nexit*. Stattdessen will man die EU nach nationalpopulistischen Vorstellungen in einen Club »vollständig« souveräner Nationalstaaten umwandeln, wobei nicht deutlich ist, ob dieser Kurswechsel mehr Schein als Substanz beinhaltet und ausschließlich wahltaktisch motiviert ist.

Manche Parteien, wie das niederländische *Forum voor Demokratie* (FvD) von Thierry Baudet, sind intern uneinig, was die Europapolitik angeht. Wer die Europaaussagen auf der Webseite des FvD nachliest, findet eine deutliche Anti-EU-Stellungnahme:

»Wir sind gegen die EU. Sie ist nicht reformierbar. Es ist Zeit, die Währungsunion zu beenden und die offenen Grenzen zu schließen. Danach wollen wir aus der EU austreten. Wir wollen: ein Referendum über die Fortsetzung der Mitgliedschaft der Niederlande in der Eurozone; ein Referendum über die Beibehaltung der offenen Grenzen und des freien, unkontrollierten Verkehrs von Personen innerhalb der Union; ein Referendum über die Mitgliedschaft in der Europäischen Union.«

Dies ist keine hundertprozentige *Nexit*-Position, wie sie der Partei-chef Baudet vertritt, aber man hat, was die Haltung zur EU angeht, mit dem Plädoyer für Referenden einen parteiinternen Kompromiss gefunden. Wie beim Brexit-Referendum soll die Bevölkerung über die Mitgliedschaft in der EU abstimmen können. Auch bei der AfD findet man wenig eindeutige *Dexit*-Forderungen. Im Programm zur Europawahl steht, dass man das Europäische Parlament abschaffen und die EU verlassen will, wenn sie nicht grundlegend reformiert wird. Aber man hat bewusst keinen Zeitpunkt festgelegt, zu dem der *Dexit,* der EU-Austritt Deutschlands, spätestens vollzogen werden soll.

Diese Parteien mögen im Wahlkampf ihre Exit-Haltung verschleiern, doch es ist kein Geheimnis, was man sich letztendlich zum Ziel gesetzt hat. Man sagt, »für Europa« zu sein, und daher also »gegen die EU«. Man betrachtet die EU als eine Pervertierung, als eine Vergewaltigung des wahren Europas und der absolut gedachten nationalen Souveränität.

Was neu und für die EU potenziell gefährlich sein kann, ist das Entstehen einer *Internationale der Nationalisten.* Vor den letzten Europawahlen haben Matteo Salvini (damals der populistische stellvertretende Ministerpräsident Italiens) und Steve Bannon (ehemaliger populistischer Berater des früheren US-Präsidenten Trump) sich zum Ziel gesetzt, die europaskeptischen, nationalpopulistischen Parteien und Bewegungen zu vereinigen, um so die größte Parteiengruppe im zu wählenden Europäischen Parlament zu werden.

Bei einem Treffen in Paris unterzeichneten am 28. Februar 2019 die Vertreter von europaskeptischen Parteien aus Frankreich, Polen, Tschechien, dem Vereinigten Königreich, den Niederlanden, Belgien, Italien, Bulgarien, Lettland und Finnland – darunter der Parteichef des FvD, Thierry Baudet – eine Absichtserklärung. Man wollte nach den Wahlen zum Europäischen Parlament einen großen, europaskeptischen Block aus allen europakritischen Parteien bilden. Ziel war, das Entstehen eines europäischen Superstaats aufzuhalten. Thierry Baudet: »Bisher waren die europaskeptischen Kräfte in Brüssel hoffnungslos uneinig. Dadurch gelang es den Fanatikern – Verhofstadt, Juncker, Timmermans –, immer mehr Macht zu zentralisieren und die Nationalstaaten zu untergraben.

Nach den Wahlen müssen wir uns unterhaken und »blockierende Minderheiten« bilden. Zum ersten Mal gibt es jetzt eine Chance, dass wir nicht einfach »immer mehr Europa« bekommen, sondern weniger.«

Die Europawahlen haben dem Anti-EU-Lager zwar mehr Stimmen gebracht, doch es ist nicht der nationalistische Tsunami über Brüssel hereingebrochen, vor dem man dringend gewarnt hatte. Im Europäischen Parlament sind die Nationalpopulisten weiterhin über unterschiedliche Fraktionen verteilt. Es ist ihnen zunächst auch nicht gelungen, den ungarischen Ministerpräsidenten als Galionsfigur der Bewegung auf ihre Seite zu ziehen. Die Abgeordneten seiner Partei blieben – aufgrund der von Orbán zu verantwortenden Verstöße gegen die Rechtsstaatlichkeit umstrittene – Mitglieder der konservativ-christdemokratischen EVP, bis diese durch Änderung der Geschäftsordnung den Ausschluss ganzer Gruppen von Abgeordneten ermöglichte. Daraufhin traten die Abgeordneten der Fidesz-Partei aus der Fraktion aus.

Die Nationalpopulisten haben also nach dem Brexit ihren Kurs und ihren Ton angepasst. Reform vor Austritt. Man hat sein Fähnchen in den Post-Brexit-Wind gehängt, der jetzt, infolge des politischen und wirtschaftlichen Chaos, in das das Vereinigte Königreich sich manövriert hat, stärker proeuropäisch weht. Was den Europakurs der Nationalpopulisten (bei aller berechtigter Kritik, die man an der EU haben darf und muss) negativ färbt, ist ihre kritiklose oder auch xenophob-ethnizistische Befürwortung von Nationalstaat und Nationalismus, ohne dabei die verheerenden Folgen zu berücksichtigen, die dieses Konzept in der europäischen Geschichte hatte.

Außerdem verschwendet man wenig Worte über die interne und externe geopolitische Situation, auf die die EU, wie man es auch dreht und wendet, eine Reaktion ist. Die Europäische Union ist, historisch gesehen, eine Antwort auf die asymmetrischen politischen Machtverhältnisse innerhalb Europas, mit einem viel zu großen Deutschland und zu vielen kleinen Ländern. Dies hat nie zu einem ausgeglichenen Kräfteverhältnis auf der Grundlage selbstständiger Nationalstaaten geführt. Die NATO und die EU waren nach dem Zweiten Weltkrieg eine Antwort auf diese Situation. So wurden die deutsch-französische Freundschaft und die Westbindung der Bundesrepublik institutionalisiert.

Eine Renationalisierung Europas, eine Rückkehr zum vollkommen souveränen Nationalstaat ist, in diesem Licht betrachtet, nicht nur illusorisch, sondern auch ein riskanter Vorschlag. Ahistorische Naivität.

Hinzu kommt noch, dass viele Mitglieder der rechtspopulistischen Familie enge Verbindungen zu Putins Russland unterhalten. Wieso »Der-eigne-Staat-zuerst«-Nationalismus? Und diese engen Verbindungen zwischen Russland und den europäischen Rechtspopulisten sind wechselseitig. Das rückt die nationalpopulistischen Vorstellungen von einer Schwächung und Fragmentierung der EU in ein merkwürdiges Licht. Denn Uneinigkeit in der EU, auf die arbeitet auch Russland (und China) intensiv hin, weil es lieber mit einzelnen Ländern Geschäfte macht und seine Einflusssphäre vor einem mit den Vereinigten Staaten alliierten Europa abschirmen will.

Die »nationalistische« internationale Verbindung zu Putin ist vor allem eine ideologische. In Russland herrscht eine Mischung aus Nationalismus, traditionellem christlichen Konservatismus und Autoritarismus, und dieser Cocktail ist eine Inspirationsquelle für Nationalpopulisten in Europa. Von Ungarn bis nach Frankreich. Die AfD, die sogar für deutsche Verhältnisse stark prorussisch ist, hat im Bundestag über fünfzig Anträge gestellt, um die deutsche Russlandpolitik von Konfrontation in Zusammenarbeit umzuwandeln. Untersuchungen haben ergeben, dass sowohl die AfD als auch Marine Le Pen aktive (finanzielle) Unterstützung aus Putins Russland erhalten haben. Merkwürdig ist, dass diese »nationalistischen« Parteien kaum auf dieses internationalistische Fremdgehen angesprochen oder bei Wahlen dafür abgestraft werden. Schließlich widerspricht diese Verbindung zu Putin den Interessen des Westens und des eigenen Landes.

Der Kampf zwischen Nationalpopulismus und EU-Establishment ist in vielen Ländern das ultimative politische Kräftemessen. Vor allem in Frankreich, wo die Nationalpopulisten von Le Pen (und in geringerem Maße der linksradikale Mélenchon) in Wahlen fast ebenso stark sind wie die Partei Macrons. Le Pen bezeichnete die Europäische Union als »ein Laboratorium des Ultraliberalismus, des Freihandels und der brutalen Globalisierung«, das sie mit »einem Aufstand des Populismus« bekämpfen will.

Der Konflikt zwischen Nationalpopulisten (gegen Migration, für nationale Souveränität) und liberalen Europabefürwortern ist auch ein Spaltpilz zwischen den Mitgliedsstaaten der EU: zwischen dem Osten und dem Westen, zwischen den nationalpopulistischen Regierungschefs in Ungarn und Polen auf der einen, und Merkel und Macron auf der anderen Seite. Zuvor verlief der Riss zwischen Salvinis Italien und dem Norden. Im Umfeld der letzten Europawahlen war sogar von der Bildung einer alternativen, populistischen polnisch-ungarisch-italienischen Achse die Rede, als Gegengewicht zur deutsch-französischen Achse.

Orbán ist hier die Schlüsselfigur. Er ist der Blitzableiter und die Lackmusprobe für das, was Rechtspopulisten sich in Europa erlauben können. Wie weit kann er mit seiner Ablehnung der europäischen Migrationspolitik gehen? Wie weit mit den Beschränkungen des Rechtsstaats und der Demokratie in Ungarn? Er war lange das nationalpopulistische »trojanische Pferd« in der politischen Mitte Europas, bis die Abgeordneten seiner Fidesz-Partei die konservativ-christdemokratische Fraktion der EVP, einer der Establishment-Pfeiler, die die real existierende EU stützen, verließen, um so dem Rauswurf zuvorzukommen.

Das Kräftemessen zwischen den Populisten und dem Establishment birgt eine Gefahr in sich. Ein Schwarz-Weiß-Setting – man ist entweder zu hundert Prozent für Europa oder zu hundert Prozent dagegen – ist im Hinblick auf Wahlen möglicherweise für die extrem europäische Position (Macron, Verhofstadt) und für die nationalpopulistische von Vorteil. Von einem so stark polarisierenden Szenario profitiert jedoch nicht das, was von den Volksparteien in der Mitte noch übrig ist. Die sind sogar existenziell bedroht durch diese neue Spaltung in proeuropäische Kosmopoliten gegen Nationalisten, Protektionismus gegen liberale Offenheit.

Diese Trennlinie spaltet vor allem die deutschen Christdemokraten, wobei die CDU von Bundeskanzlerin Merkel Macron näher steht, während die bayerische CSU eher in Victor Orbán und Sebastian Kurz Bundesgenossen sieht. Nicht umsonst versucht die CSU ängstlich, die Mitte zwischen europäischen Integrationisten und Nationalpopulisten zu halten. »Bei den bevorstehenden Wahlen zum Europäischen Parlament kann es daher gar nicht darum gehen, den unvollkommenen *Status quo* der heutigen EU gegen

Vorwürfe von Populisten zu verteidigen. Die Frage des ›Für‹ oder ›Gegen‹ Europa stellt sich für die meisten Bürger gar nicht«, heißt es in einer vielsagenden Erklärung der CDU.

So viel steht fest: Anders als die Alarmisten meinten, haben die letzten Europawahlen die EU nicht in sich zusammenstürzen lassen, und durch die Straßen des Brüsseler Europaviertels tobte auch kein Tsunami.

Die Europalehren aus dem Brexit

Wie soll die Europäische Union sich nach dem Brexit entwickeln? Und welche Rolle spielt die Corona-Krise dabei? Wird sie ein maximalistisches Szenario der europäischen Integration verstärken? Kommt Bundeskanzler Olaf Scholz, vorangetrieben von einem überaus ambitionierten Präsident Macron, mit einer großen Geste aus, mit einem *Great Leap Forward* hin zu einem stärkeren, einigen Europa, möglicherweise durch die Bildung einer Avantgarde »geistesverwandter« Mitgliedsstaaten, einer *Coalition of the willing*? Wenn es in diese Richtung geht, muss ein Land wie die Niederlande seine agnostische, transaktionale Haltung gegenüber Europa aufgeben. Diese Haltung – wir glauben nicht religiös an Europa, arbeiten jedoch rein pragmatisch wegen der wirtschaftlichen Vorteile mit den anderen zusammen; technokratische Buchführung kombiniert mit »europäischem Etwas-ismus« – wird in einer solchen *Make-or-break*-Phase nicht reichen.

Welche Kräfte werden bei der genauen Ausgestaltung des Brexits noch frei werden? Das lässt sich nur schwer vorhersagen. Es können antieuropäische Gefühle geweckt werden, wenn der Eindruck entsteht, die Briten würden von der europäischen Technokratie in die Mangel genommen und schlecht behandelt. So wie der Umgang mit Griechenland vielen die Augen dafür geöffnet hat, wie überaus schmal der Spielraum innerhalb der Eurozone für nationale Demokratien ist (die haushaltstechnisch schludern). Aber der Brexit kann die übrigen Mitgliedsstaaten auch näher zusammenbringen und dem europäischen Projekt einen gewaltigen positiven Schwung verleihen. Beides ist denkbar. Auch aufgrund der Corona-Krise.

Dabei wird man von der sich öffentlich versammelnden proeuropäischen Bürgerbewegung *Pulse of Europe* angefeuert, die vor allem in Deutschland viele Menschen mobilisieren konnte. *Pulse of Europe* engagiert sich gegen den Zerfall der Europäischen Union, gegen *Nexit, Frexit, Grexit* und so weiter.

Die Preisfrage lautet: Wie werden die Wähler der politischen Mitte im Kräftefeld des Postbrexits mobilisiert werden? Wie kann man die europalaue Bevölkerung für große, komplexe, europäische Ambitionen gewinnen? Welche Reformen der Währungsunion sind nicht nur im Interesse der südlichen Länder, sondern dienen auch den »Armen« in den neoliberalen, zu stark abgebauten Wohlfahrtsstaaten im finanziell soliden Norden? Wie sorgt die europäische Zusammenarbeit für mehr Sicherheit inmitten des Putinismus, Erdoğanismus und Xi-ismus.

Post-Brexit-Blues

Die berühmte Phrase aus den alten Römischen Verträgen (1957) – »*an ever closer Union among the peoples of Europe*« – ist wie ein rotes Tuch in der Debatte zwischen ›Souveränisten‹ und Europamaximalisten. Sie ist ein symbolischer Zankapfel, vergleichbar mit dem, was man früher das F-Wort nannte (das F von Föderalismus). Selbst beim Brexit hat diese Formulierung noch eine wesentliche Rolle gespielt. Man kann sich sogar fragen, ob es keinen Brexit gegeben hätte, wenn man dem Wunsch des damaligen britischen Premierministers Cameron gefolgt wäre und die Phrase der »*Ever Closer Union*« aus den europäischen Verträgen entfernt hätte.

In seiner berühmten Bloomberg-Rede, die er im Januar 2013 im Londoner Hauptsitz des Medienunternehmens Bloomberg hielt, versuchte Cameron noch, den Brexit abzuwenden. Einer seiner Anläufe dazu, bestand darin, »Europa« zu fragen, ob dem Vereinigten Königreich nicht erlaubt werden könne, nicht länger auf dem Weg der »*Ever Closer Union*« mitzugehen. Er sagte:

> »We need a structure that can accommodate the diversity of its members – north, south, east, west, large, small, old and new. Some of whom are contemplating much closer economic and political

integration. And many others, including Britain, who would never embrace that goal. (..) We must not be weighed down by an insistence on a one size fits all approach which implies that all countries want the same level of integration. The fact is that they don't and we shouldn't assert that they do. (....) Let me make a further heretical proposition. The European Treaty commits the Member States to »lay the foundations of an ever closer union among the peoples of Europe«. This has been consistently interpreted as applying not to the peoples but rather to the states and institutions compounded by a European Court of Justice that has consistently supported greater centralisation. We understand and respect the right of others to maintain their commitment to this goal. But for Britain – and perhaps for others – it is not the objective. And we would be much more comfortable if the Treaty specifically said so freeing those who want to go further, faster, to do so, without being held back by the others.«[7]

Das ist ein prinzipiell ketzerisches Plädoyer von David Cameron für Diversität und Unterschiedlichkeit in der EU. Er bekam darauf auch eine als Brexit-Prävention gemeinte Antwort, und zwar vom Europäischen Rat:

»The European Council declared that the reference to an ›ever closer union‹ cannot prevent different Member States to take different paths of integration or force all Member States to aspire to a common destiny.«[8]

Wir wissen inzwischen, dass weder diese Rede noch das Entgegenkommen der EU den Brexit verhindern konnten. Das ist in vielerlei Hinsicht eine Katastrophe, gerade jetzt, wo auch in Brüssel sich die Standarddiskussion um die »Geopolitische Union« dreht, um die Notwendigkeit für die EU, verstärkt gemeinschaftlich und aus eigener Kraft in einer Welt der *Great Power Competition* zwischen Amerika und China operieren zu können. Dazu hätten wir das ständige Mitglied des UN-Sicherheitsrates und die Atommacht Großbritannien sehr gut gebrauchen können. Nicht in der Währungsunion, sehr wohl aber in einer geopolitischen Union.

Eine andere zentrale Frage, die die Bloomberg-Rede und die Brexit-Verhandlungen aufgeworfen haben, lautet: Wie viel Unterschiedlichkeit und Diversität lässt die europäische Integration überhaupt zu? De facto haben wir es mit einer »differenzierten Integration« und »unterschiedlichen Geschwindigkeiten« zu tun, aber zugleich ist alles darauf ausgerichtet, *Cherry Picking* und *Trittbrettfahren* (insbesondere für das Vereinigte Königreich nach dem Brexit) unmöglich zu machen und möglichst viel Uniformität herzustellen. *One size fits all!*

Wie viele unterschiedliche »Wege der Integration« sind innerhalb der EU tatsächlich möglich oder erlaubt? Die endlose Brexit-Saga aus Verhandlungen, blutigen Nasen, zurückgezogenen Optionen macht bis zum heutigen Tag deutlich, wie begrenzt der juristische und wirtschaftliche Spielraum ist. Eine ungewollte Folge des Brexit könnte es durchaus sein, dass die Forderungen nach Unterschiedlichkeit und Diversität für Mitgliedsstaaten der EU noch weniger Chancen haben. Und dies, obwohl europäische Unterschiedlichkeit mehr und mehr als ein wichtiges Ventil in einer EU betrachtet wird, die viele allzu sehr als Zwangsjacke empfinden. Die niederländische Regierungsdenkfabrik WRR formulierte es in ihrem Bericht »*Europäische Unterschiedlichkeit*« (2018) so:

> »Wir müssen weg von dem krampfhaften Streben nach Uniformität. Die Akzeptanz von Unterschiedlichkeit verringert Spannungen und verhindert, dass es hinter einer Einheit, die nur auf dem Papier besteht, so große Unterschiede gibt, dass sie die Glaubwürdigkeit der Union untergraben.«

Für den Brexit kam dieser Ruf nach europäischer Unterschiedlichkeit leider zu spät. Die unnachgiebigen Brexit-Verhandlungen und deren Nachwehen drohen die (verbleibende) EU mehr denn je zu einem *Hotel California* zu machen, mit nur einer Speisekarte und identisch eingerichteten Hotelzimmern. »*But you can never leave.*«

4

Der Mythos der europäischen und nationalen Souveränität

Sowohl vollständige europäische Souveränität als auch vollständige nationale Souveränität sind eine Illusion. Neoföderalisten und Nationalpopulisten sitzen beide einem Irrtum auf. Die Europäische Union mit all ihren kulturellen und politischen Unterschieden wird nie eine überdimensionale »deutsche Föderation« werden, die mit einer Stimme spricht. Sie bleibt eine hybride, (kon-)föderale Konstruktion auf der Grundlage von Einheit und Verschiedenheit. Der Ruf nach »europäischer Souveränität« unterstellt eine Einheit von Macht und Handeln in der EU, die wenig realistisch und auch wenig pluralistisch ist. Die geopolitische Situation, insbesondere der Aufstieg Chinas, erfordert gewiss mehr gemeinsame europäische Weltpolitikfähigkeit, doch wenn europäische Souveränität (mit einer eigenen europäischen Armee) eine Loslösung von der transatlantischen, westlichen Allianz bedeutet, dann läuft man Gefahr, die Lektionen Nachkriegseuropas zu vergessen.

Ein noch größerer Denkfehler ist es anzunehmen, in einer sich globalisierenden Welt könne nationale Souveränität die Antwort sein. »Neonationalisten« gehe von einem homogenen Nationalstaat aus, der von internationalen Einflüssen abgeschirmt werden kann. Dies ist eine gefährliche, antidemokratische Einstellung, die ebenfalls den Lektionen Nachkriegseuropas widerspricht.

4.1 Der Mythos von der europäischen Souveränität

»Wir Europäer müssen unser Schicksal wirklich in unsere eigene Hand nehmen.« Das meint, kurz gesagt, europäische Souveränität. Bundeskanzlerin Angela Merkel war eine der ersten, die diese existenzielle Feststellung äußerte, und zwar in einem Bierzelt in München (Mai 2017), nachdem sie beim NATO-Gipfel und dem

G7-Treffen wieder einmal mit dem nicht bündnispartnerschaftlichen Politikstil des amerikanischen Präsidenten Trump konfrontiert worden war. Merkel sagte in dem Bierzelt: »Die Zeiten, in denen wir uns auf andere völlig verlassen konnten, die sind ein Stück vorbei.« Diese tiefgreifende geopolitische Einschätzung sollte als »Bierzeltrede« bekannt werden. In diplomatischem Steno: »Mehr EU/Deutschland, weniger USA.«

Wir berühren hier eine der wichtigsten Entwicklungen der letzten Jahre und sehen ein Europa, das sich mehr und mehr von seinem transatlantischen Partner entfremdet fühlt. Und ein Europa, das sich stets mehr zwischen dem aufstrebenden China und der »*America First*«-Politik der Vereinigten Staaten eingezwängt fühlt. Europa gerät durch den intensiver werdenden Machtkampf zwischen der *Rising Power* und der *Ruling Power* zunehmend in die Enge und fühlt sich in wachsendem Maße auf sich selbst angewiesen.

Die Rivalität zwischen den Vereinigten Staaten und China hat sich zu *dem* dominanten Faktor in den geopolitischen Verhältnissen entwickelt. Auf wirtschaftlichem, technologischem und sicherheitspolitischem Gebiet wird China immer mächtiger und selbstbewusster. Das nicht nachvollziehbare außenpolitische Auftreten des vorigen amerikanischen Präsidenten sowie das gesunkene Vertrauen ins transatlantische Bündnis zwingen die Europäische Union zu einem eigenen geopolitischen Kurs. Das wird keine leichte Aufgabe, weil das Ende der »Ära Merkel« gekommen und eine neue Ära mit einer neuen Fahnenträgerin/einem neuen Fahnenträger nicht in Sicht ist.

Dennoch ist »europäische Souveränität« das aktuelle Modewort in Brüssel und Umgebung. Zuerst wurde dieser Ruf in der *State-of-the-Union*-Rede von Jean-Claude Juncker prominent laut, später als expliziter Auftrag der »Geopolitischen Kommission« Ursula von der Leyens. Junckers damalige Äußerungen waren im Prinzip auch bereits eine Reaktion auf die »Kalte-Schulter-Politik« des amerikanischen Präsidenten Trump gegenüber der Europäischen Union und der NATO. Juncker formulierte Europas geopolitische Ambitionen wie folgt:

»Jetzt schlägt die Stunde der europäischen Souveränität. Die Weltpolitik verlangt es von uns. Es ist an der Zeit, dass Europa sein

Schicksal selbst in die Hand nimmt. Es ist an der Zeit, dass Europa das entwickelt, was ich ›Weltpolitikfähigkeit‹ nenne – die Fähigkeit, die Geschicke der Welt als Union mitzugestalten. Es ist an der Zeit, dass Europa zum souveränen Akteur auf der Weltbühne wird. Europäische Souveränität erwächst aus der nationalen Souveränität unserer Mitgliedsstaaten – sie soll diese nicht ersetzen. Wenn die Nationalstaaten – da wo es nötig ist – Souveränität bündeln, werden sie dadurch nur an Stärke gewinnen. Diese Überzeugung – dass wir stärker sind, wenn wir zusammenstehen – ist die Quintessenz davon, Teil der Europäischen Union zu sein.«

Diese geopolitischen Ambitionen der EU werfen einige wichtige Fragen auf. Was bedeutet »europäische Souveränität« und »das Schicksal in die eigene Hand nehmen« genau? Wie viel europäische Einheit setzen diese Formulierungen voraus? Wie realistisch ist diese Vorstellung angesichts der großen politischen und kulturellen Unterschiede in einer EU mit 27 Mitgliedsstaaten? Wie viel Übertragung oder Teilung nationaler Souveränität geht mit der europäischen Souveränität einher? Und kann die EU als geopolitische Supermacht jemals ebenso »souverän« werden, wie von einzelnen Personen geführte, zentralisierte Staaten wie China oder Amerika? Wer ist dann der europäische »Präsident«? Funktioniert die EU als »Superstaat« nur im internationalen Verhältnis? Und was bedeutet eine solche geopolitische Rolle für die Machtverhältnisse zwischen großen und kleinen Ländern innerhalb der EU? Wird die geopolitische EU nur von den E 2, Deutschland und Frankreich, geführt?

Und weiter: Ist ein »Alleingang« historisch klug? War die euroatlantische Verbundenheit nicht eine der historischen Bedingungen für das »Nie wieder«? Droht mit dem Versprechen einer europäischen Souveränität nicht die Self-fulfilling-Erosion dieser transatlantischen Allianz und der Zerfall des Westens? Einfach nur ein paar Fragen zu einem Modewort.

Das ist der Grund, warum hier vom einem »Mythos« gesprochen wird. Die europäische Souveränität muss vorerst für unbewiesenes Wunschdenken gehalten werden. Wie viele politische und geostrategische Differenzen gibt es in der EU nicht gerade auf dem Gebiet der Außen- und Verteidigungspolitik? Man betrachte nur den Mittleren Osten, Libyen und Russland. Oder die Jeder-für-sich-Politik in

Hinsicht auf China. Es spricht nichts gegen mehr europäische Souveränität, vorausgesetzt, sie entwickelt sich im Rahmen der westlichen Allianz. Doch inwieweit wird das chronisch uneinige Europa dazu effektiv in der Lage sein?

Gerade angesichts des aggressiven Vormarschs autoritärer Länder wie China, Russland oder der Türkei darf, was mich angeht, mehr europäische Einheit und Handlungsfähigkeit entwickelt werden, was jedoch keine kleine Aufgabe ist. Das beschämende 17+1 *Seidenstraße-Kooperationsprojekt* zwischen China, zentraleuropäischen und Balkanländern sollte, wenn man mich fragt, mit Hinweis auf die europäische Souveränität beendet werden. Schließlich geht dieses Infrastrukturprojekt mit einer weitgehenden Einmischung Chinas in innere Angelegenheiten beziehungsweise einem Eindringen einer fremden Macht, ja sogar eines feindlichen *Systemic Rival* in die EU einher. Dann aber muss die »Geopolitische Union« (sprich: insbesondere Deutschland) allerdings das Ersatzkapital für die chinesischen Investitionen liefern, und ich bin mir nicht sicher, ob eine solche kostspielige europäische Souveränität auf große Begeisterung im Deutschen Bundestag und bei den deutschen Steuerzahlern stoßen wird. Ein geopolitisches Europa wird kein billiges Europa sein.

Europa – eingeklemmt zwischen China und Amerika

Hinter dem Ruf nach einem geopolitischen Europa verbirgt sich ein größerer Konflikt: die neue Rivalität zwischen der *ruling power* Vereinigte Staaten und der *rising power* China, der Kampf zwischen der herrschenden Supermacht und der aufsteigenden Supermacht um die führende Weltmachtstellung – wirtschaftlich, militärisch, technologisch und ideologisch.

In den Vereinigten Staaten herrscht eine regelrechte China-Panik. Es geht die Furcht um (und ich habe dies selbst in Washington in Gesprächen mit Kongressmitgliedern und bei Denkfabriken feststellen können), dass Amerika durchaus einmal hinter China zurückfallen könnte, dass China die USA als stärkste Wirtschaftsmacht ablösen und den technologischen Wettkampf gewinnen könnte. Wir haben bereits einen *Sputnik-Moment* erlebt, als die Chinesen als erste eine Sonde auf der erdabgewandten Seite des

Mondes landeten. Dieses Ereignis hat die Vorstellung verstärkt, Amerika sei gerade dabei, das technologische *Rennen* zu verlieren, und nicht das *Silicon Valley*, sondern China werde in der vierten industriellen Revolution die führende Macht sein. Bezeichnend waren auch die Diskussionen über die Beteiligung von Huawei beim Ausbau des 5G-Netzes in Europa und den USA, wobei sich zudem die Frage stellte, warum es keine amerikanische 5G- oder eine europäische 6G-Technologie gibt. Wie konnte es geschehen, dass sich der Westen auf der strategischen Hightech-Ebene von China hat übertrumpfen lassen?

Soviel steht fest: Die Volksrepublik China ist ein vollkommen anderer Herausforderer Amerikas, was Macht, Einfluss und Prestige angeht, als die Sowjetunion es jemals gewesen ist. China droht als unfreies, autoritär geführtes Land erfolgreicher zu sein als die westlichen, liberal-kapitalistischen Demokratien. Das ist der fundamentale Schmerz, den der Aufstieg Chinas unseren Gesellschaften bereitet.

Wo bleibt Europa angesichts all dieser Supermacht-Gewalt? Überall und nirgends. Was bei diesem Wettstreit zwischen China und den USA auffällt, ist, dass beide von einem starken Wunsch nach Revanche und Wiederherstellung der Ehre angetrieben werden. Im Falle Chinas ist bereits oft beschrieben worden, wie sich das Land auf beeindruckende Weise aus dem »Jahrhundert der Erniedrigung« herausgearbeitet hat und unter Staatspräsident Xi zielbewusst auf die Wiederherstellung der Ehre des Reichs der Mitte zusteuert, auf die Rückkehr Chinas auf die Weltbühne. *Make China Great Again.* 2049, wenn die Volksrepublik einhundert Jahre alt wird, soll das alles kulminieren in die »Rückkehr Chinas an die Weltspitze«.

Ganz anders, aber durchaus vergleichbar, war die Vision von Präsident Trump: *Make America Great Again.* Er wollte den Machtverlust der Vereinigten Staaten stoppen und vor allem die »unehrlichen Deals« beenden, mit denen das naive Amerika, seiner Ansicht nach, zum Deppen gemacht wird. Dieselbe geopolitische Energie beobachten wir in Putins Russland. Auch hier: *Make Russia Great Again.* Ein Wunsch, der ausgelöst wird durch das Gefühl der Erniedrigung nach dem Zerfall der Sowjetunion, durch die Umzingelung durch den Westen und den Verlust des Stolzes unter Präsident Jelzin.

Und Europa? Tja. Man kann die Europäische Union als den Versuch sehen, die Ehre des Kontinents nach dem barbarischen 20. Jahrhundert wiederherzustellen und als eine Antwort auf die geopolitische »Verzwergung« Europas nach dem Ersten und Zweiten Weltkrieg. Einst große Mächte wie Frankreich und Deutschland können dank der EU in einer etwas höheren geopolitischen Gewichtsklasse unter Präsident Macrons Codenamen »europäische Souveränität« mitboxen. Manche sehen in den *Vereinigten Staaten von Europa* die Apotheose von Europas Wiedererstarken.

Aber mit *Make Europe Great Again* läuft es in letzter Zeit weniger ersprießlich. Der Brexit bedeutet eine geostrategische Schwächung der EU. Und es gibt viel Uneinigkeit: zwischen dem Norden und dem Süden, zwischen dem Osten und dem Westen; und innerhalb der einzelnen Mitgliedsstaaten zwischen den proeuropäischen Main-Stream-Parteien und den Nationalpopulisten. Ganz bestimmt keine angenehme Ausgangssituation für einen geopolitischen Wettstreit mit Supermächten. Viel hängt von Macron und Merkels Nachfolger ab: französische und deutsche Hoffnung in bangen Tagen. Wird es ihnen gelingen, die inländische Stabilität wiederherzustellen und die richtige Antwort auf den Aufstand von Populisten und Gelbwesten zu finden? Nur so würden sie das Vertrauen und das Mandat für ein nach außen stark auftretendes Europa erhalten, das den revanchistischen Weltmächten die Stirn bieten kann. Wie bekommen wir starke Mitgliedsstaaten in einem starken Europa? Das ist die entscheidende Zukunftsaufgabe für Europa, was aber zugleich bedeutet, dass nicht alle Energie für »europäische Souveränität« verwandt werden darf, während gleichzeitig die Nationalstaaten vernachlässigt werden. Beide Ebenen müssen im Gegenteil zugleich gestärkt werden, sowohl die EU als auch die nationalen, demokratischen Gesellschaften.

Klar ist, dass in einer globalisierenden Welt einzelne Staaten nicht völlig allein handeln können. Die Wahrung nationaler Interessen ist abhängig von verbindlichen und einklagbaren internationalen und europäischen Vereinbarungen, die den Welthandel regulieren, Investitionen sichern und so den Wohlstand schützen. Die militärische Verteidigung und der Schutz des eigenen Territoriums sind der NATO übertragen. Bei wirklich grenzüberschreitenden Problemen wie Migration oder Klimawandel kommt man mit nationaler Souveränität auch nicht sonderlich weit. Der Europaexperte Jan Rood formuliert es für die Niederlande deutlich, wo die Souveränitätsfrage mitunter hochkocht, vor allem bei antieuropäischen Parteien am rechten Rand:

»Wo das Pochen auf nationale Souveränität die Suggestion in sich birgt, die Niederlande stünden in der internationalen Politik noch ihren Mann und verträten entschieden ihre Interessen, dann ist das eigentlich nur für den inländischen Gebrauch rhetorisch gemeint und schädlich für diese Interessen. Es ist genau betrachtet eine Form von Neutralitätspolitik, bei der die Niederlande sich in der Illusion wiegen, Eindruck auf die Außenwelt zu machen, in Wirklichkeit sich aber von der globalen und europäischen Bühne zurückziehen. Es ist vor allem ein Rückzugsgefecht.«

Diese Einschätzung stimmt, doch es fehlt ein »aber«. In internationalen politischen Kreisen wird gelegentlich die Vorstellung geweckt, in einer globalisierenden Welt sei nur noch Platz für Supermächte, große regionale Machtblöcke, multilaterale Institutionen und Super-NGOs. Das sei das Biotop der internationalen Politik und der *Foreign-Policy*-Community. Nationalstaaten (nicht zuletzt die Winzlinge in Europa) seien eine Nummer zu klein für die postnationale Weltordnung.

Aber wenn die Corona-Krise eines (wieder) gezeigt hat, dann dass es, was Administration, Entscheidung und Handeln angeht, auf den Nationalstaat ankommt, auf die Behörden des Nationalstaats, auf den öffentlichen Sektor (»die Heldinnen und Helden in der Pflege«) des Nationalstaats und auf die Steuerzahler des Nationalstaats. Es war nicht die Weltgesundheitsorganisation WHO, die die Corona-Krise bekämpft hat, und auch nicht die EU. Die ehemalige amerikanische Sicherheitsberaterin Nadia Schadlow hat recht, wenn sie schreibt:

»The COVID-19 experience, although far from over, has generated strong evidence that, while the WHO and other international organisations are of course important for information sharing and coordination, nations continue to do the heavy lifting. (...) And the reality is that only one organisation in the entire world has as its sole responsibility the American people's safety. That institution is the U.S. government.«[9]

Keine EU-Souveränität ohne amerikanische Unterstützung

Man muss große Zweifel haben hinsichtlich der Realisierbarkeit von Souveränität in europäischem Maßstab. Wie kann man das politisch und kulturell notorisch uneinige Europa auf gemeinsame geopolitische Ziele und Interessen einschwören? Wie kann Europa mit einer einzigen Stimme entschlossen auf der Weltbühne sprechen und wie kann man die oft pazifistisch denkenden kleineren Ländern in einer robusten europäischen Sicherheitsunion zusammenbringen?

Wenn dies überhaupt jemals gelingt, dann dauert es mindestens noch zwei Generationen. Erst dann nämlich wird das Kernland Deutschland so weit sein, dass es sich geopolitisch und militärisch wieder einigermaßen vertraut. In der Zwischenzeit, ist Europa nicht in der Lage, »europäische Souveränität« ohne die Unterstützung, die Hilfe und den Schutz der Vereinigten Staaten zu realisieren. Anstatt ausschließlich an die »europäische strategische Souveränität« zu glauben und in sie zu investieren, werden wir auch in Zukunft an die transatlantischen Beziehungen zu den Vereinigten Staaten und die NATO glauben und in sie investieren müssen. Dazu äußert Präsident Macron sich nur selten. Stattdessen tut er genau das Gegenteil, indem er die NATO als »hirntot« bezeichnet.

In dem Maße, wie die geopolitische und geoökonomische Konkurrenz härter und rauer wird – und damit rechnen alle – werden die europäischen Länder immer schärfer auf ihre Interessen und Werte geprüft. Dort, wo andere Länder wie China, Russland und die USA wirtschaftlich, geopolitische und militärische Macht miteinander verbinden, um Einfluss zu nehmen, neigt die (bürokratische) EU dazu, Wirtschaft, Geopolitik und Sicherheit getrennt zu halten. Das ist im geopolitischen Dschungel naiv und gefährlich. Europa kann nicht länger ein rein wirtschaftlicher Riese sein und die idealistische, politische Nichtregierungsorganisation spielen.

»The EU has the market power, defence spending, and diplomatic heft to end this vulnerability and restore sovereignty to its member states. But, unless it acts soon, Europe may become not a player in the new world order but the chessboard on which great powers compete for power and glory.«[10]
(European Council on Foreign Relations, S. 2)

Die Corona-Krise hat den Ruf nach einem geopolitischen Europa, der in Brüssel schon früher zu hören war, verstärkt. Ein geopolitisches Europa hat zwei Dimensionen: Sicherheit und Ökonomie. Die Corona-Krise könnte nicht nur eine Katastrophe, sondern auch eine Chance sein, ein Momentum, um Wirtschaft mit Sicherheit zu verbinden. Wie gesagt, eine der schockierenden Erfahrungen der Corona-Krise war, dass uns bewusst wurde, wie abhängig Europa von China ist. Das liegt nicht nur an China, sondern ist auch auf die *Hyperglobalisierung* (Dani Rodrik) zurückzuführen, die sich in den neoliberalen Jahrzehnten entwickelt hat. Der Weltmarkt basiert auf radikal kosteneffizienten Produktions- und Wertschöpfungsketten und entsprechend optimaler Arbeitsteilung. Hierdurch gelang es China zur großen Weltfabrik zu werden, auf deren Grundlage in China sehr schnell eine große neue Mittelschicht entstehen konnte.

In der Corona-Krise kam die Diskussion auf, die Hyperglobalisierung nach der Pandemie stärker zu bremsen, aus Klimagründen, aber auch aufgrund von strategischen Überlegungen. Man spricht von einer gewissen »*Deglobalisierung*«, in der die Entfernungen zwischen Produktion und Verbrauch verkürzt würden. Dies könnte bedeuten, dass sich in Europa (in den umliegenden Regionen) eine Industriepolitik ankündigt, insbesondere für strategische Produkte (Medikamente, KI, Netzwerktechnik). Europa bewegt sich dann mehr in Richtung Selbstversorgung und wird weniger anfällig für externe Mächte und Kräfte. Dies würde eine gewisse Wiederherstellung der strategischen Autonomie auf wirtschaftlicher Ebene bedeuten.

Europäische Verteidigung

Die Frage ist, ob Europa eine solche strategische Autonomie auch auf dem Gebiet der Sicherheit und Verteidigung anstreben kann. Ist die französisch-deutsche Achse eine ausreichende Garantie für die euroatlantische *Westbindung*? Wie »westlich« ist Frankreich genau? Oder ist es doch mehr »südlich«? Und wie westlich ist die EU noch ohne das Vereinigte Königreich? Und wie viel Westbindung gibt es noch in einem nach Trump antiamerikanischen Deutschland? Wird sich das substanziell ändern und Präsident Biden die transatlantische Freundschaft wiederherstellen? Überlebt die westliche Allianz den angelsächsischen Aderlass der EU in Europa? Dies sind ziemlich entscheidende Fragen, die man im Zusammenhang mit den europäischen Souveränitätsambitionen stellen kann und stellen muss.

Was kann Europa angesichts der Tatsache tun, dass es geprägt ist von »highly fragmented internal power structures that lack capacity to stand up to more centralised powers, such as Russia and China«?

Will Europa in dieser *Great Power Competition* nicht den Kürzeren ziehen, dann muss es in der Lage sein, die wirtschaftliche Macht, die es hat, auch geopolitisch einzusetzen. Das bedeutet, dass die Abschottung zwischen Wirtschaftspolitik und Außenpolitik in Brüssel und den europäischen Hauptstädten enden muss. »Breaking down policy silos in Brussels«, so der European Council on Foreign Relations (ECFR). Jedoch: »Most fundamentally, the EU needs to learn to think like a geopolitical power.«

The new German question?

Da gibt es Grund für Zweifel. Wo ist der Beweis dafür, dass Europäer wie eine geopolitische Macht denken können? Wie geopolitisch sind die skandinavischen Länder eingestellt? Malta? Belgien? Kleine Länder haben per Definition keine geopolitische Ausrichtung und keine »strategische Kultur«. Und schon gar nicht im postmodernen, postmaterialistischen Europa, das dachte, die Zukunft gehöre der *Softpower* und nicht der *Hardpower*. Mehr »Venus« als »Mars«.

Man betrachte nur einmal den nachlässigen Umgang mit den Verteidigungsausgaben und den Zustand der Armeen nach dem Kalten Krieg, und man sieht, dass Europa überhaupt keine Geopolitik in seiner Nachkriegs-DNA hat. Europa ist ein nach innen gewandtes Friedensprojekt zwecks Abschaffung von Krieg und Konflikt. Wie soll daraus jemals eine geopolitische Supermacht werden, ein entschlossen handelnder Akteur auf der Weltbühne?

Früher bereits fragte Timothy Garton Ash sich: »*There is a new German question. It is this: Can Europe's most powerful country lead the way in building both a sustainable, internationally competitive eurozone and a strong, internationally credible European Union.*«[11]

Diese Frage zum Problem der europäischen strategischen Souveränität wurde unlängst mehr oder weniger beantwortet. Und zwar von keinem Geringeren als Joschka Fischer, dem eigensinnigen ehemaligen deutschen Außenminister. Unter dem vielsagenden Titel »Die Deutschen müssen ihren instinktiven Pazifismus hinterfragen« ruft er Deutschland und die Deutschen dazu auf, ihre Narben aus Krieg und Nazizeit nicht länger obsessiv zu beachten und sich stattdessen für die *Realpolitik* Europas verantwortlich zu fühlen.

Deutschland ist nach dem Zweiten Weltkrieg, so Fischer, ein »in die euroatlantischen Strukturen des Westens eingebundener pazifistischer Handelsstaat im Westen« geworden, eine vorbildliche Demokratie, der ihre Nachbarn vertrauen. Fünfundsiebzig Jahre nach der Befreiung müsse Deutschland jedoch seine pazifistische DNA und sein »Selbstmisstrauen gegen jede Form von Machtpolitik« abwerfen. Es könne in der Außenpolitik nicht länger ein Großösterreich sein wollen. Deutschland sei von einer einst instabilen »Mittelmacht« zu einem Stabilitätsanker der Europäischen Union und zum wirtschaftlichen Motor der Währungsunion geworden. Danach müsse es jetzt auch mehr handeln. »Die Deutschen hatten immer große Schwierigkeiten mit ihrer Stärke umzugehen«, würden damit aber, eingebettet in die *euroatlantische Westbindung,* weniger Probleme haben.

Fest steht für ihn:

»Mit der Abschwächung oder gar dem völligen Wegfall des amerikanischen Schutzes werden sich für Deutschland wieder Fragen stellen, die seit dem Frühjahr 1945 andere für uns beantwortet haben. Hier tut sich für unser Land ein ernster Zielkonflikt zwischen seinem historisch begründeten Pazifismus und der Sicherheit Europas und Deutschlands auf: Kann Deutschland an der Sicherheitsfrage Europa scheitern lassen? Ich meine: Nein.«

Zerbricht der Westen?

Das Gefährlichste an diesem Diskurs über europäische Souveränität und strategische Autonomie ist die Leichtigkeit, mit der man sich mit dem Auseinanderdriften von Amerika und Europa abfindet. Es ist, als würden manche mit kaum verhohlener Begierde »*America First*« als Alibi verwenden, um sich aus der transatlantischen Beziehung zu lösen.

Der Grund hierfür ist der Abscheu, der regelrechte Hass, den viele Europäer gegenüber der Person von Präsident Trump empfanden. Selten hat es einen amerikanischen Präsidenten gegeben, der sich so wenig um die Werte und den Stil europäischer Politik geschert hat, wobei man sagen muss, dass Trump bei europäischen Rechtspopulisten durchaus Beliebtheit genoss. Insbesondere aber die *Foreign-Policy*-Community und diejenigen, die mit europäischer Politik vertraut sind, lehnten die Politik und den politischen Stil Präsident Trumps völlig ab. Seine Abneigung gegen multilaterale Institutionen, sein schroffer Umgang mit langjährigen Bündnispartnern, seine Sympathien für den nordkoreanischen Diktator – all das hat zu einem, auch mittelfristig nachwirkenden, Vertrauensverlust geführt. Hinzu kam noch Trumps Verzicht auf *Global Leadership* bei großen Weltproblemen wie dem Klimawandel oder der Corona-Krise: Europa hat die letzten vier Jahre mit Bestürzung auf Washington geschaut.

Dahinter steckt bei manchen auch eine verborgene antiamerikanische Agenda. Man benutzt die politische Barbarei Trumps um sich allgemein von Amerika zu distanzieren. Trump ist das Alibi geworden für bereits länger bestehende antiamerikanische Ressentiments. Aus Meinungsumfragen in Deutschland und Frankreich geht hervor, dass die Europäer dem russischen Präsidenten Putin und dem chinesischen Staatspräsidenten Xi Jinping mehr

Vertrauen schenkten und sie für ein kleineres Risiko für den Weltfrieden hielten als Donald Trump. »*America is losing Europe*« – Amerika ist dabei, Europa zu verlieren – war der vielsagende Titel einer solchen Meinungsumfrage.

Inzwischen hat sich die transatlantische Stimmung seit dem Amtsantritt von Präsident Biden etwas aufgehellt.

Biden hat viel getan, um nach Trumps Pathologien die Beziehungen zu Europa wiederherzustellen, und jetzt zeigen Umfragen, dass die Wertschätzung für Amerika wieder steigt.

Doch Europas Vertrauen in die USA ist durch die Trump-Ära grundlegend beschädigt worden.

Es ist unvorstellbar, wie die transatlantischen Beziehungen und die westliche Allianz vernachlässigt werden und den Dingen ihr Lauf gelassen wird. Wie wenig leidenschaftlich darum gekämpft wird, das westliche Bündnis zu retten. Und das gilt für beide Seiten.

Mich stört die naive Art und Weise, mit der auf europäischen Konferenzen über eine eigene »europäische Sicherheitsarchitektur« oder über eine europäische Armee gesprochen wird. Manche murmeln dann am Ende noch rasch: »Als Pfeiler innerhalb der Nato.« Aber dennoch. Es fehlt völlig das Bewusstsein dafür, dass die Europäer *Trittbrettfahrer* unter dem weltweiten Schutzschirm Amerikas sind. Vom Südchinesischen Meer bis zur Nordsee. Es gibt keinerlei Anzeichen dafür, dass die Europäer Mittel freimachen wollen, um zum militärischen, geopolitischen Akteur zu werden. Es ist arrogantes Gerede, an dem kein Preisschild hängt. Insbesondere weil jemand wie Joschka Fischer sich die Frage stellt, ob die Europäer/Deutschen nicht zu pazifistisch geworden sind, um jemals *realpolitisch* oder gar geopolitisch zu denken. Wieso strategische Autonomie unter diesen Bedingungen? Wieso europäische *Weltpolitikfähigkeit?*

Man lese hierzu die Warnung eines anderen ehemaligen deutschen Außenministers, Sigmar Gabriel, an die Adresse seiner eigenen Partei, der SPD. Gabriel wirft der Parteispitze vor, dass sie sich mit ihrem Vorschlag, amerikanische Atomwaffen aus Deutschland zu entfernen, stärker am Politbarometer als an einer verantwortungsvollen und konsistenten Außenpolitik orientiert. Sigmar Gabriel:

»Es gibt in Deutschland von links bis rechts die Sehnsucht, am liebsten so zu werden, wie die Schweiz oder Österreich: wirtschaftlich erfolgreich, politisch neutral – um nicht zu sagen: irrelevant. (...) Die Bonner Republik wusste und fühlte noch viel mehr als die Berliner Republik, wie wichtig die Verlässlichkeit deutscher Außen- und Sicherheitspolitik für die Stabilität Europas war. (...) Wird das größte Land Europas – Deutschland – zum Spaltpilz europäischer Sicherheitspolitik oder ist es sogar auf dem Weg raus aus der Nato, ist das eine Einladung zur Destabilisierung Europas! Nicht nur für Russland, sondern auch für den derzeitigen US-Präsidenten Trump. (...) Mit einer Rückkehr zur Stalin-Note 2.0, zur Idee eines »neutralen Gesamtdeutschland« dürfte die SPD mit hoher Wahrscheinlichkeit das Vertrauen der Bürgerinnen und Bürger in ihre Fähigkeit zum verantwortlichen Regierungshandeln verlieren. (...) Wer das Vertrauen der europäischen Nachbarn durch politische Alleingänge Deutschlands aufs Spiel setzt, setzt zugleich Europa aufs Spiel.«

Ist es nicht viel nahe liegender, im *Jahrhundert Chinas,* in dem der Westen zusehen wird, wie seine Machtstellung und das internationale Gewicht der westlichen Werte unvermeidlich abnehmen werden, die westliche Allianz im Gegenteil zu stärken und erneut in sie zu investieren? Wie froh kann Europa über eine *postamerikanische Weltordnung* sein? Wie froh über den Aufstieg von Autoritarismus und den weltweiten Prozess des *Democratic Backsliding* (Freedom House), wenn Demokratien auf *die schiefe Bahn geraten?*

Amerika ist mehr als Trump, und unter Trumps pathologischem Politikstil verbarg sich manchmal rationale Politik. Wie etwa seine an Europa gerichtete Aufforderung, innerhalb der NATO die Lasten gerechter zu verteilen. Wie etwa sein härterer Kurs gegenüber dem China von Staatspräsident Xi, das mit der Neuen Seidenstraße und staatskapitalistischen Unternehmungen (5G) potenziell eine große Gefahr für die offenen, westlichen, demokratischen Gesellschaften darstellt. Wie etwa mit seiner Kritik am sakrosankten Multilateralismus und den internationalen Organisationen, die oft korrupt, ineffizient, antiwestlich und den Menschenrechten wenig gewogen (Antisemitismus) arbeiten (UN-Menschenrechtsrat, Weltgesundheitsorganisation).

Ich glaube also nicht an all die schönen Geschichten über europäische Souveränität. Sowieso misstraue ich Menschen, die einfach so, ohne dafür auch nur einen einzigen Beweis vorzulegen, annehmen, dass Europa eine zentralistische Einheit werden und mit einer einzigen Stimme sprechen kann. Das sind oft nicht die größten Demokraten, sondern für Kultur unsensible Technokraten. Eine Einheit aus 27 Ländern schmieden? *Wohlgemerkt!* Wir reden über Länder mit vollkommen unterschiedlichen kulturell-politischen Traditionen und Ausrichtungen, die zudem auch noch wechselnde Regierungen mit anderen Ideologien haben usw.

Damit wir uns nicht missverstehen: Das Jahrhundert der *Great Power Competition* erfordert sehr wohl mehr strategisches Denken und Handeln von den europäischen Ländern und der EU. Weiter oben habe ich bereits gesagt, die EU müsste zwischen interner und externer Souveränität unterscheiden, und dass Europa den größten Rückhalt bei den Wählern für »externe Politik« hat (Außenpolitik, Verteidigung, Welthandel, internationale Klimapolitik). Ich könnte mir sogar die Einrichtung eines *Europäischen Sicherheitsrats* vorstellen, als Stützpfeiler der westlichen Allianz. Der könnte aus einer begrenzten Zahl von ständigen und wechselnden Ländern bestehen. Also: Deutschland, Frankreich, England als permanente Mitglieder, dazu ein reihum wechselndes Land aus Benelux, Skandinavien/Baltikum, *ClubMed* (Italien, Spanien, Portugal) und *Visegrád*. Maximal sieben Mitglieder.

»Europäische Souveränität«, die sich in der Mitte zwischen China und den USA halten will, die dem demokratischen Amerika nicht den Vorzug vor dem autoritären China gibt (und es sind nicht wenige in Europa, die das inzwischen tun, die sagen, Huaweis 5G sei ebenso schlimm wie Google oder Facebook), flößt mir Angst ein. Europäische Souveränität ohne das Bündnis mit Amerika, dem Vereinigten Königreich oder Kanada lässt bei mir die historischen Alarmglocken schrillen. Dann fiele Europa wieder auf sich selbst zurück. Dann wird die *Westbindung* Deutschlands zur Hälfte gelöst, und wir befinden uns wieder im alten Europa mit seiner in Schieflage geratenen »*Balance of Power*« und seiner Machtasymmetrie. Das Ungleichgewicht ist schon durch die deutsche Wiedervereinigung größer als früher. Sie hat die deutsche Mittelposition in Europa wiederhergestellt und verstärkt (Von Bonn nach Berlin)

und eine potenziell neue wirtschaftliche und politische Machtungleichheit und Ungleichgewicht geschaffen, auch im Hinblick auf
die französisch-deutsche Achse.

Die geopolitisch bedingte Garantie für die Wiedervereinigung
war die euroatlantische Einbettung Deutschlands in die EU und
die NATO. Dazu kam noch die Integration Deutschlands in die
Währungsunion, mit der die Deutsche Mark (die »deutsche Atombombe« laut Mitterrand) unschädlich gemacht wurde. Wenn alle
geopolitischen Karten neu gemischt werden, wenn die eurotrans-
atlantischen Beziehungen durch europäische Souveränität ersetzt
werden, wenn sich die Situation innerhalb der Währungsunion so
verschlechtert, dass weder die deutschen Wähler, noch das Bundesverfassungsgericht ihr weiter zustimmen, dann fallen letztendlich
die geopolitischen Garantien, auf denen die Wiedervereinigung beruht, weg. Wir sind dann dabei, auf die falsche Seite der Geschichte
zurückzukehren.

In meinen Augen ist diese Wette auf die Geschichte unverantwortlich. So fest sitzt die etablierte Politik in Europa nicht im Sat-
tel. So stabil verinnerlicht ist das europäische Projekt bei großen
Teilen der europäischen Bevölkerung nicht. So schwach sind die
antieuropäischen, populistischen Kräfte während der Corona-Krise
nicht geworden. Nationale Souveränität ist weitestgehend ein
Mythos. Europäische Souveränität ist weitestgehend ein Mythos.
Leider ist für viele Europäer das transatlantische Bündnis zu einem
Mythos geworden. Droht der deutsche Historiker Hermann August
Winkler am Ende doch mit dem Titel seines Buches *Zerbricht der
Westen* recht zu behalten?

4.2 Der Mythos von der nationalen Souveränität

Um es noch einmal klar zu sagen: Nationale Souveränität ist ein
mindestens ebenso starker Mythos wie europäische Souveränität.
Europa kann sein Schicksal vielleicht nur bis zu einem gewissen
Grad in die eigene Hand nehmen, doch für Nationalstaaten gilt
ganz sicher, dass sie ihr Schicksal nur bis zu einem gewissen Grad
in der Hand haben. Es gibt keine hundertprozentige europäische
Souveränität und auch keine hundertprozentige nationale Souveränität. Beide sind eine Illusion oder ein Mythos.

Nationalpopulisten behaupten, so etwas wie ein »europäisches Schicksal« gebe es nicht; Neo-Föderalisten gehen allzu kritiklos von der Existenz eines solchen gemeinsamen Schicksals aus. Beide Gruppen sind Opfer des mythischen Denkens. Nationalpopulisten liegen falsch, weil sie der Vorstellung anhängen, Europa könne wirtschaftlich, international und geopolitisch nur mit unabhängigen Nationalstaaten weiterbestehen. Fürsprecher eines stark geopolitischen Europas setzen ihrerseits allzu unbekümmert voraus, dass die politisch und kulturell überaus diverse EU mit einer einzigen politischen Stimme sprechen könnte.

Nationalpopulisten feiern und verabsolutieren den eigenen Nationalstaat. Sie streben daher eine »vollkommene« Wiederherstellung der nationalen Souveränität an (»*Take back Control*«) und lehnen häufig die internationale und multilaterale Weltordnung der Nachkriegszeit ab, insbesondere die Europäische Union, die in ihren Augen den Nationalstaat permanent untergräbt.

Nationalpopulisten werden selten gefragt darzulegen, wie die Wiederherstellung der nationalen Souveränität erreicht werden soll und ob das überhaupt funktioniert. Der Brexit wird in dieser Hinsicht äußerst interessant und wichtig: In welchem Maß wird es dem Vereinigten Königreich gelingen, die »Kontrolle« tatsächlich wiederzuerlangen, und in welchem Maß wird es von europäischen und transatlantischen Beziehungen abhängig bleiben? Die Meinungen hierüber gehen stark auseinander.

In einer globalisierenden Welt scheint die ausschließliche Umarmung der nationalen Souveränität kein realistischer Ausgangspunkt zu sein, wenn es um Fragen des Welthandels, der Sicherheit oder der Klimapolitik geht. Dies gilt insbesondere für die kleineren Länder in Europa, die bereits jetzt von autoritären Großmächten wie China und Russland ausgenutzt werden (siehe die 17+1-Konstruktion der Neuen Seidenstraße Chinas; siehe die geopolitischen Einmischungen in Ungarn, Italien und Serbien).

Eine der brutalsten Lektionen des 20. Jahrhunderts war jedoch, dass kleinere Länder von (militärisch) mächtigeren Staaten erobert werden können. Dies galt seinerzeit in Europa, wo es die »deutsche Frage« und die französisch-deutsche Erbfeindschaft gab. Die Antwort darauf war die deutsche Teilung und Adenauers *Westbindung*, eine, wenn man so will, Unterordnung der deutschen Souveränität unter die Europäische Union und die transatlantischen Sicherheitsgarantien im Bündnis mit den USA und der NATO.

Auch kleinere Staaten wie die Niederlande (zuvor neutral) oder Belgien entschieden sich dafür, ihre Souveränität, die sich im Krieg als fiktiv erwiesen hatte, durch kollektiven Schutz im euroatlantischen Verbund zu sichern, einen Schutz, der jetzt nicht länger innereuropäisch ausgerichtet war, sondern sich in der Zeit des Kalten Kriegs gegen die kommunistisch-totalitäre Sowjetunion und den Warschauer Pakt richtete.

Im Kalten Krieg erwies sich die »Kollektivierung« von nationaler Souveränität als adäquates Abschreckungsmittel gegen stärkere Mächte. Etwas Vergleichbares gilt heute in einer Welt der Globalisierung. Nationale Souveränität für kleinere europäische Staaten ist in der *Great Power Competition* auf Weltebene illusorisch und naiv. Dies gilt insbesondere auf militär- und sicherheitspolitischem Gebiet, aber eigentlich auch für die Wirtschaft. In einer sich globalisierenden Welt, in der Geopolitik auch und vor allem aus *Tech Race* und *Geoeconomics* besteht, sind kleine Länder mit ihren relativ bescheidenen Ökonomien und entsprechenden Unternehmen gegenüber weltweit operierenden, »staatskapitalistischen« chinesischen Unternehmen oder den amerikanischen, multinationalen (Tech-)Giganten stark im Nachteil.

Können europäische Staaten sich einzeln militärisch verteidigen? Sind sie wirtschaftlich robust genug in Anbetracht des riesigen Kapitals der (Staats-)Unternehmen der Supermächte? Die Antwort auf diese Fragen zeigt, in welchem Maß die Vorstellung von »nationaler Souveränität« relativiert werden muss. Das Paradox besteht darin, dass für den Erhalt nationaler Souveränität internationale und europäische Zusammenarbeit unentbehrlich sind.

Grenzen der Souveränität

Souveränität meint juristisch die Selbstbestimmung von Staaten. Ein Staat ist souverän, wenn er innerhalb seines Territoriums exklusiv die Herrschaft ausübt, wenn es keine stärkere Macht außerhalb gibt, die einen größeren Einfluss auf dieses Territorium ausübt und wenn diese Herrschaft außerdem noch international anerkannt ist.

Ein souveräner Staat besitzt das Gewaltmonopol. Das heißt: Er allein darf innerhalb seiner Grenzen und an seinen Grenzen von Gewalt Gebrauch machen. Ein souveräner Staat erhebt auch seine eigenen Steuern und ist somit Herr und Meister über das eigene Steuergebiet. Dies sind einige Standardbedingungen für Souveränität, wie man sie in den Lehrbüchern findet.

Wir sehen, dass es in einer globalisierenden Welt mit allerlei Bündnissen die juristische Eindeutigkeit von Souveränität eigentlich nicht mehr gibt. In der Europäischen Union haben wir es mit dem Teilen oder dem *Poolen* von Souveränität zu tun. Staaten sind freiwillig europäische Übereinkünfte eingegangen wie etwa das Teilen von Schulden als Reaktion auf die Corona-Krise und die Erhebung von Steuern durch die Europäische Kommission (»eigene Mittel«), während die Mitgliedsstaaten der NATO große Teile ihres Gewaltmonopols im Falle eines Krieges de facto dem amerikanischen Befehlshaber übertragen haben. Nationale Souveränität ist, aus oft guten Gründen, ziemlich schwammig geworden in einer Welt der internationalen, multilateralen Zusammenarbeit und Europäisierung. Eine Rückkehr zu einer nie vorhandenen hundertprozentigen nationalen Souveränität ist daher auch eine Illusion.

Doch damit kann das Problem nicht abgetan werden. Wie auch anderenorts in diesem Buch dargelegt wird: Der Nationalstaat ist lebenswichtig für einen gut funktionierenden, von breiten Bevölkerungsschichten getragenen Wohlfahrtsstaat und für eine Demokratie. Die Nationalstaaten tragen das europäische Gesellschaftsmodell, den *European Way of Life*. Die EU muss dies unterstützen und stärken, nicht untergraben. Der Sozialvertrag in Demokratie und Wohlfahrtsstaat kann nicht funktionieren ohne politische und juristische Begrenzungen von Bürgerschaft, und dies setzt sehr wohl Formen von nationaler Selbstbestimmung und Souveränität voraus. Das ist aber etwas vollkommen anderes als populistische Agitation gegen internationale und europäische Zusammenarbeit, die es in vielen Ländern gibt und die man auch als Aufstand des »Neonationalismus« bezeichnet.

Der Aufstand des Neonationalismus

Der Brexit wird als symbolische Heldentat des breiteren Aufstiegs von Neonationalismus und Rechtspopulismus betrachtet. Inhaltsstoffe: Antiglobalisierung, Anti-EU, Antimigration, Antiestablishment. Wir haben es hier mit einer weltweiten Anti-Establishment-Bewegung zu tun: von Trumps »*America First*« über den Linkspopulismus in Südeuropa und den Rechtspopulismus in Nordwesteuropa bis hin zum »illiberalen Autoritarismus« Victor Orbáns.

Dies ist eine gefährliche und legitime Bewegung zugleich. Legitim, weil sie oft eine Reaktion auf die Brüche und Ungleichheiten ist, die der Prozess der neoliberalen Hyperglobalisierung (Dani Rodrik) verursacht hat. Sie hat das nach dem Zweiten Weltkrieg entstandene Gesellschaftsmodell und den Sozialvertrag der liberalen Demokratien und des Wohlfahrtsstaates unter Druck gesetzt und Risse in und zwischen Gesellschaften entstehen lassen, zwischen Globalisierungsgewinnern und Globalisierungsverlierern (siehe hierzu auch das folgende Kapitel, in dem es um die Hintergrundursachen des Populismus im Allgemeinen geht).

Aber diese Anti-Establishment-Bewegung des Nationalpopulismus ist auch eine sehr gefährliche Bewegung, denn es gibt Querverbindungen zu rechtsextremen Kreisen (antisemitisch, rassistisch, gewaltbereit, islamfeindlich bis hin zu gewalttätigem, rechtsextremistischem Terrorismus) und autoritär-konservativen Regimen wie dem Wladimir Putins. Das nach 1945 entstandene Gesellschaftsmodell wird also von zwei Seiten unter Druck gesetzt und unterminiert: durch die neoliberale Globalisierung und durch den wirtschaftlichen und kulturellen *Backlash* dagegen: die Bewegung des rechtsradikalen Nationalpopulismus.

Neonationalismus ist eine ernsthafte Bedrohung für die politische Ordnung. Die historische Rede, in der Bundespräsident Steinmeier am 8. Mai 2020 über Deutschland sagte, man könne dieses Land nur mit gebrochenem Herzen lieben, steht dem revisionistischen Nationalismus, den zum Beispiel die AfD vertritt, diametral gegenüber. Auch seine Äußerung, dass, wenn Europa scheitere, auch das »*Nie wieder*« scheitere, steht im Widerspruch zum Abbau der Europäischen Union, wie ihn die Nationalpopulisten planen.

Die nationalpopulistische Bewegung scheint sich zielbewusst mit dem Rücken zu den Lektionen des 20. Jahrhunderts stellen zu wollen, taub und blind für die Geschichte, die zur europäischen Zusammenarbeit und zur Bekämpfung aggressiver Formen von Nationalismus und antidemokratischem Autoritarismus geführt haben.

Neonationalismus wird mitunter auch als eine neue Form des Nationalismus umschrieben, der die Forderung »Das eigne Volk zuerst« des Nationalstaats verteidigen und diesen buchstäblich vom Globalisierungsprozess abgrenzen will. Er ist kultureller und wirtschaftlicher Protektionismus in einem. Er wehrt sich gegen Internationalisierung, europäische Integration, multikulturelle Migration und in zunehmendem Maße auch gegen (internationale) Klimapolitik.

Nach Ansicht von Cas Mudde (2015) kämpfen rechtsradikale, populistische Parteien in Europa gegen die liberal-demokratische Ordnung. Sie stehen dem Rechtsstaat oft feindlich gegenüber und sind antipluralistisch, wenn Richter, Medien, die Opposition oder Minderheiten angegriffen werden. Dabei sind, laut Mudde, mindestens drei Elemente für rechtsradikale, populistische Parteien charakteristisch:

1. Nativismus: die Vorstellung, dass die Nation von den »Eingeborenen« (Autochthonen) bevölkert werden muss, während Fremde eine fundamentale Bedrohung darstellen,

2. Autoritarismus: Hang zu starker Führung; kein Respekt vor oppositionellen Stimmen; Bevorzugung einer hart durchgreifenden »*Law-and order*«-Politik,

3. Populismus: antielitär und antipluralistisch; die Vorstellung, dass es ein »homogenes« Volk gibt mit einem gemeinschaftlichen »Volkswillen«, der von einer korrupten Elite unterdrückt wird.

Rechtspopulismus, ob radikal oder nicht, ist so gesehen eine heftige Reaktion auf abrupte gesellschaftliche Veränderung, insbesondere auf die Folgen der Globalisierung. Populisten proklamieren eine ernste Krisensituation. Oft haben wir es mit einem starken, autoritären »Führer« zu tun, der angeblich die »wahre Stimme des Volkes« repräsentiert. Darin steckt der gefährliche, antipluralistische, antidemokratische Charakterzug eines jeden Populismus: Wer sich gegen »den Willen des Volkes« stellt, ist sehr rasch »ein Volksfeind« (Jan-Werner Müller).

Die große Frage ist, ob sich diese Art von Gedankengut jemals auf die Mehrheit der Wähler wird stützen können.

»Interne« und »externe« Souveränität

Aus Umfragen geht hervor, dass die Europäer europäische Beschäftigung mit wirklich »grenzüberschreitenden« Themen unterstützen, vor tiefen Brüsseler Einmischungen in den eigenen Staatshaushalt oder die nationale Demokratie jedoch zurückschrecken.

Man könnte unterscheiden zwischen dem, was ich als »externe europäische Souveränität« und »interne europäische Souveränität« bezeichne. Externe Souveränität ist das, was ich weiter oben als die großen Absichten von Präsident Macron beschrieben habe. Der will Europa (und in der Folge auch Frankreich) als Großmacht in der Weltordnung wiederherstellen. Er argumentiert, dass man nur durch intensive europäische Zusammenarbeit den Mitgliedsstaaten der EU die Souveränität wiedergeben kann, die sie verloren haben. Hier geht es um Selbstbestimmung in einer rauen, globalen Welt. Das heißt: Wiederherstellung der europäischen Souveränität gegenüber China und den USA. Nach außen gerichtete europäische Souveränität bedeutet die Umwandlung Europas von einem wirtschaftlichen *Powerhouse* in ein geopolitisches *Powerhouse*. Das betrifft auch die »*European public goods*« von #NextGenerationEU: gemeinschaftliche Investitionen in Technologie (europäisches 6G?), in »grüne« Infrastruktur (Hochgeschwindigkeitszüge zwischen allen europäischen Hauptstädten); Forschung und Entwicklung (*Horizon*-Programm) und Ausgaben für ein starkes europäisches Verteidigungskontingent innerhalb der NATO.

»Interne« Souveränität ist etwas anderes. Sie betrifft das, worüber in der Europäischen Union am heftigsten debattiert wird, zwischen Föderalisten und Nationalisten, zwischen dem Europäischen Gerichtshof in Luxemburg und dem Bundesverfassungsgericht in Karlsruhe. Um sie geht es bei den Debatten zwischen den sogenannten Nettozahler-Ländern und den Empfänger-Ländern in der Eurozone. Um sie geht es in der Debatte über eine »*Ever Closer Union*«. Um sie geht es bei der Debatte über Subsidiarität (»National wo möglich, europäisch wo nötig«).

Dabei geht es um (angebliche) Einmischungen der EU in den Mitgliedsstaaten, die zu internen Reibereien in Sachen Souveränität führen. Dies betrifft vor allem die Gebiete der Migration sowie der Finanzen und Wirtschaft. Insbesondere gilt dies für die Eurozone, wo die gemeinsame Währung zu geteilter Verantwortung und gemeinschaftlichen Verpflichtungen zwingt und so nationale Entscheidungsmöglichkeiten und Handlungsfähigkeit unter Druck setzt.

In der europäischen Politik sind Innen- und Außenpolitik oft unentwirrbar miteinander vermischt. Das führt bei nicht eingeweihten europäischen Bürgern zu Verwirrung und demokratischer Entfremdung. Sie fürchten weitgehende soziale und wirtschaftliche Einmischung Brüssels in ihre nationale Demokratie und Wirtschaft, erwarten aber gleichzeitig sehr viel von der EU als »externem« Akteur und Beschützer. Wie kann ein Europa mit diesen zwei Gesichtern aussehen?

LITERATUR:

[17] Mark Leonard/Jeremy Shapiro: Empowering EU member states with Strategic Sovereignty (ECFR, Juni 2019).

[18] Jan Rood: »De illusie van de nationale soevereiniteit«, in: *Spectator EU Forum*, 26. Mai 2012.

[19] Nadia Schadlow: »Consider the Possibility That Trump is Right About China«, in: *The Atlantic*, 5. April 2020.

[20] George Packer: »We Are Living in a Failed State. The coronavirus didn't break America. It revealed what was already broken«, in: *The Atlantic*, JUNE 2020 ISSUE.

[21] Timothy Garton Ash: »The New German Question«, in: *The New York Review of Books*, August 2013.

[22] Joschka Fischer: »Die Deutschen müssen ihren instinktiven Pazifismus hinterfragen. Deutschland muss an der Westbindung und der europäischen Integration festhalten: Niemals mehr allein! Niemals ohne Europa!«, in: *Der Tagesspiegel*, 1. Mai 2020.

[23] Report NATO and the Future of European Security, Jonge Atlantici Den Haag, Veerle van Dijk, 20. November 2019.

[24] Yoeri Albrecht: »EU moet geopolitieke strategie ontwikkelen«, in: *de Volkskrant*, 12. Mai 2013.

[25] Michel Kerres, »Geboorte van biertentdoctrine: meer EU/Duitsland, minder VS«, in: *NRC Handelsblad*, 2. Juni 2017.

[26] »Het is tijd om mentaal afscheid te nemen van Amerika«. Interview mit dem ehemaligen portugiesischen Minister Bruno Maçães, in: *Financieel Dagblad*, 16. Mai 2020.

[27] Sigmar Gabriel: »Die SPD verspielt das Vertrauen in ihre Regierungsfähigkeit«, in: *Der Tagesspiegel*, 8. Mai 2020.

[28] Paul Scheffer: De Vrijheid van de Grens, 2016.

[29] Monika Sie/René Cuperus/Annelies Pilon: Over de Grens. De vluchtelingencrisis als reality test, 2017.

[30] Jan Werner Müller: Was ist Populismus?, 2016.

5

Der Mythos des Populismus

Man kann von einem doppelten Mythos des Populismus sprechen. Zunächst gibt es den Mythos, den die Nationalpopulisten selbst pflegen: Sie beanspruchen für sich, gegenüber dem Establishment die »Stimme des Volkes« zu repräsentieren. Dies ist eine böswillige Darstellung der Dinge, die im Konflikt mit den zentralen rechtstaatlichen Prinzipien des Pluralismus und der Vorstellung von Demokratie als friedlichem Ausgleich von Interessen und als Ideenwettbewerb steht. Es gibt nicht die Stimme des Volkes, die von einem einzigen Führer oder einer einzigen Partei zum Ausdruck gebracht wird. In der Demokratie geht es gerade um Vielfalt und um Respekt vor anderen Stimmen und Ansichten. Mit diesem Mythos von der »nationalen Stimme des Volkes« (gegen internationale Eliten und Minderheiten) verdrängt der Rechtspopulismus die Nachkriegslektionen der europäischen Zusammenarbeit. Er überschneidet sich dadurch zum Teil auf gefährliche Weise mit rechtsextremen Positionen, was man auch an den »backstage« geführten Diskussionen in den rechtspopulistischen Parteien sehen kann.

Und es gibt noch einen anderen Mythos des Populismus. Das ist der Irrtum, dass die populistische Wählerschaft einzig und allein einer (extrem)rechten »Bauchgefühl-Demagogie« folgt. Das stimmt nicht. Die Wahlerfolge des Populismus müssen teilweise auch als eine legitime Revolte der »Left Behind« verstanden werden, als eine überaus ernst zu nehmende Warnung von in Bedrängnis geratenen Teilen der Mittelschicht, die an das neoliberale, kosmopolitische Establishment gerichtet ist. Große Gruppen der westlichen Gesellschaften fühlen sich durch die Aushöhlung des nach dem Zweiten Weltkrieg geschlossenen Sozialvertrags verraten oder vernachlässigt. Der ehemalige Präsident des Bundesverfassungsgerichts, Voßkuhle, meinte dazu, die liberale Elite sei in einem gewissen Maße »mitverantwortlich für Populismus«.

Populismus ist ein gefährliches Alarmsignal. Es zeigt, dass die Globalisierung, die postindustrielle Ökonomie und die europäische

Integration für weite Teile der Bevölkerung in den letzten Jahrzehnten große neue Ungleichheiten und Unsicherheiten mit sich gebracht haben. Viele Menschen wehren sich gegen den Kurs der Gesellschaft, der von den heutigen politischen Eliten angestrebt wird. Er geht in Richtung Wissensökonomie für Academic Professionals, Flexibilisierung von Arbeit, multikulturelle Diversität, Aufhebung der Grenzen und Abschaffung von Tradition. Um die Spannungen abzubauen, die insbesondere zwischen hoch und niedrig Qualifizierten entstanden sind, muss vor allem auf nationaler Ebene das politische Vertrauen wiederhergestellt werden. Erforderlich ist ein neuer Sozialvertrag, der soziale und wirtschaftliche Sicherheit und kulturelle Kontinuität garantiert. Keine europäische Solidarität ohne nationale Solidarität!

Erleben wir einen Karl-Polanyi-Moment im aktuellen Globalisierungsprozess? Dieser österreichisch-ungarische Denker wurde vor der Corona-Krise häufig zitiert. In seinem klassischen Werk *The Great Transformation* (1944) entwickelt er eine Theorie, die starke Bezüge zu unserer Zeit zu haben scheint. Seine These lautet, kurz zusammengefasst, dass Gesellschaften, die heftigen, rasch einsetzenden Veränderungen ausgesetzt sind, in Gefahr geraten. Gesellschaften, die eine »*große Erschütterung*« erleiden – insbesondere, wenn ein ungezähmter und ungezügelter freier Marktkapitalismus weite Teile der Bevölkerung in wirtschaftliche, soziale und kulturelle Unsicherheit stürzt – laufen Gefahr, mit einem autoritär-populistischen oder gar faschistischen *Backlash* konfrontiert zu werden. Polanyi analysiert einen solchen »Moment« in der Zeit der industriellen Revolution in England und in den dramatischen Jahren der Wirtschaftskrisen 1920 und 1930, auf die, wie sich zeigte, der Faschismus und der Nationalsozialismus eine Reaktion waren. Die historische Warnung Polanyis lautet: »*Es sollte keiner Erklärung bedürfen, dass ein Prozess ungesteuerter Veränderungen, dessen Tempo als zu schnell erachtet wird, wenn möglich verlangsamt werden muß, um das Wohlergehen der Gemeinschaft zu schützen.*«

Viele Analysten sehen im weltweiten Aufstieg des Anti-Establishment-Populismus heute genauso einen *Backlash* gegen die rasche Modernisierung und interpretieren ihn als einen wirtschafts-

und kulturprotektionistischen Aufstand gegen die Folgen der Globalisierung. Vom Brexit und Trump, Le Pen und AfD, bis hin zu den populistischen Parteien Italiens.

Die Globalisierung hat die Welt viel abenteuerlicher und spannender gemacht, mehr *interconnected* und als »*Global Village*« stärker miteinander vernetzt. Sie darf sich als großen Erfolg anrechnen, dass insbesondere in Asien Millionen Arme in die Mittelschicht aufsteigen und sich emanzipieren konnten. Aber die Globalisierung hat auch große Schattenseiten und kennt viele Verlierer, vor allem in der amerikanischen und europäischen Mittelschicht.

Buchtitel sprechen hier Bände. In *The China Shock* berechnet der Ökonom David Autor, dass in den Jahren 1999 bis 2011 der chinesisch-amerikanische Handel 2,5 Millionen amerikanische Jobs gekostet hat, vor allem niedrig qualifizierte Stellen in der Produktion. In *Globalization and its Discontents Revisited: Anti-Globalization in the Era of Trump* (2018) macht Joseph Stiglitz deutlich, dass der transnationale Verkehr von Gütern, Dienstleistungen und Kapital sich insbesondere für die untere Mittelschicht in den USA und in manchen Ländern Europas als sehr ungerecht erwiesen hat. Um es mit den Worten William Galstons zu sagen:

> »A globalized economy, it turned out, served the interests of most people in developing countries and elites in advanced countries – but not the interests of the working and middle classes in the developed economies, which had done so well in the three decades after World War II.«[12]

Der Aufstand des Populismus wäre dann, im Verständnis Polanyis, die Protestbewegung gegen die wirtschaftliche und kulturelle (Neo-)Liberalisierungsbewegung der letzten Jahrzehnte. Gegen das »Unembedding« der globalen Marktwirtschaft, wodurch der nach dem Krieg zustande gekommene Sozialvertrag mit sozialer Marktwirtschaft und Wohlfahrtsstaat untergraben wurde und die soziale und wirtschaftliche Sicherheit und national-kulturelle Identität in den Augen großer Bevölkerungsteile ins Wanken gerieten. Nationalpopulismus ist, so betrachtet, eine Form der Komplexitätsreduktion in einer im Fluss befindlichen Welt. Er ist ein Cocktail aus ökonomischem und kulturellem Protektionismus in einer sich permanent verändernden Welt mit einer an Bedeutung zunehmenden Wissensökonomie für hoch qualifizierte Wissensarbeiter, in der vor allem die niedrig Qualifizierten den Kürzeren ziehen und sich »entwertet und verraten« fühlen.

Ökonomisches Erklärungsmodell

Nach Ansicht von Martin Sandbu, Analytiker bei der *Financial Times,* ist der Streit zwischen liberalem Internationalismus und nationalem Protektionismus »the battle of ideologies that will define our age«. Laut Sandbu liegt dem ideologischen Konflikt in den westlichen Ländern in erster Linie ein Verteilungsproblem infolge der Globalisierung zugrunde.

> »Profound structural economic change in almost all rich countries had increasingly separated those who reaped the benefits from those of their fellow citizens the transformation had left behind.« Sein Gegenmittel: »In a global battle of ideas, liberals must show urgently that the existing order can be made to work for everyone.«[13]

Sandbu ist, ebenso wie Joseph Stiglitz, Martin Wolf, Dani Rodrik oder Bob Kuttner, ein Anhänger des ökonomischen Erklärungsmodells für den Populismus. Es gibt eine Debatte darüber, ob der Aufstand des Populismus gegen die (vermeintlich) zerstörerischen Auswirkungen der Globalisierung vor allem eine primär wirtschaftliche oder eine primär kulturelle Ursache haben. Geht es um ein Verteilungsproblem, um die Flexibilisierung der Arbeit, um neue wirtschaftliche Ungleichheit, um die Niederlage des Faktors Arbeit gegen den Faktor Kapital? Oder geht es vor allem um diffuse Globalisierungsängste und kulturelle Ressentiments? Um Unbehagen angesichts der Auflösung von bestehenden Traditionen, Gewissheiten und Identitäten? Um das Schwinden der Nationalstaaten? Um die Folgen der Massenmigration? Ist Trauer um den Verlust der vertrauten Welt der Treibstoff für das populistische Ressentiment?

Populismus wird hier verstanden als Aufstand gegen die reale oder vermeintliche Zerstörung aufgrund von Hyperglobalisierung:

wirtschaftliche Zerstörung, soziale Zerstörung, kulturelle Zerstörung. Analysiert werden die Begriffe »Globalisierungsangst« und »Globalisierungsverlust«. Die Angst vor Statusverlust in einer sich verändernden Welt, in der die Unsicherheit zugenommen hat, sowohl auf wirtschaftlicher als auch auf kultureller Ebene: Das müssen nicht sich unbedingt ausschließende Faktoren sein. William Galston drückt es so aus:

> »Postelection analyses show that concerns about immigration largely drove the Brexit referendum and the US presidential election (...) Supporters of dynamism and diversity increasingly clash with proponents of stability and homogeneity, beneficiaries of technological change with those harmed by the resulting economic shifts.«[14]

Die Dialektik der Globalisierung

Globalisierung ist ein permanenter Prozess der weltweiten wirtschaftlichen, politischen, sozialen und kulturellen Integration, dessen zentrales Charakteristikum darin besteht, dass absolute und relative Distanzen dank der fortschreitenden Informations- und Kommunikationstechnologie, des internationalen Handels, der internationalen Produktionsketten sowie der Migration verschwinden. Globalisierung ist technologisch vorangetriebene Raum-Zeit-Verdichtung.

Der Globalisierungsprozess erzeugt zwei gegenläufige Bewegungen gleichzeitig. Auf der einen Seite wächst die Welt weiter zusammen, die Menschheit wird stärker voneinander abhängig und, aufgrund einer beispiellosen Expansion von Technologie und Kommunikation (das World Wide Web), von wechselseitigem Verkehr und fortschreitender Integration in die Weltwirtschaft, miteinander »vertraut«. Die Welt vereinheitlicht sich mehr und mehr und wird so »kleiner«. Sie wird zu einem Weltdorf. Das ist für jeden offensichtlich, der viel reist: Uniformierung bis in die hintersten Winkel des Globus.

Auf der anderen Seite aber macht derselbe Prozess der Internationalisierung die nationalen Ökonomien und Gesellschaften komplexer und diverser, weniger *in control*, weniger »vertraut«. Man kann diese gegenläufige Bewegung als »Dialektik der Globalisierung« bezeichnen. »Die Welt wird immer flacher, doch nationale Gesellschaften werden immer weniger flach«, könnte man Thomas Friedman, den Autor des berühmten Buchs »*Die Welt ist flach*« in schlechtem Deutsch paraphrasieren. *Die Welt ein Dorf, das Dorf die Welt,* so könnte man die zwei Seiten der Medaille »Globalisierung« auch knapp beschreiben. Die Welt wird also kleiner und größer zugleich. Darin steckt, in Essenz, die Spannung zwischen Kosmopolitismus und Nationalpopulismus.

Ein wichtiger, verkomplizierender Faktor dabei ist, dass die Welt vor allem für die mobilen, mehrsprachigen Hochqualifizierten, für die international Vernetzten kleiner geworden ist, während die negativen Folgen des Diverser- und Flexibler-Werdens der nationalen Gesellschaften vor allem auf die weniger international vernetzten, gering qualifizierten Gruppen abgewälzt werden. Sie sind am stärksten vom Verdrängungswettbewerb, sinkenden Einkommen auf dem Arbeitsmarkt und einer stets heterogeneren Wohnumgebung betroffen. Dazwischen ist dann noch das *Squeezed Middle,* die untere »*bedrängte*« Mittelschicht, die nicht sicher ist, ob sie international den Anschluss findet oder daran scheitern und sozial absteigen wird.

Der Sozialvertrag der Nachkriegszeit unter Druck

Es sind diese entgegengesetzten gesellschaftlichen Kräfte einer Welt im Fluss, die zu der Vertrauens- und Repräsentationskrise zwischen den niedrigen und den oberen Gesellschaftsschichten geführt haben. Die ernste Folge ist, dass der Sozialvertrag der Nachkriegszeit unter Druck geraten ist. Dasselbe gilt für die einzigartige europäische Mittelschichtgesellschaft und *High Trust Society,* die sich auf der Grundlage dieses Sozialvertrags entwickelt haben. Die Repräsentationskrise, die die politisch-gesellschaftliche Ordnung getroffen hat, bleibt nicht auf die wirtschaftliche Dimension des Prozesses der »Techno-Globalisierung« beschränkt. Nach Ansicht von Fareed Zakaria ist es vor allem die kulturelle Dimension der Globalisierung, die in ihrer Konsequenz am gefährlichsten ist, insbesondere in Westeuropa:

>»Immigration is the final frontier of globalization. It is the most intrusive and disruptive because as a result of it, people are deal-

ing not with objects or abstractions; instead, they come face-to-face with other human beings, who look, sound and feel different. And this can give rise to fear, racism, and xenophobia. But not all the reaction is noxious. It must be recognised that the pace of change can move too fast for society to digest. The ideas of disruption and creative destruction have been celebrated so much that it is easy to forget that they look very different to the people being disrupted.«[15]

Harold James stellt den wirtschaftlichen und den kulturellen *Backlash* auf eine Stufe:

»Both the economic and cultural dimension of globalisation put the system parties under pressure. This can be explained by the interplay of globalisation and technological disruption which lead to mass downward socio-economic mobility, expanding inequalities and the return of the forgotten class from European social history: the déclassé.«[16]

Populismus ist also, so gesehen, eine heftige Reaktion auf den Globalisierungsprozess, sowohl in sozialökonomischer als auch in kultureller und identitätspolitischer Hinsicht. Die Kernelemente des Populismus können in vier Kategorien zusammengefasst werden: 1. Populisten argumentieren auf Basis der Vorstellung von einem unvermischten, homogenen Volk; 2. Dieses Volk wird von einer nur an sich selbst denkenden, korrupten Elite verraten; 3. Populisten verkünden eine ernste Krisensituation; 4. Oft haben wir es mit einem starken, autoritären Führer zu tun, der angeblich »die Stimme des Volkes« repräsentiert. (Hier vor allem liegt der gefährliche, antipluralistische, antidemokratische Charakterzug eines jeden Populismus: Einwände gegen »den wahren Volkswillen« (Jan-Werner Müller) sind nicht möglich.

Grob kann man in Europa drei Arten des Populismus unterscheiden:
- Links-Populismus in Südeuropa; gegen die soziale und wirtschaftliche Ungleichheit infolge der neoliberalen Globalisierung: Podemus, Syriza, Fünf-Sterne-Bewegung. Oft nicht anti EU; für eine direkte *Bottom-up*-Demokratie.

- Autoritärer (Regierungs-)Populismus: Mittel- und Osteuropa: Orbán, Balkan, Polen, Slowakei.
- Rechtsnationaler Populismus: West- und Nordeuropa: gegen die kulturellen Folgen der Globalisierung; anti Europa, anti Migration, anti Islam. Überschneidung mit antidemokratischem, gewaltbereitem Rechtsextremismus.

Es ist vor allem die rechts-populistische Revolte, die in Europa den sozialliberalen Konsens der Nachkriegszeit am erfolgreichsten attackiert. Rechtspopulistische Anti-System-Parteien definieren sich nachdrücklich durch ihre Haltung gegen die Elite, gegen die EU, gegen Migration, gegen den Islam, gegen den Internationalismus und gegen den (Minderheiten schützenden) Rechtsstaat. Sie nutzen den Gegensatz zwischen dem »einen und unteilbaren« Volk und einer angeblich selbstsüchtigen und korrupten Elite in der Politik, in den Medien, in der Rechtsprechung und in den Unternehmen, die, laut der populistischen Logik, das »Volk« auf genau diesen Politikfeldern betrogen hat. Populistische Führer werfen sich zu Wortführern des verratenen Volks auf und streben einen Umsturz an: »*Wir sind das Volk!*« »*Die Niederlande wieder für die Niederländer.*« *America First. Take back Control.* Dies alles ist eine Kombination aus Nativismus und Nationalismus, der sich in Wohlstandschauvinismus, Eingrenzung einer nationalen oder ethnisch-kulturellen *In-Group* und dem Wunsch nach (Wiederherstellung von) nationaler Kontrolle und geschlossenen Grenzen.

Revolte der »Left Behind«

Für den Aufstieg des Populismus gibt es diverse tieferliegende Ursachen. Eine große Rolle spielt das Verschwinden des Links-Rechts-Gegensatzes aus der Politik. Mitte-rechts- und Mitte-links-Parteien haben immer öfter in Großen Koalitionen zusammengearbeitet und sind sich so immer ähnlicher geworden. Sie haben geglaubt, innerhalb des kleinen Raums, den Globalisierung und europäische Integration ihnen ließen, einen immer stärkeren TINA-Kurs (*There Is No Alternative*) der nationalen Anpassungspolitik fahren zu müssen, der eher technokratisch als politisch motiviert war. Man sah sich selbst als Deutschland GmbH oder BV Niederlande, eine Firma ohne politische Opposition. Dies hat die populistische Vorstellung von einem ineinander verflochtenen Parteienkartell und einer uniformen Elite bestätigt.

Ein »Gesetz« der politischen Wissenschaft lautet: Wer den Links-Rechts-Gegensatz aushöhlt, der ruft einen anderen Gegensatz hervor, und zwar die sogenannte populistische Trennungslinie zwischen »Volk« und »Elite«. Das passierte in Deutschland während den Großen Koalitionen, zu denen sich die politischen Gegner zusammentaten. Oder den »Violetten Koalitionen« in den Niederlanden, wo sozialistische (rot) und liberal-konservative (blau) politische Gegner brüderlich zusammenarbeiteten. Das hat den Aufstieg der Ränder auf Kosten der politischen Mitte ausgelöst und gefördert.

In diesen Zusammenhang gehört auch die Geschichte über die Hegemonie des Neoliberalismus in den Jahren 1980 bis 2000, dem sich die Christ- und Sozialdemokraten zu sehr angepasst haben. (Der Neoliberalismus bleibt allerdings ein unsauberes Konzept, das allzu leicht als »Erklärung« für alle negativen Entwicklungen angeführt wird.) Dennoch kann man sagen, dass die alten Volksparteien durch die umfassende Liberalisierung einen Verlust an politischem Profil hinnehmen mussten. Dadurch lösten sich die politischen Gegensätze im Mainstream der Politik auf, wodurch wiederum der Gegensatz zwischen Populismus und Polittechnokratie zur wichtigsten Trennlinie werden konnte, insbesondere in der europäischen Politik.

Populismus ist in großem Maße auch, jedoch nicht ausschließlich, eine »*revolt of the left behind*«, ein Aufstand der marginalisierten Regionen und zurückgebliebenen Gruppen und Berufe. In der Analyse des Erfolgs des französischen *Front National* (heute: *Rassemblement National*) trat der Begriff »*La France périphérique*« hervor. FN/RN ist in den Regionen und Städten stark, die sich vom Mainstream der sich modernisierenden und globalisierenden Gesellschaft ausgeschlossen fühlen. Viele Menschen fühlen sich dort, weit weg von Paris, als Bürger zweiter Klasse, mit einer unsicheren Zukunft, ohne sozialen Schutz und kulturelle Kontinuität. Dies ist vor allem im Norden und Osten Frankreichs der Fall, dort wo die Ruinen des industriellen Frankreichs zu finden sind. Aber auch in Deutschland sehen wir, dass die rechtspopulistische AfD aus vielerlei Gründen in den peripheren Gegenden der ehemaligen DDR besonders stark ist, dort wo die Entfernung von den politischen Eliten in ihrer globalisierenden, postindustriellen Wissensökonomie am intensivsten empfunden wird.

Warum Populismus?

Aufstand gegen die Schattenseiten der Globalisierung:

- Postindustrielle Wissensgesellschaft für *Academic Professionals only*
- Permanenter Abbau des Wohlfahrtsstaats
- Massenmigration, die das westliche Gesellschaftsmodell unter Druck setzt. Islam schwer in Einklang zu bringen mit liberalem Rechtsstaat und kulturellem Lebensstil? Rechtsextreme Reaktion
- Hyperflexibilisierung des Arbeitsmarkts, insbesondere für Jüngere. Soziale Verunsicherung
- Europäisierung der Sozial- und Wirtschaftspolitik auf Kosten der nationalen Demokratie und der nationalen Einflussnahme]

Konflikt über den zukünftigen Kurs der Gesellschaft

Was wir vor allem beobachten, ist, dass die westlichen Gesellschaften sich auf Kosten der politischen Mitte immer weiter polarisiert haben. Wir stoßen auf neue Trennlinien, die durch den Brexit und der Wahl Trumps zum amerikanischen Präsidenten deutlich sichtbar an die Oberfläche getreten sind. Wir sehen eine fast vollständige Spaltung der Gesellschaft in zwei Blöcke, die eine Hälfte steht der anderen diametral gegenüber. Das machten das Ergebnis des Brexit-Referendums und der Ausgang der amerikanischen Präsidentschaftswahl zwischen Hillary Clinton und Donald Trump deutlich. Dasselbe war seinerzeit bei den österreichischen Präsidentschaftswahlen zu beobachten. Dort traten zwei Kandidaten von den beiden gegenüberliegenden Polen an, ein grüner und ein brauner, rechtsextremer Kandidat. Die politische Mitte kam überhaupt nicht vor. Ähnliches hat es in Frankreich gegeben: Zwei Anti-Establishment-Kandidaten im Kampf um die Mehrheit: Marine

Le Pen und Emmanuel Macron (mit seiner kurz zuvor gegründeten Bewegung). Die traditionelle Mitte war so gut wie pulverisiert. Oder wie *Politico* es formulierte: »Europe's center right cannot hold. After the implosion of the moderate left, it's the conservatives‹ turn to collapse.«[17]

Wir könnten diese Bruchlinie, die quer durch die westlichen Gesellschaften hindurch verläuft, als *Clash* zwischen Establishment und Non-Establishment bezeichnen. Die Trennlinie markiert einen fundamentalen Konflikt über den zukünftigen Kurs unserer Gesellschaft. Der durch die hoch qualifizierte Politikerdemokratie eingeschlagene Weg der Globalisierung, Europäisierung, Multikulturalisierung, Hyperflexibilisierung und Postindustrialisierung stößt bei beachtlichen Teilen der Bevölkerung auf großen Widerstand. Und das ist die Revolte des Populismus.

Rund 50 Prozent der Bevölkerung scheint Schwierigkeiten mit der Globalisierung und der immer weitergehenden europäischen Integration zu haben, und widersetzt sich der Erosion des nach dem Zweiten Weltkrieg entstandenen Wohlfahrtsstaats, kritisiert die wachsende Ungleichheit und hat Probleme mit der in großem Maßstab stattfindenden Migration – vor allem der aus islamischen Ländern. Sie fürchten, dass ihr Land infolge der Transformation und der Turbulenzen am Ende nicht mehr ihr Land sein wird. Das ist der Kern des Ressentiments: ein Konflikt zwischen den hoch qualifizierten Regierenden und den niedrig qualifizierten Wählern über den zukünftigen Kurs der Gesellschaft.

Globalisierungsangst

Diese Analyse wird empirisch durch eine die großen Länder vergleichende Studie der Bertelsmann Stiftung zur Globalisierungsangst bestätigt. Der Bertelsmann-Bericht kommt zu dem Ergebnis, dass viele Bürger sich nicht länger in der eigenen Gesellschaft zu Hause fühlen. Vor allem infolge von Migration. Die Menschen haben das Gefühl, dass sie sich gleichsam im eigenen Land, in der eigenen Stadt, in der eigenen Straße integrieren müssen. Außerdem haben diese großen Gruppen von Bürgern das Gefühl, dass weder sie noch ihre Kinder von der wirtschaftlichen Globalisierung profitieren werden. Dabei sind sie von der starken Überzeugung erfüllt, dass »Menschen wie wir« gegen all diese Entwicklungen und Trends wenig machen können. Man empfindet einen Mangel an Einflussmöglichkeit und Kontrolle. Sie haben das Gefühl, dass die politische Klasse sie nicht länger repräsentiert und ihnen nicht zuhört. »Politiker machen sowieso, was ihnen am besten passt.« Darum befürwortet eine Mehrheit Volksbefragungen, um so die politische Klasse wachrütteln und korrigieren zu können.

Diese 50 Prozent bestehen vor allem aus der niedrig qualifizierten Mittelschicht. Nicht aus dem *Prekariat* am tatsächlichen unteren Rand, sondern eher die mittleren Mittelschichtgruppen, die sich eingeklemmt fühlen zwischen den akademisch geschulten Fachleuten auf der einen Seite und den Neuankömmlingen auf der anderen. Diese Gruppen fühlen sich weniger wohl in der globalisierten Wissensökonomie, in einer Welt, die (angeblich) zum *Global Village* geworden ist. Sie fühlen sich wirtschaftlich und kulturell als Globalisierungsverlierer.

Doch Populismus, im Sinne fundamentaler Kritik am herrschenden Establishment, ist keinesfalls identisch mit der niedrig qualifizierten Mittelschicht. Man betrachte nur das niederländische *Forum für Demokratie* von Thierry Baudet. Es vertritt ein nationalpopulistisches Programm für hoch qualifizierte Rechtskonservative. Oder nehmen wir die politischen Führer der AfD in Deutschland. Die sind im Durchschnitt besser ausgebildet (Goldman Sachs) und mehr obere Mittelschicht als das Personal anderer Parteien. Wer die Revolte des Populismus auf reine Soziologie reduzieren will, der macht es sich selbst zu einfach. Nationalpopulismus wird mehr und mehr auch zu einer Ideologie.

Anywheres versus Somewheres

Ungeachtet des »Thierry-Baudet-und-Alice-Weidel-Faktors« verhält es sich vorerst jedoch so, dass wir beim Populismus und Antipopulismus *grosso modo* von zwei einander gegenüberstehenden Gruppen in der Gesellschaft reden können. David Goodhart hat diese Situation treffend mit dem Ausdruck *Anywheres* gegen *Somewheres* beschrieben. Die *Anywheres* sind fortschrittliche, hoch qualifizierte, mobile Spezialisten, die sich überall auf der Welt zu Hause fühlen; sie besitzen eine internationale, kosmopolitische Mentalität.

Ihnen gegenüber stehen die *Somewheres,* die in der Nähe des Ortes leben, wo sie geboren wurden, und die oft unsichere Jobs in der privaten Wirtschaft haben. Sie sind nicht akademisch gebildet und nicht kosmopolitisch, sondern fühlen sich stark der nationalen Gemeinschaft zugehörig und oft von den höher qualifizierten Gruppen in der Gesellschaft verachtet.

Zwischen diesen beiden Gruppen, zwischen den *Anywheres* und den *Somewheres,* tobt ein kultureller, identitätspolitischer Kampf, insbesondere um Themen wie Migration, Globalisierung und europäische Integration, und dieser Kampf ist die Grundlage des populistischen Kurzschlusses zwischen höher und niedriger Qualifizierten in unserer Gesellschaft. Diese Gruppen differieren stark hinsichtlich ihres Anpassungsvermögens an eine sich ständig verändernde Welt. Das Gleiche gilt für die Wertschätzung. Höher Qualifizierte, die akademischen Spezialisten und ihre Kinder, fühlen sich wohler in der Welt der Globalisierung, der Wissensökonomie und des Multikulturalismus als Menschen mit geringerem sozialen, kulturellen und finanziellen Kapital, und das sind oft die weniger Qualifizierten.

»Anywheres« versus »Somewheres«

The Anywheres are liberal, highly literate, mobile, progressive and feel no particular attachment to place or nation. For over 50 years they have dominated the political agenda, with their support for an economic and social liberalism based on individual rights and an open society. They are university graduates whose lives are characterised by social mobility. Career progression, tolerance and social independence are their core values. In short, they tend not to live close to mum.

The Somewheres live close to where they were born, work in the private sector in insecure jobs, usually have not been to university, but do feel part of a national community from which they consider they are being increasingly excluded. In this clash of cultural identities two topics dominate the arena: the European Union and mass migration.[18]
(David Goodhart, *The Road to Somewhere,* 2017)]

Unsere sich rasch beschleunigende, individualisierte Gesellschaft produziert Gewinner und Verlierer, Erfolgreiche und Zurückbleibende. Der britische Soziologe Anthony Giddens spricht in diesem Zusammenhang von der »*High Opportunity, High Risk Society*«. Den Menschen mit Talent, Geld und Dreistigkeit bieten sich mehr Chancen als je zuvor. Für die Übrigen bringt unsere schnelle, globale Welt größere Risiken und Bedrohungen als früher.

Wie kann man der einen Gruppe – aus der unsere wirtschaftliche Innovationskraft vor allem kommen muss – ausreichend Raum geben, und zugleich der anderen Schutz bieten? Wie kann ein Sozialvertrag zwischen diesen beiden sich voneinander entfernenden Gruppen funktionieren? National und europäisch? Das ist die Kernaufgabe unserer Zeit, auch gerade jetzt, in und nach der Corona-Krise. Wie kann man Einflussnahme und Kontrolle wiederherstellen? Wie kann man dem Glauben an und dem Vertrauen in die Politik, in kollektives Handeln wieder neues Leben einhauchen?

Keine internationale Solidarität ohne nationale Solidarität

Es kann nicht gutgehen, wenn der Kurs der etablierten Politik strukturell, langfristig und grundlegend von dem abweicht, was fast die Hälfte der Bevölkerung will. Doch das ist in den letzten Jahrzehnten mehr oder weniger geschehen. Zwischen den Politikern und den Wählern ist ein Konflikt darüber entstanden, wohin sich die Gesellschaft in Zukunft entwickeln soll. Der von einem (zu) gleichförmigen Establishment eingeschlagene Weg der Globalisierung, Europäisierung, Multikulturalisierung und Postindustrialisierung ist bei großen Teilen der Bevölkerung (insbesondere der niedriger Qualifizierten) auf großen Widerstand gestoßen.

Der Bruch zwischen Politikern und Wählern wäre möglicherweise nicht so dramatisch, wenn man besser auf die Erosion der politischen Main-Stream-Parteien und auf die größer gewordene Mündigkeit der Bürger reagiert hätte, zum Beispiel mit einer politisch-demokratischen Modernisierung des Staates. Dazu war die etablierte Politik nicht fähig, und jetzt ist es zu spät. Der Geist des Populismus ist aus der Flasche. Die Volksangst (*Demophobie*) von

Politikern und höher Qualifizierten ist seitdem sehr stark gestiegen. Symbol dafür ist die in vielen Ländern geführte Diskussion über Volksabstimmungen. Dort wo früher links-fortschrittliche Akademiker große Befürworter des basisdemokratischen Instruments der Volksabstimmung waren, ist nach dem Aufstieg des Populismus die progressive Unterstützung fast ganz weggebrochen. In fortschrittlichen Kreisen fürchtet man sich plötzlich vor der direkten Demokratie, vor dem Volk.

Gesucht: Politiker, die eine Versöhnung zwischen Establishment und Populismus zustande bringen. Nicht durch populistische oder antipopulistische Führung, sondern durch postpopulistische Führung. Politiker, die das Alarmsignal »Populismus« sich wirklich bewusst machen. Die die Gefahr sehen, dass der Populismus in vielen Ländern in rechtsextremes Fahrwasser zu geraten droht, und die erkennen, dass die kulturelle und wirtschaftliche Liberalisierungspolitik der letzten Jahrzehnte sich als *unfair* und zum Teil als disruptiv für große Teile der Bevölkerung erwiesen hat. Gesucht: Politiker, die das korrigieren wollen.

Was bedeutet eine solche Korrektur? Es geht hier um eine grundlegende Anpassung des Kurses der (Hyper-)Globalisierung und Internationalisierung à la Dani Rodrik und Martin Sandbu: Umverteilung der Lasten und des Nutzens zugunsten der westlichen unteren Mittelschicht, der *Left Behind* – der Abgehängten. Und um ein den Menschen weniger weit vorauseilendes, weniger fanatisches Durchsetzen der europäischen Vereinigung (Keine Vereinigten Staaten von Europa!). Stattdessen muss ein intelligentes Gleichgewicht zwischen Nationalstaat und EU geschaffen werden, um so das Vertrauensmandat für europäisches und internationales politisches Handeln wiederzuerlangen. Um es mit den Worten Dani Rodriks zu sagen: »Wir müssen dafür sorgen, dass die wirtschaftlichen und politischen Führungseliten davon durchdrungen werden, dass wirtschaftliche Globalisierung nicht etwas ist, was uns widerfährt, sondern etwas, das wir selbst betreiben. Sie müssen verstehen, dass Globalisierung per Definition disruptiv ist. Dann können wir gemeinsam Regeln formulieren, um die Globalisierung in vernünftige Bahnen zu lenken. (…) Ab den 1990er Jahren wurde die Globalisierung zu einem Ziel an sich, anstatt ein Mittel zum Zweck zu sein.«

Entscheidend für die Rückgewinnung von Vertrauen ist, dass der Beweis dafür erbracht wird, dass Außenpolitik »hilft« und Lösungen für eine globalisierende Welt bietet: Schutz, Sicherheit und Handlungsfähigkeit. Es muss gezeigt werden, dass internationale Zusammenarbeit nationale Probleme verringert. Nicht nur rhetorisch oder im Expertendiskurs, sondern auch sichtbar und glaubwürdig für Nichteingeweihte. Und vor allem für die untere Hälfte unserer Gesellschaften.

Daraus folgt: Die europäische Politik muss zeigen, dass die EU ein Erfolg ist und einen deutlichen Mehrwert an wirtschaftlicher Stärke und Lebensqualität bringt. Dass sie keine Bedrohung darstellt oder gar »Fremdherrschaft« ist. Die Bürger müssen davon überzeugt sein, dass sie keine asymmetrische Transferunion ist (»No taxation without the feeling of representation«), dass sie kein von den großen Ländern oder Eurokraten dominiertes Projekt, sondern eine transnational orientierte Werte- und Interessengemeinschaft ist, die sich vor allem um die grenzüberschreitenden Herausforderungen kümmert (Klima, Welthandel, Sicherheit, Geopolitik, Terrorismus, Migration).

In einer unsicheren, im Fluss befindlichen Welt muss die europäische Außenpolitik die Außengrenzen regulieren, gegen unkontrollierte Migration vorgehen (Frontex) und längerfristig zeigen, dass die Grundursachen von Armut, regionalen Konflikten und Unterentwicklung, insbesondere in Afrika, tatsächlich beeinflussbar sind. Die Außenpolitik muss den Bürgern effektiv die Migrationsangst nehmen, insbesondere dort, wo die Angst vor Terrorismus und grenzüberschreitender Kriminalität hinzukommen.

Die Außenpolitik muss dazu beitragen, die Spannungen zwischen der islamischen und der westlichen Welt abzubauen, extern und intern. Vom dschihadistischen Terror bis hin zu Diaspora-Konflikten (Türken gegen Kurden, der lange Arm Erdoğans, die Finanzierung radikaler Moscheen aus dem Ausland).

Ein wichtiger Punkt hierbei ist das Flüchtlingsabkommen, dass die EU als Reaktion auf die Flüchtlingskrise mit der Türkei geschlossen hat. Dieses Abkommen ist ein Beispiel für effektive internationale und europäische Politik, denn es löste ein internationales Problem mit einer nicht zu unterschätzenden nationalen Wirkung. Es ist nicht übertrieben zu behaupten, dass das Abkommen – in Kombination mit der Abriegelung der Balkan-Route durch Ungarn und Nordmazedonien – die damals schwankende Position der politischen Mitte in Europa und Deutschland gerettet hat. Der Flüchtlingsstrom nach Deutschland schien irgendwann unaufhaltbar zu sein, und nach den Flitterwochen der *Willkommenskultur* wuchs der Widerstand dagegen immer weiter. Die Anti-Flüchtlings-Partei AfD wurde mit jeder Landtagswahl immer größer. Das EU-Türkei-Abkommen hat gezeigt, wie internationale Diplomatie und europäische Außenpolitik zum nationalen politischen Frieden beitragen können.

Das strategische Paradox scheint darin zu bestehen, dass mehr internationale und europäische Zusammenarbeit, »mehr Europa« gerade in dem Moment gefordert wird, in dem das Mandat für gemeinsame Außenpolitik auf schwachen Füßen steht. Dies bedeutet, dass insbesondere in den nationalen Demokratien und Wohlfahrtsstaaten das Mandat für Außenpolitik »verdient« werden muss. Keine internationale Solidarität ohne nationale Solidarität. Der Kurzschluss des Populismus, die große Polanyi-Erschütterung, muss zuerst und vor allem national abgeschwächt und beseitigt werden (mit Unterstützung durch transnationale und europäische Politik oder nicht). Die Wiederherstellung wirtschaftlicher, sozialer und kultureller Sicherheiten ist entscheidend als Gegenmittel gegen Globalisierungsangst und Globalisierungsverlust. Gesucht: ein erneuerter (nationaler) Sozialvertrag in Zeiten der Globalisierung. Dani Rodrik:

> »Wir suchen eine Mitte zwischen Globalisierungsbefürwortern und -gegnern: eine grundsätzliche Vorstellung, dass die Weltwirtschaft gemäßigt offen sein soll, so dass Gesellschaften – meist Nationalstaaten – und Unternehmen die Möglichkeit haben, ihren Vorteil aus einem größeren Markt zu ziehen, während sie gleichzeitig Entscheidungsfreiheit in den Fragen behalten, die sie wichtig finden. (...) Wir sind zu weit gegangen, als wir die nationalen Entscheidungen dem internationalen Handel und Kapitalmarkt untergeordnet haben. Es bedarf eines neuen Gleichgewichts, nicht um die Globalisierung zu untergraben, sondern um die Globalisierung zu retten, sowohl vor ihren Cheerleadern, den technokratischen Globalisten, als auch vor den Populisten.«

Die EU: Täter und Opfer der heutigen Populismuskrise

Was ist schiefgegangen mit Europa? Wie retten wir das europäische Projekt vor einem engstirnigen und riskanten Rückzug in den Nationalstaat? Wie bewahren wir den europäischen Geist und retten Europa sowohl vor der Eurokratie, als auch vor dem antieuropäischen Rechtspopulismus? Gibt es einen Mittelweg?

In welchem Maße berührt der Aufstand des Populismus das europäische Projekt, und in welchem Maße ist dieses Projekt verwundbar?

Eines der Grundprobleme des heutigen Europas ist, was ich als den Kurzschluss zwischen nationalen und europäischen Eliten in Sachen Europa bezeichne. Die etablierte Politik beziehungsweise die *Mainstream*-Parteien agieren in Europa unsicher und ohne Überzeugungskraft. Das hängt mit dem wechselseitigen Misstrauen zwischen Brüssel und den Hauptstädten zusammen, mit dem Unverständnis und der Fehlkommunikation zwischen der nationalen und der europäischen Ebene. Nationale Politiker und Entscheidungsträger haben die europäische Politik zu wenig internalisiert (so wie umgekehrt das Verständnis für nationale – die Wahlen betreffende – Politik im Brüsseler Europaviertel schwach entwickelt ist). Deshalb verliert man Referenden gegen die Nationalpopulisten. Darum verliert man Diskussionen bei Familienfesten. Die nationalen Eliten unterhalten selbst eine Hass-Liebe-Beziehung zum europäischen Abenteuer, über das sie zu wenig wissen und das in ihren Augen komplex und kompliziert ist. Man hat Europa an eine kleine Zahl von Experten in europäischen Institutionen delegiert. Man kommt selbst zu selten nach Brüssel, auch weil man im arroganten Brüssel rasch als Europa-Analphabet abgestempelt wird.

Zum Teil wird dieser Kurzschluss zwischen nationalen und europäischen Politikern (nicht zuletzt auch innerhalb ein und derselben Partei) durch Brüssel selbst verursacht: Die Eurokratie hat eine EU entworfen, die zu stark in Opposition zu den Nationalstaaten steht. Man hat nicht versucht, ein kluges Gleichgewicht zwischen nationaler Demokratie und europäischer Zusammenarbeit zu finden. Man macht in Brüssel gerne einen Unterschied zwischen sich, den *echten* Europäern, und den anderen, die Mitgliedsstaaten, die in den Hauptstädten, die Talmi-Europäer, die, wenn es darauf ankommt, immer das *Blame Game* auf Kosten Europas spielen oder sich nicht um Vereinbarungen und Richtlinien scheren. Diese Animosität ist kontraproduktiv.

Die hochmütige, in Brüssel kursierende Globalisierungsvorstellung vom »Ende der Nationen« (und damit auch der nationalen Demokratien, die man verächtlich für »Dinosaurier in einer globalisierenden Welt« hält), sorgt für viel böses Blut. Als wären es nicht die Mitgliedsstaaten, ohne die keine europäische Politik in die Tat umgesetzt werden kann. Als gäbe es bisher die Demokratie nachweislich nicht nur auf nationaler Ebene, und als stünde sie dort nicht auch schon immer mehr unter Hochspannung.

Europa ist zurzeit ein chaotisches, hybrides Ganzes, wo viel zu viele Implementierungen und die Ausführung der vielen tollen europäischen Pläne im Niemandsland zwischen den Mitgliedsstaaten und den europäischen Institutionen verschwinden. Die EU ist ein Oktopus, der sich kraftlos überall einmischt, und das Ergebnis ist die schlechteste von zwei Welten: schwache Nationalstaaten und ein schwaches Europa. Und das in solch einer feindlichen, rauen geopolitischen Welt wie die von Putin und Xi. Das alles hat zur Folge, dass die sogenannte Führerschaft, die die etablierte Politik in Sachen Europa gegenüber den Nationalpopulisten zeigen müsste, nicht so richtig deutlich wird.

Europa als Projektionsfläche

Viel Kritik an Europa betrifft nicht wirklich Europa selbst. Die EU ist auch in erheblichem Maße die Projektionsfläche eines allgemeinen Unbehagens an der etablierten Politik, einer allgemeinen Vertrauens- und Repräsentationskrise, die es bereits auf der lokalen und nationalen Ebene gibt, und natürlich erst recht auf der komplexen *Multilevel-Governance*-Ebene der EU. Dieses Elitenprojekt, eine Mischung aus Diplomatie und internationaler Finanzwirtschaft, bedarf ganz besonders eines Vertrauensmandats der nicht eingeweihten Bürger. Die EU ist Meta-Politik für nationale Entscheidungsträger und Märkte, *Politikerpolitik* (man muss mindestens einen Concours absolviert haben, um mitreden zu können), und damit ist sie par excellence das Ziel von Misstrauen und Anti-Establishment-Populismus.

Europa ist nicht nur das Opfer von Populismus, es ist auch Täter. Die EU hat oft schlecht geliefert und geleistet. Die sogenannte »Input-Legitimität« war immer schon problematisch (siehe die Beteiligung bei Wahlen zum Europäischen Parlament: Je mehr Zuständigkeiten das Europäische Parlament bekam, umso weniger Bürger gingen zur Wahl), doch seit der *Bing Bang*-Erweiterung, Maastricht, der Euro- und Flüchtlingskrise ist auch die Output-Legitimität problematisch geworden.

- Seit der Eurokrise hat die ständige Austeritätspolitik dazu geführt, dass in den Augen großer Gruppen von Bürgern der seit über siebzig Jahren bestehende Sozialvertrag ausgehöhlt ist. Banker gerettet, die jungen Generationen geopfert. Sozialer Kahlschlag im Süden; massenhafte Jugendarbeitslosigkeit, Hyperflexibilisierung und Arbeitsmigration in den Norden zu unfairen Bedingungen.
- Währungsunion: keine Konvergenz, sondern interne Spannungen und Uneinigkeit zwischen dem Süden und dem Norden. Jetzt wird mit dem Corona-Wiederaufbaupaket der Versuch unternommen, wieder zu einem gewissen Gleichgewicht zu gelangen, obwohl der Norden vor einer (zeitlich nicht begrenzten) Transfersolidarität stark zurückschreckt.
- Flüchtlingskrise: Binnengrenzen im Tausch gegen unkontrollierte Außengrenzen aufgegeben; keine Solidarität bei der Verteilung der Flüchtlinge; kein Fortschritt in der europäischen Asylpolitik, wodurch die Akzeptanz für die Aufnahme von Flüchtlingen erodiert.
- Es zeigt sich, dass die EU keine Garantie ist für den Erhalt der europäischen Werte Demokratie und Rechtsstaatlichkeit. Siehe die Missachtung dieser Werte durch autoritär-populistische Regierungen in Polen und Ungarn (und die hilflose Reaktion der EU darauf).
- Ursächlich für den Brexit waren nicht nur intern britische Gründe, sondern auch die Marginalisierung der Länder, die nicht Teil der Eurozone sind, und die Big-Bang-Arbeitsmigra-

tion. Der Brexit kratzt erheblich am Selbstvertrauen des europäischen Projekts.

- Durch ein One-Size-Fits-All-Regelsystem gibt es wenig Respekt für nationale und kulturelle Unterschiedlichkeit – der Kern der europäischen Identität. Gleichzeitig scheren sich viele Länder (Frankreich) nicht um Regeln und Vereinbarungen, und der Süden sträubt sich gegen Reformen, wodurch Europa in Richtung weiterer Zentralisierung und Integration gedrängt wird, obwohl es dafür kein Mandat der Wähler gibt. Das gießt Öl ins Feuer der populistischen Revolte. Sowohl im Norden wie im Süden.

Das Bild Europas wirkt wie ein unveränderlicher, nicht reformierbarer Moloch. Es gibt nur zwei Geschmacksrichtungen: das komplette Paket EU, vorzugsweise mit »mehr Europa«. Oder raus aus der EU! Das ist ein gefährliches Schwarz-Weiß-Angebot. Die Warnung des britischen Premierministers Cameron, Europa dürfe keine erzwungene Uniformität anstreben, sondern müsse Diversität zelebrieren, hätte ernster genommen werden müssen. Das Gefühl, in einem dahinrasenden, blau-gelben Zug zu sitzen, auf dessen Fahrplan man als kleines Land nur zu einem Siebenundzwanzigstel Einfluss hat, lässt Nationalpopulisten nach der Notbremse greifen. Die Illusion von *Taking back Control*.

Trotz allem ist der durchschnittliche, nüchterne Europäer nicht gegen Europa oder gegen die EU. Viele europäische Bürger werden nicht aufgrund von Nationalismus oder ordinärem Populismus zu Europaskeptikern, sondern aufgrund einer gewissen Ernüchterung darüber, was das europäische Projekt gebracht hat. Europaskepsis infolge von Enttäuschung. Die Spannungen zwischen dem Norden und dem Süden; die sperrangelweit offenen Außengrenzen; das verlorene Vertrauen darin, dass Europa gut und fair regiert wird. Die Bevölkerungen kleiner Länder haben manchmal das Gefühl, in einem Imperium mit 500 Millionen Einwohnern keine Rolle mehr zu spielen. Europaskepsis ist auch ein Kleine-Länder-Syndrom. Durch die Erweiterung sind die großen Länder größer geworden, insbesondere Deutschland und Frankreich, während die kleinen und die mittleren Länder kleiner geworden sind. Zum Beispiel die Niederlande: Dieses Land war seinerzeit eines der sechs Gründerstaaten, ist aber jetzt nur eines von 27, auch wenn es manchmal in einer höheren Gewichtsklasse boxt, als es sein Gewicht zulässt, etwa als Anführer der Sparsamen Vier *(Frugal Four)* oder der Hanseliga, in der Rolle eines »Vereinigten Königreichs in Miniatur«.

Der durchschnittliche, realistische Europäer hat in der Regel kein Problem damit, »externe Souveränität« (Verteidigung, Außenpolitik, NATO, Vereinte Nationen, Merkel in Minsk, Klima, Welthandel) abzugeben; Bedenken hingegen hat er, wenn es gilt, »interne Souveränität« in den Bereichen zu delegieren, wo die EU tief in die nationale Wirtschaft und die wohlfahrtsstaatlichen Einrichtungen eingreift. Zu denken wäre hier etwa an die Transferunion der Währungsunion, Ausgabenpolitik, Renten oder die Schattenseiten des freien Personenverkehrs (Migration, osteuropäische Kriminelle, die im Westen agieren, Terrorismus).

Der durchschnittliche Europäer befürwortet das Projekt der europäischen Integration, solange sich die Einmischung Brüssels in die Angelegenheiten der Mitgliedsstaaten in Grenzen hält. Sie ziehen eine EU, die als intergouvernementale Organisation operiert, einer neuen, über uns stehenden Staatsmacht vor.

Aber die Unterstützung für Europa ist recht dünn und uniformiert. Der durchschnittliche Hochqualifizierte in einem Land wie den Niederlanden sagt von sich, sehr stark proeuropäisch zu sein, während er aber eigentlich die europäische Politik todlangweilig und kompliziert findet. Daher verfolgt er auch nicht, was in Brüssel, Straßburg und Frankfurt passiert. Die Pro-Europa-Attitüde ist Identitätspolitik, ein Abgrenzungsstatement, womit man sich von vulgären »Das-eigene-Volk-zuerst«-Populisten distanziert und abgrenzt. Bei Studenten, den Jugendlichen der Millenniumsgeneration, fällt auf, dass sie zwar zu der sehr international orientierten *Erasmus*- und *Easyjet*-Generation gehören, dass sie aber als Network-Generation wenig mit den top-down-hierarchischen Institutionen der etablierten Politik anfangen können, einschließlich der zentralistischen europäischen Organe in Brüssel.

Keine europäische Solidarität ohne nationale Solidarität

Die Populismuskrise ist alles Mögliche, auf jeden Fall aber ist sie eine Repräsentationskrise zwischen höher und niedriger Qualifizierten in unserer Gesellschaft. Insbesondere die alten Parteien der Mitte, Christdemokraten und Sozialdemokraten, werden dadurch zerrissen. Durch diese Parteien verläuft die Trennlinie zwischen akademisch geschulten Spezialisten und ihren Kindern und der nicht akademisch geschulten Mittelschicht und deren Kindern. Der Kurzschluss zwischen diesen Gruppen findet rundum die sogenannten »Globalisierungsthemen« statt: offene Grenzen, Migration, Islam, Wissensökonomie für Hochqualifizierte *only*, die EU. Hochqualifizierte schauen (auch innerhalb der ehemaligen Arbeiterparteien) mit einer gewissen Verachtung auf den populistischen Widerstand der »praktisch Ausgebildeten« gegen die rasend schnelle Transformation der Gesellschaft. Diese »Modernisierungsverlierer« fühlen sich wie Bürger zweiter Klasse behandelt. Sie vermissen den Halt durch Beruf, Wohnort und Religion und sind zudem das Opfer der wachsenden sozialökonomischen (Chancen-) Ungleichheit. Auffallend ist, was der, wohlgemerkt mit einer roten Robe bekleidete, ehemalige Präsident des Bundesverfassungsgerichts, Andreas Voßkuhle, hierzu in einem Interview gesagt hat. Er nennt die »liberale Elite« mitverantwortlich für den Aufstieg des Populismus. In zahlreichen Gesprächen habe er wahrgenommen, dass die Menschen sich im Stich gelassen fühlen. »Viele Menschen haben das Gefühl, mit ihren Problemen alleingelassen zu werden. Sie haben den Eindruck, dass ihre Interessen nicht hinreichend berücksichtigt werden«. Das sei zwar nicht nur ein Problem der liberalen Elite, doch interessiere diese sich häufig eher für Menschen, die offensichtlich diskriminiert werden. »Das ist auch wichtig und richtig, und da machen wir gute Fortschritte.« Aber darüber dürfe man andere Menschen nicht aus dem Blick verlieren, so Voßkuhle, »die große Mitte, all jene, die nicht offensichtlich benachteiligt sind, sondern die eher unter dem Radar ein normales Leben leben«. Diesen Menschen mit ihren Problemen und Sorgen habe die Politik »vielleicht zu wenig Aufmerksamkeit entgegengebracht.«

Eine Voraussetzung für die Wiederherstellung des Vertrauensmandats für internationale und europäische Politik bei der vergessenen gesellschaftlichen Mitte ist die Wiederherstellung des (nach dem Zweiten Weltkrieg entstandenen) Sozialvertrags, der sozialen Schutz und kulturelle Kontinuität auf nationaler Ebene bot, also innerhalb der nationalen Demokratie und des Wohlfahrtsstaats. Erst dann, in dieser Reihenfolge, gewinnt die europäische Zusammenarbeit, sich auf stabilere nationale Demokratien stützend, wieder das Selbstvertrauen und die Überzeugungskraft, die notwendig ist, um in der rauen, geopolitischen Wirklichkeit von Xi, Putin und Erdoğan mitspielen zu können.

LITERATUR:

[31] Caleb Crain: »Is Capitalism a Threat to Democracy?«, in: *The New Yorker*, 10. Mai 2018.

[32] René Cuperus: »A clash within our civilisation? Op zoek naar post-populistisch leiderschap in een wereld van verbindingen«, *ESA BZ Lunchlezing*, September 2017.

[33] William Galston: The populist challenge to liberal democracy, www.brookings.edu, 17. April 2018.

[34] Nils Gilman: »Technoglobalization and its Discontents«, in: *The American Interest* (The Roots of Rage), November/Dezember 2016, Bd. XII, Nr. 2, S. 7–16.

[35] Hanspeter Kriesi/Edgar Grande u. a.: Political Conflict in Western Europe, Cambridge University Press, 2012.

[36] Robert Kuttner: Can Democracy Survive Global Capitalism, Norton, 2018.

[37] Robert Kuttner: »Crisis Of Globalization: Restoring Social Investment Is Key«, in: *Social Europe Journal*, 23. Mai 2018.

[38] Cas Mudde: »Populism in Europe: a primer«, in: *Open Democracy*, 12. Mai 2015.

[39] Jan-Werner Müller: Was ist Populismus?, Berlin 2016.

[40] Karl Polanyi: The Great Transformation. Politische und gesellschaftliche Ursprünge von Gesellschaften und Wirtschaftssystemen, 1. Aufl., Frankfurt a. M. 1978.

[41] Dani Rodrik: »We moeten de globalisering redden«, in: *De Groene*, 23. November 2016.

[42] Dani Rodrik: Economics of the populist backlash, *VOX, CEPR's Policy Portal*, 3. Juli 2017.

[43] Dani Rodrik: »Populism and the economics of globalization«, in: *Journal of International Business Policy*, 2018.

[44] Matthijs Rooduijn: A Populist Zeitgeist? The Impact of Populism on Parties, Media and the Public in Western Europe, 2013.

[45] Matin Sandbu: »Are there good types of populism? Extremes draw strength from timidity of centre«, in: *Financial Times,* 27. Februar 2018.

[46] Paul Taylor: »Europe's center right cannot hold. After the implosion of the moderate left, it's the conservatives‹ turn to collapse«, *Politico,* 21. Juni 2018.

[47] »Voßkuhle sieht ›liberale Elite‹ mitverantwortlich für Populismus‹, in: *Die Welt,* 13.05.2020.

[48] Martin Wolf: »The economic origins of the populist surge. Inequality and joblessness will fuel and sustain the wave of voters‹ anger«, in: *Financial Times,* 27. Juni 2017.

[49] Fareed Zakaria: »Populism on the March. Why the West is in Trouble«, in: *Foreign Affairs,* November/Dezember 2016, S. 15.

6

Der Mythos der europäischen Wertegemeinschaft

Wie gehen wir in Europa mit dem Problem »Einheit und Verschiedenheit« um? Das ist schon zwischen den beiden großen Begründern der europäischen Zusammenarbeit, Frankreich und Deutschland, eine schwierige, oft unausgesprochene Frage gewesen. Frankreich und Deutschland repräsentieren unterschiedliche politische Kulturen und Traditionen (zentralistisch/föderalistisch, Politik/Legalismus), und dennoch haben sie sich auf Kernprinzipien der europäischen Zusammenarbeit einigen können. In einer EU mit nun 27 Mitgliedsstaaten ist das Finden von Kompromissen zu einem immer komplizierteren Problem geworden. Wie schafft man es, dass sich Skandinavien und der Balkan, Zypern und Irland bei Fragen, in denen es um sich überschneidende europäische Werte und Normen geht, einig sind?

In europäischen Sonntagsreden und offiziellen Erklärungen geht man gerne über diese Unterschiede hinweg. Dann fallen leichthin große Worte wie »europäische Schicksalsgemeinschaft« oder »europäische Wertegemeinschaft«, aber die Konfliktlinien zwischen dem Norden und dem Süden, zwischen dem Osten und dem Westen, die es heute in Europa gibt, werden dadurch nicht weggewischt. Es ist an der Zeit, ernsthafter zu erforschen, inwieweit Europa eine Wertegemeinschaft sein will und sein kann.

Man sagt oft, die Europäische Union sei ein wirtschaftlicher Riese, aber ein politischer Zwerg, und, geopolitisch betrachtet, ist das nicht ganz falsch. Doch es gibt noch eine andere Dimension, die des *Human Development*, wie man im internationalen Jargon sagt. Das UNDP *(United Nations Development Programme)* ermittelt regelmäßig den *Human Development Index*. Dies ist ein Index für die menschliche Entwicklung, den man auch UN-Wohlstandsindikator nennt. Er misst in allen Ländern die Lebensqualität. Dabei geht es um Dinge wie das Durchschnittseinkommen, die Lebenserwartung, das Bildungsniveau und Analphabetismus, um Armut und (Un-)Gleichheit usw. Kurzum, um den Wohlstand der Durchschnittsbevölkerung. Und das ist jetzt der Punkt: Dieser Index wird nahezu vollständig von europäischen Ländern dominiert. Man kann die EU daher auch zurecht als die *Quality-of-Life-Superpower* oder als *Wohlstandsgroßmacht* bezeichnen.

Im Vergleich zu den wirklichen Supermächten, China und Amerika, weicht Europa in diesem Punkt ab, mit allen Vorbehalten, die dazugehören. In China hat die menschliche Entwicklung, wenn man sich die gesunkene Armut und den gestiegenen Mittelschichtwohlstand anschaut, in den letzten Jahrzehnten spektakuläre Fortschritte gemacht. Doch die politischen Menschenrechte und die elementaren Grundrechte respektiert der autoritäre Einparteienstaat nicht. Im Gegenteil, sie werden tagtäglich mit Füßen getreten (Uiguren, Dissidenten, Hongkong, *The Great Firewall*).

Amerika ist seit dem Zweiten Weltkrieg die weltweit tonangebende liberale Demokratie. Doch in den Vereinigten Staaten werden die sozial-ökonomischen Menschenrechte weniger gut umgesetzt und respektiert als in den meisten EU-Ländern. Das Fehlen einer umfassenden Gesundheitsversorgung für alle, das Nichtvorhandensein eines sozialen Auffangnetzes, die himmelschreiende (teilweise auf Hautfarbe beruhende) Ungleichheit zwischen (Chancen-)Reichen und Chancenlosen, die weitverbreitete Kultur der Gewalt mit Waffenbesitz, der »*War on Drugs*« und eine ungeheuer große Zahl von Gefängnisinsassen: Das alles gibt es in Amerika in einem Maße, das mit Europa nicht vergleichbar ist.

Europa mag vielleicht aufgrund seiner Uneinigkeit geopolitisch oft nicht in der Lage sein, auch nur eine kleine Veränderung durchzusetzen (wie zum Beispiel die Rolle der EU im Mittleren Osten zeigt), doch was die beinahe ideale Mischung aus sozialen und politischen Grundrechten angeht, die viele europäische Staaten geschaffen haben, verhält es sich anders. Auf den ersten Plätzen des *Human Development Index* 2020 stehen skandinavische und westeuropäische Länder (sowie Hongkong und Australien).

Die meisten Mitgliedsstaaten der Europäischen Union haben sich, gezeichnet durch die Narben ihrer tragischen Geschichte im 20. Jahrhundert, zu liberalen Rechtsstaaten *und* solidarischen Wohlfahrtsstaaten entwickelt. In ihnen wurden die Werte Gleichheit, Freiheit und Respekt vor Minderheiten und dem Individuum so gut wie möglich ins Gleichgewicht gebracht. Und diese Werte sind es auch, die in den Europäischen Verträgen eine zentrale Rolle spielen. Neue Mitgliedsstaaten müssen sich per Unterschrift zu diesen bekennen, bevor sie in die EU aufgenommen werden können. Susan Neiman vertritt sogar die Ansicht, die Europäer bildeten ein »*demos*«, wenn man ihre identischen Errungenschaften an sozialen Rechten in den Blick nimmt, deren deutlichstes Beispiel die Lohnfortzahlung im Krankheitsfall ist.

Wenn der Begriff nicht politisch bereits so stark besetzt wäre, könnte man Europa (in der Summe seiner nationalen, sozialen Rechtsstaaten) im Vergleich zu China und den USA als real existierende »soziale Demokratie« bezeichnen, in der die sozialen und politischen Grundrechte bis zu einem gewissen Maß (und leider weniger evident als früher) ein Korrektiv zum globalen Kapitalismus und zum autoritären politischen Modell darstellen. Weder ein »Superstaat« wie China, noch ein »Supermarkt« wie die USA.

Das europäische Paradox: ein kooperatives Mosaik

Man kann Europa also als eine soziale und demokratische Wertegemeinschaft bezeichnen, die über eine hohe Lebensqualität und eine stabile Rechtsstaatlichkeit verfügt. Das heißt aber nicht, dass es keine großen Niveauunterschiede innerhalb dieser Gemeinschaft gibt. Der Mindestlohn in Luxemburg oder den Niederlanden ist mindestens sechsmal so hoch wie in Bulgarien. Man sagt sogar, dass die sozial-ökonomischen Unterschiede in Europa erheblich größer sind als die zwischen den amerikanischen Bundesstaaten. Den schwedischen Wohlfahrtsstaat kann man nicht mit dem rumänischen vergleichen. Von einer Vergleichbarkeit des deutschen Rechtsstaats mit dem ungarischen ganz zu schweigen. In dem Wertekonsens über Demokratie und Rechtsstaat sehen wir also große Interpretations- und sozial-ökonomische Niveauunterschiede. Ursache dafür sind nicht selten politisch-kulturelle Unterschiede zwischen den Ländern, die oft einen historischen Ursprung haben.

Die Schönheit Europas besteht gerade in seiner großen, historisch gewachsenen kulturellen Vielfalt und den unterschiedlichen Traditionen. Fast nirgendwo auf der Welt findet man auf kleinem Raum so viele unterschiedliche Sprachen, Religionen und kulturelle Traditionen. Europa ist ein Paradies der kleinen Nationalstaaten.

Wir stoßen hier auf etwas, das ich als *europäisches Paradox* bezeichnen möchte: Wie kann man kulturellen Pluralismus erhalten und dennoch zu einer fruchtbaren und von einer breiten Mehrheit getragenen europäischen Politik kommen? Wie kann man in Europa nationale und politisch-kulturelle Unterschiede respektieren und diese dennoch in Kompromisse umsetzen, die eine funktionierende, nicht einengende Zusammenarbeit möglich machen?

Europa ist vielleicht auf dem Niveau der politisch-demokratischen Systemwerte (sozialliberaler Rechtsstaat) zu einer gewissen Konvergenz gelangt (die übrigens durch Victor Orbáns Ungarn wieder schwer auf die Probe gestellt wird, aber darüber später mehr), doch darunter verbirgt sich sehr wohl eine ganze Spanne von unterschiedlichen Werten und Mentalitäten. Es ist daher äußerst schwierig, von »geteilten europäischen Werten« zu sprechen: »den Europäer« oder »die Europäerin« gibt es nicht.

Nicht alle diese Unterschiede lassen sich auf historische Klischees wie Nordeuropa contra Südeuropa oder germanisches Europa contra slawisches oder romanisches Europa zurückführen, obwohl auch diese geschichtlichen Hintergründe immer noch eine Rolle spielen. Dies gilt auch für jüngere historische Erfahrungen wie die Besetzung Zentraleuropas durch die Sowjets oder die Überwindungen der Diktaturen in Südeuropa. Diese unterschiedlichen Erfahrungen haben die mentale Einstellung, mit der man sich zum europäischen Projekt verhält, jeweils anders getönt. Man kann sagen, dass jedes Land auch deshalb sein eigenes »Europa« visualisiert, seinen eigenen idealen Entwurf von Europa geschaffen hat. Ein »griechisches Europa«, ein »deutsches Europa«, ein »irisches Europa« oder ein »ungarisches Europa« stehen nebeneinander. Jedes Land hegt sein eigenes Europa als Ideal, als Projektionsfläche und Endziel, was auch die Missverständnisse, Unstimmigkeiten und Konflikte in der europäischen Zusammenarbeit erklärt.

Zu nennen wäre etwa der Konflikt zwischen Ost- und Westeuropa über »*the rule of law*«, die unterschiedlichen Ansichten über die Wirtschafts- und Finanzpolitik in Nord- und Südeuropa. Oder nehmen wir nur die unterschiedlichen Einstellungen in West- und Ostdeutschland.

Europa ist ein herrliches Mosaik aus kulturhistorischen Unterschieden. Doch gerade diese Palette an Unterschieden hat Europa in seiner Geschichte auch dort so gefährlich konfliktreich gemacht, wo nationale Kultur, nationale »Minderheiten« und nationale Grenzen nicht zusammenfielen, sondern Konflikte auslösten. Oder wenn ein Land sein Auge auf das Land eines anderen geworfen hatte, über die Grenze hinweg.

Es war immer schon das Problem Europas, dass der Kontinent zu groß und zu unterschiedlich ist, um von einem zentralen Ort aus regiert zu werden, während zugleich das ungleichgewichtige System aus großen und kleinen Nationalstaaten im Laufe der Geschichte Europa das Rezept für Konflikte und Kriege war. Die *raison d'être* der EU ist es aber nun, eine Antwort auf dieses potenziell gefährliche Mosaik zu bieten.

Bei der europäischen Zusammenarbeit geht es, in erster Linie, um einen friedlichen Umgang mit den Unterschieden und um die Verhinderung möglicher Konflikte wegen dieser Unterschiede. Deshalb gibt es in der EU eine gewisse Relativierung von Landesgrenzen (freier Personenverkehr, Schengenabkommen), wodurch das Problem der Anwesenheit von kulturellen Minderheiten in einem anderen Land nie wieder die explosive Kraft von früher erreichen kann. Siehe die ungarische Minderheit in Rumänien oder die Befriedung des Balkans. Dass es im Europäischen Rat, im Europäischen Parlament und im europäischen Beamtenapparat eine permanente Zusammenarbeit zwischen dem Norden und dem Süden, dem Osten und dem Westen, zwischen romanischen, slawischen und germanischen Sprachen gibt, macht die EU zu einem wunderbaren Projekt.

Aber es wäre eine gefährliche Illusion zu glauben, man habe mit der Ordnung des europäischen Mosaiks die kulturellen Unterschiede ganz und gar aus der Welt geschafft. Es wäre trügerisch zu denken, durch die europäische Zusammenarbeit habe man die nationale Kultur und Geschichte ausgelöscht und ab der *Stunde null* neue Europäer entstehen lassen, die nicht durch nationale Identität oder historische Wurzeln belastet sind.

Wer von einer solchen *Tabula rasa* ausgeht, macht einen großen und gefährlichen Denkfehler. Es wurde in diesem Buch schon mehrfach gesagt: Wer nationale Identitäten und nationale Kulturunterschiede postnational leugnen oder tabuisieren will, der riskiert, mehr Nationalismus und europäischen Konfliktstoff hervorzurufen und so die dauerhafte Stabilität des europäischen Projekts zu gefährden. Man hängt einer gewagten Illusion an, wenn man behauptet, Europa sei kulturell und normativ eine Einheit. Man kann die Geschichte ebenso wenig auslöschen wie den demokratischen Pluralismus. Der Niederländer Mathieu Segers, Professor für europäische Geschichte und Integration, sagt es so: »Es war lange Zeit tabu, die Kulturunterschiede in Europa, die es auf jeden Fall gibt, anzuerkennen. Bis heute wurden diese Unterschiede immer durch Politik verdeckt, doch die Zeit ist vorbei. Wenn man so tut, als gäbe es keine Unterschiede, als müssten alle gleichbehandelt werden, dann macht man den Menschen etwas vor. Dann tut man so, als wären alle Europäer gegeneinander austauschbar. Das ist eine Annahme, die nicht länger haltbar ist.«

Die kulturpolitischen Bruchlinien in Europa

Man muss kein Samuel Huntington sein und eine Theorie über den *Clash of Cultures* aufgestellt haben, um in Europa kulturhistorische Bruchlinien zu entdecken und zu analysieren. Die älteste Bruchlinie geht zurück auf die die Römer: die Grenze zwischen dem Europa der romanischen Sprachen, wo die römische Besatzung einen bleibenden Einfluss hatte, und dem »germanischen«, das nicht dauerhaft von den römischen Legionen besetzt war. Die Germanen, das waren die »Barbaren« nordöstlich des *Limes,* jenes Walls, der die Grenze des Römischen Reiches bildete. Der Rhein war die symbolische Trennlinie zwischen dem romanischen und dem germanischen Europa. Die kulturelle Teilung Europas entlang des Rheins hat sich tief in das Gedächtnis Europas eingeprägt. Sie wurde zu einem Teil unserer »mentalen Landkarte«. In Form von Feindbildern, Stigmatisierungen und Vorurteilen, die bis heute ihre Wirkung nicht ganz verloren haben. Der niederländische Kulturhistoriker Thomas von der Dunk beschreibt es so:

»Germanien versus Romania – das ist heute, so will es der herr-
schende Gedankengang nun mal grob-protestantisch gegenüber
katholisch, demokratisch gegenüber autoritär, bescheiden gegenüber ausgelassen, integer gegenüber korrupt. (...) Die Kulturgrenze
zwischen eleganter Unaufrichtigkeit und offenherziger Grobheit,
das Europa des Biers gegen das Europa des Weins, das Europa
der Orgel gegen die Operette, der Ethik gegen das der Ästhetik.
›Kultur‹ gegen ›Zivilisation‹.«
(Thomas Mann, Gedanken im Kriege, 1914)

Der amerikanische Politologe Samuel Huntington druckte vor
zwanzig Jahren in seinem Buch *The Clash of Civilizations* eine Karte
ab, auf der die Ostgrenze der westlichen Zivilisation eingezeichnet
war. Diese Grenze verläuft zwischen Finnland und Russland, öst-
lich der baltischen Staaten, durch den Osten Weißrusslands, quer
durch Rumänien und macht dann einen Knick nach Westen, durch
Serbien und Bosnien-Herzegowina. Huntington zählte den Osten
der Ukraine also zur westlichen Zivilisation, Bulgarien, Griechenland, Albanien und auch die Türkei jedoch nicht.

Huntington zog diese Linie nicht aufs Geratewohl. Diese Grenz-
ziehung beruht auf politischen, kulturellen und religiösen Unterschieden. Westlich der »Huntington-Linie« notiert er: westliches
Christentum um 1500. Auf der anderen Seite: orthodoxes Christentum und Islam. Die Grenze geht zurück auf das Schisma von 1054,
als das Römische Reich endgültig in einen westlichen und einen
östlichen Teil zerfiel. Es gab von da an ein römisch-katholisches Europa und ein byzantinisch östlich-orthodoxes Europa (das später zu
einem ottomanischen Europa wurde).

Im 16. Jahrhundert kam noch eine weitere, religiös-kulturelle
Grenzlinie hinzu, die zwischen dem nördlichen Protestantismus
und dem südlichen Katholizismus. Sie geht zurück auf die Reformation Martin Luthers und Johannes Calvins. Die Reformations-
grenze wird oft als eine dauerhafte Mentalitätsgrenze betrachtet,
da die beiden Konfessionen zu unterschiedlichen Geisteshaltun-
gen geführt hätten. Zwischen dem Norden und dem Süden gibt es
wechselseitig stigmatisierende Klischeevorstellungen. Ein Beispiel
dafür ist die berühmte These Max Webers, der behauptet, die Protestanten seien aufgrund ihres Arbeitsethos‹, ihrer Nüchternheit

und ihrer Sparsamkeit die Erfinder des Kapitalismus. Protestanten pflegten (bis in der heutigen Währungsunion?) eine »Schuldkultur«, während der katholische Süden eine mediterrane, auf Scham und Ehre basierende Kultur entwickelt hätten.

Katholiken fühlen sich in der großen Mutterkirche wohl, unter der alleinigen Führung des Papstes, während Protestanten bei Meinungsunterschieden ein Schisma herbeiführen und eine neue Konfession gründen, vorzugsweise ohne eine hierarchisch übergeordnete Instanz (»Souveränität im eigenen Kreis«, heißt das im niederländischen Protestantismus). Ist es Zufall, dass die skandinavischen Länder, ebenso wie die Briten, ein distanzierteres Verhältnis zur europäischen Integration haben? Ist es Zufall, dass die niederländischen Protestanten sich lange Zeit sehr vor einem »katholischen Europa«, vor einem Europa-Vatikan fürchteten? Man kann sich fragen, wie prägend diese Einflüsse in Anbetracht der weitgehenden Säkularisierung, die es in Europa gegeben hat, immer noch sind. Die einst streng calvinistischen Niederlande wandelten sich zu einem »progressiven, ethischen Laboratorium«, in dem es die weltweit erste gleichgeschlechtliche Ehe gab und eine umstrittene Sterbehilferegelung praktiziert wird, während das einst katholische Spanien einen Spitzenplatz bei der Gleichstellung von Frauen einnimmt, zum Beispiel was die Partizipation von Frauen am Arbeitsmarkt angeht.

Wir dürfen aber auch nicht nur gebannt auf die weit in der Zeit zurückliegende Geschichte starren, auf das Schisma oder die Reformation. Es gibt auch mehr zeitgenössische Ereignisse und Entwicklungen, die das kollektive nationale Gedächtnis und die nationale Kultur der einzelnen Länder in starkem Maße beeinflusst und geprägt haben. Zum Beispiel die Tatsache, ob ein Land von den Nazis besetzt war oder nicht. Ob es im Ersten Weltkrieg ein blutiges Schlachtfeld war oder nicht. Ob es nach dem Zweiten Weltkrieg von der sowjetischen Armee besetzt war oder nicht.

So gibt es auch einen Teil von Europa, der durch die kulturelle Revolution der Jahre von 1960 bis 1980 – von Postmaterialismus, Posttraditionalismus, Individualismus, Feminismus, Säkularisierung – stärker betroffen war, und ein Europa, das traditioneller und konservativer geblieben ist. Auch dies ist eine nicht unwichtige Tatsache, wenn man den aktuellen Kulturstreit in Europa verstehen und erklären will, etwa den zwischen Ost- und Westeuropa oder auch den zwischen *Ossis und Wessis*.

Aus dieser Art von sozio-kulturellen Unterschieden kann man kein wirklich unumstößliches Wissen ableiten, und sie können daher auch kaum der Leitfaden für europäische Politik sein. Dennoch sind in diesem »historischen Archiv« von Werten und Erfahrungen durchaus die unterschiedlichen Mentalitäten und Einstellungen verborgen, die man im europäischen Mosaik – innerhalb der einzelnen Länder und zwischen ihnen – entdecken kann. Kluge Politiker und Entscheidungsträger werden sich hierzu zu verhalten wissen.

Solche Kulturunterschiede in Europa werden von der weltweiten Mentalitätsforschung bestätigt, wie sie der berühmte niederländische Soziologe Geert Hofstede betreibt. Er hat in seinem Buch *Allemaal andersdenkenden. Omgaan met cultuurverschillen* (Lauter Andersdenkende. Mit kulturellen Unterschieden umgehen) die »software of the mind« in sehr vielen Nationalkulturen untersucht. Dabei hat er gezeigt, dass es beachtliche Unterschiede zwischen den nationalen Kulturen gibt, auch in Europa. Dabei handelt es sich um Unterschiede im Denken über »Machtverzicht«, Individualismus versus Kollektivismus, Maskulinität versus Femininität, Risikovermeidung und (In-)Toleranz für Unsicherheit. Diese fundamentalen Kulturunterschiede sind, laut Hofstede, in erheblichem Maße auf die historische Evolution von Kulturen zurückzuführen.

Den Unterschieden bei den europäischen Werten kommt man auch gut im *Atlas of European Values* auf die Spur. Die »*European Value Study*« untersucht die Ansichten der Europäer über Religion, Politik, Gesellschaft, Familie und Europa. Die Resultate werden auf Karten im genannten Atlas präsentiert. Sie zeigen deutliche Muster und Trends in ganz Europa. Eigentlich hat dieser Atlas den falschen Namen, denn die zentrale Schlussfolgerung aus dieser großen Untersuchung der Werte ist, dass es eigentlich keine gemeinsamen europäischen Werte gibt, dass man kaum Werte benennen kann, die alle Europäer miteinander teilen. »Den Europäer« gibt es nicht.

Eine weitere interessante Schlussfolgerung ergibt sich aus dem Werteatlas: Dass »an die Stelle des Christentums, das lange Zeit das dominante Wertesystem in Europa war, kein neuer, zusammenhängender Kanon, etwa ein säkulares, postmaterialistisches Wertesystem, getreten ist. Wir haben es heute eher mit einer Aufsplitterung von Wertesystemen zu tun. Europa als kulturelle Einheit existiert nicht. Zwar entwickeln sich alle Länder in eine ›moderne‹ Richtung, doch jedes Land hat sein eigenes Tempo und Muster.«

Ein kurzer Besuch auf der Website *www.atlasofeuropeanvalues. eu* und ein Blick auf die vielen grafischen Karten dieses Forschungsprojekts zeigt sofort, wie unterschiedlich in Europa über Werte, Normen und politische Fragen gedacht wird. So gibt es deutliche Unterschiede in der demokratischen Einstellung. In manchen Ländern ist man der Ansicht, die Demokratie sei »zu unentschlossen und zu geschwätzig«, während man anderswo hingegen »eine hohe Bereitschaft zum Streiken hat und gerne Fabriken besetzt«; in anderen Ländern spielt Religion eine wichtige Rolle bei der Erziehung und in wieder anderen ganz und gar nicht. Es ist faszinierend, den Farbabstufungen zu allen möglichen Fragen auf den europäischen Karten zu folgen, doch unter allen Karten gibt es praktisch keine einzige homogene Normen- oder Wertekarte. Wieso *ever closer Union?* Wieso europäische Einheit?

Die Ironie dieses Forschungs-Atlas ist, wie schon gesagt, dass er seinen eigenen Titel Lügen straft: Der *Atlas of European Values* würde besser *Atlas of non-European Values* heißen. Es gibt zwar sehr viel Werte in Kontinentaleuropa, aber man kann nicht einfach sagen, darunter seien auch gemeinsame, geteilte europäische Werte, auf die sich die Europäische Union selbstverständlich stützen könnte.

Doch wie weltfremd muss man eigentlich sein, um dies für ein überraschendes Ergebnis zu halten? Man spricht in politikwissenschaftlichen Kreisen nicht gerne über Kulturunterschiede oder nationale Unterschiede auf dem Gebiet der Normen und Werte. Das ist nicht chic, denn es stört nun mal das die nationale Identität übersteigende europäische Projekt. Außerdem kann man Kultur und Identität kaum wissenschaftlich definieren, weil diese Phänomene mehr in das Reich der Emotionen, der Perzeption und Vorurteile gehören, das wir deshalb lieber nicht betreten. Bestenfalls geht es um *Imagined Communities* (Benedict Anderson), um *gefühlte Communities*. Mit Fähnchen winken und die Nation bejubeln, das überlassen wir gern den Bauchgefühlmenschen. Ein Beispiel für vorurteilsbehaftete Hochqualifizierung, für elitäres Wegschauen auf Kosten relevanter Wirklichkeiten.

Denn es ist für jeden offensichtlich, dass es innerhalb von Ländern beachtliche Kulturunterschiede gibt, wie die zwischen Nord- und Süddeutschland, zwischen Bayern und Schleswig-Holstein. Oder zwischen dem protestantischen Norden der Niederlande und dem katholischen Süden. Wie groß müssen dann erst die Unterschiede zwischen einem Finnen aus Lappland und einem Portugiesen aus dem Algarve sein. Oder einem Franzosen aus Paris und einem Rumänen aus Cluj? Wer so tut, als habe man es hier mit lauter vergleichbaren Europäern zu tun, die sich auf dieselbe Weise von Chinesen, Afrikanern oder Amerikanern unterscheiden, der hat nicht gut nachgedacht.

Zugegeben, wir betreten hier ein sehr komplexes Terrain mit vielen Fußangeln und Fallgruben. Es ist wichtig, Kulturunterschiede zu erkennen, sie zu benennen und sie zu berücksichtigen, ohne in essenzialistische Definitionen von (nationaler) Kultur zu verfallen. Kultur ist nicht statisch, sondern verändert sich permanent. Ebenso ist es ethno-rassistisch, Kultur ausnahmslos in ethnischen Kategorien zu denken, als wäre Kultur angeboren und nicht erworben. Vor dem Hintergrund historischer Erfahrung ist es genauso falsch, Kulturunterschiede rigoros in gut und schlecht, in überlegen und minderwertig zu unterteilen. Das ist Nationalismus in seiner perversesten und konfliktträchtigen Erscheinung.

Hinzu kommt noch dies: Neben den Kulturunterschieden gibt es auch homogenisierende Kräfte wie die des Modernisierungsprozesses im 20. Jahrhundert, die weltweit wirken und die aus der Welt ein »Global Village« machen, eine »flache Welt«.

Ein interessantes Beispiel hierfür ist die umfassende Verbreitung der gleichgeschlechtlichen Ehe, die lange in vielen Kulturen und religiösen Traditionen ein überaus kontrovers diskutiertes Tabuthema war. Hier hat es in den letzten Jahren eine große Veränderung gegeben. Die Akzeptanz der gleichgeschlechtlichen Ehe ist inzwischen sogar bis in früher konservativ-christliche Staaten Amerikas vorgedrungen, und bis nach Taiwan in Asien und bis in viele andere Länder (nicht aber in die »homo-freien Zonen« in Polen).

Schon dieses Beispiel zeigt, dass Kulturen nicht in Stein gemeißelt sind. Gerade in einer stark verflochtenen globalisierenden Welt, in der es viel Austausch, Handel, Tourismus, soziale Medien und Migration gibt, vollzieht sich die kulturelle Transmission schneller denn je. Kulturen übernehmen Elemente aus anderen Kulturen, sie sind Teil einer weltumspannenden Konsumkultur und so weiter. Doch schlichte postnationale Uniformität wird nie das Endresultat einer solchen globalisierenden Welt sein, und auch nicht in Europa.

Das Fehlen von Einförmigkeit kann auch eine Stärke sein. Man kann das europäische Mosaik als ein fortwährend arbeitendes *Trial-and-Error*-Labor betrachten, in dem unterschiedliche Erfahrungen miteinander verglichen werden können. So zum Beispiel die unterschiedliche Vorgehensweise bei der Bekämpfung der Corona-Krise und ihrer Folgen in den verschiedenen Ländern: freiheitlich-liberal in Schweden, streng zentralistisch in Frankreich. Es ist wichtig, aus verschiedenen Ansätzen zu lernen, indem man sie miteinander vergleicht. Heterogenität kann einen Mehrwert gegenüber falsch ausgerichteter Einförmigkeit haben.

Der Kern ist, wie vom niederländischen Autor und Publizisten Syp Wynia dargelegt: »Geschichte, Sprache und Kultur kann man nicht abschaffen.«

»Die idealistischen Antreiber der europäischen Vereinigung hatten und haben aus verständlichen Gründen von der Geschichte genug. Sie dachten und denken, ein europäisches Utopia bauen zu können, indem sie die Geschichte abschaffen und Kultur und Geografie negieren: Ein Europa, in dem jeder Bürger Europas ist, Bürger, die sich als Europäer fühlen und europäisch denken, wo überall Friede und Wohlstand herrscht und Solidarität geübt wird, von Norden nach Süden, von Osten nach Westen und umgekehrt. Das wird nicht passieren. Geschichte, Sprache und Kultur schafft man nicht ab.«

Die Werte der Union

»Die Werte, auf die sich die Union gründet, sind die Achtung der Menschenwürde, Freiheit, Demokratie, Gleichheit, Rechtsstaatlichkeit und die Wahrung der Menschenrechte einschließlich der Rechte der Personen, die Minderheiten angehören. Diese Werte sind allen Mitgliedsstaaten in einer Gesellschaft gemeinsam, die sich durch Pluralismus, Nichtdiskriminierung, Toleranz, Gerechtigkeit, Solidarität und die Gleichheit von Frauen und Männern auszeichnet.«

So lautet der Artikel 2 des offiziellen europäischen Grundgesetzes (Vertrag von Lissabon, am 1. Dezember 2009 in Kraft getreten). Der Artikel lässt keine Zweifel aufkommen: Die Europäische Union ist eine Union mit gemeinsamen Werten, sie ist eine Werteunion. Wir sehen hier die Kodifizierung des Nachkriegswertekonsens in europäischen Gesetzestexten: der liberal-demokratische Rechtsstaat, Menschenrechte und individuelle Freiheitsrechte, der soziale Rechtsstaat oder Wohlfahrtsstaat (Gerechtigkeit, Solidarität), der Feminismus der Siebzigerjahre (Gleichheit von Mann und Frau), Antirassismus und Anti-Antisemitismus (Beachtung von Minderheiten).

Man kann hierin die europäische Spezifizierung der universellen Erklärung der Menschenrechte oder die *Vier Freiheiten* Roosevelts sehen: Meinungsfreiheit, Religionsfreiheit, Freiheit von Not und Freiheit von Furcht. Dieser Artikel über die Werte der Union ist nicht unverbindlich. Er muss im Zusammenhang mit Artikel 7 gesehen werden, worin ein Prozedere festgelegt ist, mit dem einem Mitgliedsstaat, der die Werte der Union nicht respektiert, gewisse Rechte entzogen werden können. Die Achtung der Werte ist, laut Artikel 49, auch eine Bedingung für den Beitritt zur Union.

Der Fall »illiberales« Ungarn

Wir wissen alle, dass die gegenwärtige Situation in Polen und mehr noch in Ungarn ein brennendes Problem darstellt. Dort gibt es Entwicklungen, die ganz offensichtlich nicht im Einklang mit den fundamentalen, demokratischen Werten der Union sind. So hat Ministerpräsident Orbán die Corona-Krise zum Anlass genommen, den illiberalen »Notstand« auszurufen, um dann per Dekret zu regieren. Danach hat er die LGTBI-Rechte in Ungarn bewusst attackiert. Früher schon beschränkte er die Rechte der Judikative, der Medien und der Opposition. Durch diese Maßnahmen wurden die pluralistische Demokratie und der liberale Rechtsstaat in Ungarn schwer beschädigt, ebenso wie die Meinungs- und Pressefreiheit. *Freedom House* hat den Status Ungarns heruntergestuft und betrachtet das Land nicht länger als Demokratie.

Was kann die EU tun, wenn ein Mitgliedsstaat nach freien und demokratischen Wahlen sich mehr und mehr von einer europäischen Demokratie in einen illiberalen, autoritären Staat verwandelt? Was kann die EU gegen »*Democratic Backsliding*«, das *Abrutschen der Demokratie* innerhalb der Union unternehmen? Bis heute hat man noch keine wirkungsvolle Lösung für dieses Problem gefunden. Am Europäischen Gerichtshof sind mühsame Prozesse anhängig. Wichtig bleibt daneben, dass die EU (und einzelne Mitgliedsstaaten) verurteilende Erklärungen veröffentlicht, und sei es auch nur, um so den Bewohnern Osteuropas, die Opfer der antidemokratischen, autoritären Maßnahmen geworden sind (Journalisten, Forscher) ein Zeichen der Solidarität zu senden und ihnen Mut zu machen. Der Weg über den Europäischen Rat der Staats- und Regierungschefs hat sich wegen des Vetorechts bisher stets als Sackgasse erwiesen. Inzwischen ist man aber dabei zu versuchen, die Auszahlung europäischer Gelder an die Rechtsstaatlichkeitskriterien zu koppeln. Beim COVID-19-Treffen des Europäischen Rats hat man – unter lautem Protest des ungarischen Ministerpräsidenten Orbán – dazu erste Schritte unternommen. Diese Vorgehensweise scheint aber eine gewisse Perspektive zu bieten: »*Defunding the autocrats*«.

Europa hat dieses »Abrutschen der Demokratie« nicht erwartet und nicht vorhergesehen. Beim Beitritt der zentraleuropäischen Länder war man stillschweigend davon ausgegangen, dass sie, nach Jahrzehnten der totalitären Besatzung, die demokratische Freiheit automatisch umarmen würden, dass sie immun gegen autoritäre Tendenzen wären.

Der postkommunistische Übergang sollte dennoch anders verlaufen. So entstand in den Visegrád-Staaten große soziale Ungleichheit zwischen den Gewinnern und den Verlierern des Systemwandels. Vom Joch der sowjetischen Besatzung und des Kommunismus befreit, entstanden traumatisierte, nationalistische Staaten, die sich gegen den großen Einfluss, den westliche Unternehmen auf ihre neuen Ökonomien nahmen, wehrten, die sich gegen Einmischung aus Brüssel und gegen die dekadente, postmaterialistische Kultur Westeuropas wehrten.

Ivan Krastev und Stephen Holmes kommen in *Das Licht, das erlosch* zu dem Ergebnis, dass nach dem Fall des Eisernen Vorhangs in Zentraleuropa ein »*Zeitalter der Nachahmung*« angebrochen war: »Es liegt auf der Hand, dass das vorrangige Ziel der Revolutionen von 1989 darin bestand, ununterscheidbar westlich zu werden.« Aber Zentraleuropa wurde nur zum Teil westlich-wohlhabend. Stattdessen gab es einen *Braindrain* talentierter junger Menschen, die scharenweise in den Westen gingen. Der gescheiterte Versuch, den Westen zu kopieren, führte zu Frustrationen und Ressentiments. Sie sollten den Nährboden für die nationalpopulistischen Regierungen in Polen, in der Slowakei und in Ungarn bilden, in denen es beachtliche Korruption und Vetternwirtschaft gibt, und die auch nicht vor der Einschüchterung von Gegnern zurückschrecken.

Westeuropa hat für diese Entwicklungen in den neu hinzugekommenen Ländern wenig Gespür gehabt. Es hatte wenig Verständnis und Interesse und eine schlecht ausgerichtete Antenne. Inzwischen ist es so weit gekommen, dass in diesen Ländern die zentralen Werte der Europäischen Union mit Füßen getreten werden. Es bleibt schwierig, von außen etwas dagegen zu unternehmen.

Unter Leitung ihrer Präsidentin Ursula von der Leyen hat die Europäische Kommission eine Erklärung gegen die »konstitutionelle Diktatur« abgegeben, die Orbán in der Corona-Krise errichtet hat. Doch die Erklärung – die lediglich von siebzehn Mitgliedsstaaten unterzeichnet wurde – ist so vage formuliert, dass Ungarn so schlau war, diese gegen das eigene Land gerichtete Erklärung selbst mit zu unterzeichnen.

Zuvor schon leitete die vorherige Kommission 2017 beim Europäischen Gerichtshof ein sogenanntes Vertragsverletzungsverfahren ein. Es wird erwartet, dass Ungarn allenfalls Bußgelder zahlen muss. Das schärfste Schwert, das der EU zur Verfügung steht, ist das sogenannte Artikel 7-Verfahren, das auch die »nukleare Option« genannt wird. Wenn eine Verletzung der EU-Werte tatsächlich festgestellt wird, kann es zum Entzug des Stimmrechts im Europäischen Rat führen. Doch wie effektiv ist dieses Mittel angesichts der dafür im Rat erforderlichen Einstimmigkeit, die aber wohl nicht zustande kommt, weil ein mit Ungarn befreundetes Land wie Polen, dem selbst ebenfalls ein Artikel 7-Verfahren droht, sein Veto einlegen wird, um Ungarn zu unterstützen?

Das Europäische Parlament hat daraufhin, so wie es das gerne tut, eine Resolution verabschiedet (16. Januar 2020), in der festgestellt wird, dass sich die Lage in Polen und Ungarn verschlechtert hat und dass das Versagen des Rates, effektiven Gebrauch vom Artikel 7 zu machen, dazu beitrage, die Integrität der gemeinsamen europäischen Werte, das wechselseitige Vertrauen und die Glaubwürdigkeit der Europäischen Union als Ganze zu untergraben. Der Engpass war lange die konservativ-christliche Parteienfamilie der EVP im Europäischen Parlament, deren Mitglied Orbáns Fidesz-Partei bis vor Kurzem war, wenn auch auf der Strafbank und ohne Rede- oder Stimmrecht.

Feststellen muss man jedenfalls, dass es der EU kaum gelingt, die elementarsten EU-Werte – Demokratie und Rechtsstaatlichkeit – für alle ihre Mitgliedsstaaten zu garantieren oder zu verteidigen. Wieso also Wertegemeinschaft? Die Ohnmacht der EU gegenüber dem autoritär-illiberalen Ungarn macht unmittelbar deutlich, dass unter der wohlfeilen Rhetorik von der Union als Wertegemeinschaft sogar auf der fundamentalsten Ebene ein Mangel an Übereinstimmung und gemeinsamer Praxis besteht.

Übrigens, eine wichtige, prinzipielle Frage bleibt: Wie weit darf die EU gehen, um Mitgliedsstaaten auf Kurs zu halten? Wie große politisch-kulturelle Unterschiede und wie viel Interpretationsspielraum ist innerhalb der multinationalen, europäischen Demokratie erlaubt? Wie viel Diversität und Unterschiedlichkeit gibt es tatsächlich in der EU, und wie viel Diversität und Unterschiedlichkeit kann sie tolerieren? Im Falle Orbáns ist dies vielleicht keine schwer zu beantwortende Frage. In Budapest handelt es sich wirklich um eine autoritäre Verletzung fundamentaler, demokratischer Rechtsgrundsätze, und dagegen wird man früher oder später vorgehen müssen, mit Sanktionen, politisch-diplomatischer Isolation oder sonst wie.

Aber die EU ist auch selber schuld. Bei der fast ununterbrochenen Erweiterung der Union spielte Geopolitik oft eine wichtigere Rolle als Überlegungen zu und Forderungen nach Demokratie und Rechtsstaatlichkeit. Aus Furcht, Länder zu verlieren, die dann unter den Einfluss Chinas, Russlands oder der Türkei geraten, nimmt die EU mit offenen Augen Länder mit einer politischen Kultur auf, die über keine wirklich demokratische oder rechtsstaatliche Tradition verfügen. Länder wie etwa Albanien oder Nord-Mazedonien, Länder, in denen korrupte, mit Oligarchen-Business und organisierter Kriminalität durchsetzte Klientelpolitik lange Zeit die Norm war. Ein solche überhastete Erweiterung bedeutet, viele Ungarn-Probleme zu schaffen und ernsthafte Probleme in der »europäischen Wertegemeinschaft« herbeizuführen.

Die Rache der Geschichte

Europa wird immer wieder von dem geplagt, was ich als »Rache der Geschichte« bezeichnen will. Anders als viele postmoderne, postnationale, posthistorische Denker gerne annehmen, gibt es weiterhin beachtliche kulturelle Unterschiede und Trennlinien in Europa. Diese Unterschiede sind nicht in Stein gemeißelt. Alles fließt, auch Geschichte und Kultur, aber dennoch. Sollte es wirklich Zufall sein, dass die Konfliktlinien oft zwischen Ost- und Westeuropa, zwischen Nord- und Südeuropa verlaufen?

Zunächst einmal wird Europa durch einen zunehmenden Ost-West-Gegensatz geplagt, der sich wegen kontroverser Ansichten über den Rechtsstaat und die kulturellen Werte zuzuspitzen scheint. Ungarn unter Orbán und Polen unten Kaczyński sind nicht nur im eigenen Land in postkommunistische Transformationskonflikte verwickelt, sondern wehren sich auch gegen die in ihren Augen postmoderne, dekadente Kultur Westeuropas. Sie beteuern, an der traditionellen, christlichen Kultur festhalten zu wollen, und lehnen Postmaterialismus, Säkularismus und Individualismus ab. Außerdem pflegt man eine Form des Ethnonationalismus, nicht nur im Hinblick auf »eigene Sprachminderheiten« in Nachbarländern (wie die ungarische Minderheit in Rumänien), sondern auch im Hinblick auf (nicht christliche) Migranten.

Was den Ost-West-Konflikt so brisant macht, ist die Tatsache, dass Ungarn und Polen das Rechtsstaatsprinzip durch Beschneidung der richterlichen Unabhängigkeit untergraben. Außerdem schränken sie den demokratischen Pluralismus ein, indem sie versuchen, die politische und die gesellschaftliche Opposition

(Medien, Zivilgesellschaft, Universitäten) in ihren Ländern mundtot zu machen. Diese Politik steht in starkem Widerspruch zu den demokratisch-rechtsstaatlichen Werten der Nachkriegszeit, auf denen die Union gebaut ist. Eine effektive Antwort der EU darf nicht ausbleiben, wenn die Union als demokratisches Rollenmodell in der Welt glaubhaft bleiben will.

Es gibt Grenzen der Diversität, die man vereinbaren kann, und diese Grenze muss bei den Kernwerten liegen, bei den Grundprinzipien der Europäischen Union: Demokratie, Rechtsstaat, Meinungsfreiheit, Pressefreiheit, unabhängige Jurisdiktion, Gleichgewicht der staatlichen Gewalten. Das steht in Ungarn und Polen deutlich auf dem Spiel, und obwohl es, nach meinem Geschmack, in Westeuropa viel zu wenig Verständnis und Empathie für die postkommunistische Transformation gegeben hat, kann dies nicht als Entschuldigung für »Democratic Backsliding« in autoritäre Richtung, wie es gerade in Osteuropa geschieht, herhalten.

Ungeachtet der Tatsache, dass auch Demokratie und Rechtsstaat in den verschiedenen Ländern unterschiedlich interpretiert und gestaltet werden, muss hier eine Grenze gezogen werden. Man vergleiche etwa das präsidiale System in Frankreich mit einer relativ machtlosen *Assemblée* und Dänemark, wo das nationale Parlament bei der Entscheidungsfindung zu europäischen Fragen ein großes Mitspracherecht hat. Doch diese unterschiedlichen Spielräume sind etwas anderes als Angriffe auf die richterliche Unabhängigkeit, wie wir sie in Polen beobachten, oder die Einschüchterung der Presse, wie sie in Ungarn betrieben wird.

Diese Kluft zwischen dem Osten und dem Westen ist also eigentlich eine Kluft zwischen dem Osten und Europa als Ganzes. Sie unterscheidet sich von der anderen Kluft, der zwischen dem Norden und dem Süden. In diesem Konflikt geht es weniger um fundamentale Grundwerte, sondern mehr um Wirtschafts- und Finanzpolitik. Die Kluft zwischen Nord- und Südeuropa verläuft zum größten Teil durch die Eurozone und ist ein Streit um Fragen der Haushaltspolitik und der Staatsfinanzen, um Solidarität und Solidität.

Auch hier spielen übrigens tiefe historische Spuren eine Rolle. Die Obsession gegen Staatsschulden in Ländern wie Deutschland oder die Niederlande. Die Unterschiede in der Steuermoral, die man, zum Beispiel, zwischen Italien und Finnland beobachten kann und die sich auf das Nichtvorhandensein beziehungsweise das Vorhandensein eines grundsätzlichen Vertrauens in den Staat und die Politiker zurückführen lassen. In Ländern mit beträchtlicher Korruption (die großen Unterschiede, die es in Europa hierbei gibt, lassen sich dem *Corruption-Perceptions*-Index von *Transparency International* entnehmen) ist man weniger bereit, brav seine Steuern zu zahlen als in besser organisierten Ländern.

Die Trennlinien zwischen – und manchmal auch innerhalb von – Ländern sind kulturhistorisch bestimmt. Europa schöpft seine Kraft aus dieser Unterschiedlichkeit und diesem kulturellen Reichtum. Eine »*Ever Closer Union*« wird sich immer zu dieser Pluralität verhalten müssen. Mehr noch: Sie wird immer durch diese Pluralität und kulturelle Diversität begrenzt werden.

Das ist das Paradox von Einheit und Verschiedenheit, das in Europa stärker vorhanden ist als auf homogeneren Kontinenten. In Europa wird es durch die nahezu permanente politisch-geografische Erweiterung der Europäischen Union immer wieder auf die Probe gestellt. Das gilt auch innerhalb von nationalen Gesellschaften. Auch die sind infolge von Globalisierung und (Arbeits-)Migration immer stärker durch Diversität und Multikulturalität gekennzeichnet. Schlussfolgerung: Die EU ist eine Wertegemeinschaft, aber nur bis zu einem gewissen Grad.

LITERATUR:

[50] Daron Acemoglu/James A. Robinson: Gleichgewicht der Macht; der ewige Kampf zwischen Staat und Gesellschaft, übers. von Bernhard Jendricke, Christa Prummer-Lehmair, Sonja Schuhmacher und Thomas Wollermann, 2019.

[51] Geert Hofstede/Gert Jan Hofstede/Michael Minkov: Allemaal Andersdenkenden. Omgaan met cultuurverschillen, Contact, 2011.

[52] Gregor Kirchhof u. a.: Europa: in Vielfalt Geeint. 30 Perspektiven zur Rettung Europas vor sich selbst, 2020.

[53] Thomas von der Dunk: De lange schaduw der Germanen. Een worsteling van tien eeuwen met het Duitse zelfbeeld, 2016.

[54] J. M. M. de Valk (Hg.): Nationale identiteit in Europees perspectief, 1993.

[55] Ivan Krastev/Stephen Holmes: Das Licht, das erlosch. Eine Abrechnung, übers. von Karin Schuler, 2021.

7

Der Mythos der Einheitswährung?

»Scheitert der Euro, dann scheitert Europa.« Der Europäische Rat und die Europäische Kommission scheinen nach dieser Erkenntnis gehandelt zu haben. Man wollte – als Reaktion auf die beispiellose Corona-Krise – sowohl den Euro, als auch den Binnenmarkt retten. Deshalb wurde der umfangreiche Corona-Wiederaufbaufonds *(NextGenerationEU)* und eine Erhöhung der Ausgaben aus dem europäischen Haushalt, inklusiver neuer, gemeinschaftlicher Kredit- und Steuerinstrumente für die Europäische Kommission beschlossen.

Die große Frage lautet: Wurde die Währungsunion dadurch strukturell stabilisiert? Die Einführung des Euro stellte den politischen und wirtschaftlichen Zusammenhalt der EU stark auf die Probe. Ungleichheiten und Ungleichgewichte belasteten die Eurozone. Lange Zeit schien der Euro eher ein Spaltpilz als eine Einheitswährung zu sein. Sind jetzt die Interessenkonflikte zwischen den Gläubigerländern und den Schuldenländern, zwischen Nord- und Südeuropa, ausreichend beigelegt und die EU auf dem Weg zu einer stärker vereinigten finanziellen und wirtschaftlichen Union, oder wird eine de facto »Schulden- und Transferunion« innerhalb der Eurozone an neue politische und finanzwirtschaftliche Grenzen stoßen und ist deshalb auch der Streit zwischen Solidität und Solidarität noch nicht beendet?

Die Corona-Eurokrise

Wer es nicht besser wusste, könnte denken, zu Beginn der Corona-Krise sei in der Eurozone ein Bürgerkrieg ausgebrochen. Es kam wegen der sogenannten »Eurobonds« zu einem harten Zusammenstoß zwischen Nord- und Südeuropa, insbesondere zwischen Italien und den Niederlanden. Grund des Konflikts war die Frage, ob man für den Corona-Wiederaufbaufonds für die mehr und weniger betroffenen Länder gemeinschaftliche Kredite aufnehmen sollte.

Das schwer vom Corona-Virus heimgesuchte (sich nur langsam von der Euro- und Flüchtlingskrise erholende und immer noch seine Wunden leckende) Italien wollte nicht in einen Prozess des Europäischen Stabilitätsmechanismus mit entwürdigenden Reformauflagen geraten. Vor allem nicht in dieser akuten Krisensituation. Man bevorzugte eine Vergemeinschaftung der Schulden in der Eurozone, um so die Lasten so solidarisch wie möglich zu verteilen. In Person des niederländischen Finanzministers Wopke Hoekstra wurde diese Idee von den Nordeuropäern zunächst torpediert. Er wollte an dem Prinzip festhalten, dass Kredite mit einschneidenden makroökonomischen Bedingungen einhergehen müssen, die auf Reformen und Wettbewerbsfähigkeit zielen. Obwohl an diesem Standpunkt theoretisch nichts auszusetzen ist, kam diese Haltung bei den Spaniern und Italienern nicht gut an, für die eine solche kühle buchhalterische Herangehensweise nicht zu der geforderten europäischen Solidarität in einer gemeinschaftlichen Notlage passte.

Zum Teil ging es um eine Wiederholung des Streits, der schon während der Eurokrise im Jahr 2008 geführt wurde: Der Norden wirft dem Süden einen Mangel an Solidität, an finanzwirtschaftlicher Seriosität und Disziplin vor. Der Süden hält dem entgegen, dass der Norden eine hartherzige Austeritätspolitik praktiziere, die man mithilfe strenger Sparvorgaben auch dem Süden auferlegen wolle. Gleichzeitig aber agiert der Norden nach Ansicht des Südens scheinheilig. Die Niederlande seien eine Steueroase, und Deutschland verschaffe sich durch Lohndumping Wettbewerbsvorteile. Zudem hätten beide gewaltigen Handelsüberschüsse, weil sie überdurchschnittlich vom Binnenmarkt profitierten.

Eine schwierige Ehe

Man könnte die Währungsunion mit einer Ehe vergleichen, einer nicht sonderlich glücklichen, schwierigen Ehe. Der eine Partner hält die Corona-Krise für die Gelegenheit, der Partnerschaft einen neuen Impuls zu geben, und schlägt vor, jetzt definitiv in eine gemeinsame Wohnung zu ziehen. Und zwar in Gütergemeinschaft und auf der Grundlage einer gemeinsamen Hypothek (der Wiederaufbaufonds auf der Basis gemeinsamer Kredite und Schulden).

Dem anderen Partner geht das viel zu weit. Der will sein eigenes Haus lieber noch behalten, als Plan B, und er bevorzugt es auch, weiterhin in einer Ehe mit Gütertrennung zu verbleiben. In Anbetracht des unterschiedlichen mit in die Ehe gebrachten Vermögens und des unterschiedlichen Umgangs mit Geld, denkt dieser Partner nicht daran, die Ehe in einer Gütergemeinschaft fortzusetzen. Was diesen Ehestreit besonders schmerzlich macht, ist die Tatsache, dass einer der Partner ernsthaft krank ist und aufgrund einer unerträglichen Schuldenlast noch kranker zu werden droht. Viele denken daher, dass es in Anbetracht der dramatischen Situation keine andere Möglichkeit gibt, als zusammenzuziehen und Liebe und Leid miteinander zu teilen, ungeachtet der Dauer und der Qualität der Beziehung. Die »Corona-Euro-Krise« ist eine solche Ehekrise in kontinentaler Größe.

Hier stoßen wir erneut auf all die schwierigen Fragen, die es rund um die Währungsunion gibt: die Finanzialisierung der Europapolitik und fehlende Transparenz sowie der mangelnde Rückhalt bei den Wählern; hinzu kommt noch, dass die »inländischen« wirtschaftspolitischen und verwaltungstechnischen Unterschiede innerhalb der Eurozone deutlich hervortraten.

Die Finanzialisierung Europas

Es bleibt nicht ohne Folgen, dass die Europäische Union allmählich immer mehr mit der Währungsunion deckungsgleich wird. Europäische Politik wird immer mehr zu Finanz- und Wirtschaftspolitik. Abgesehen von den gegensätzlichen Interessen, die es unter den Mitgliedsstaaten gibt, und den Spannungen, die diese Entwicklung insbesondere zwischen dem Norden und dem Süden hervorruft, führt die komplexe Finanzialisierung der europäischen Politik zu einer weiteren Entfremdung des europäischen Projekts von den Bürgern, die der komplexen *Multi-Level-Governance* der EU (aufgrund eines Informationsdefizits) sowieso schon sehr distanziert gegenüberstehen.

Die Haushalts- und Wiederaufbaufondsdebatte ist für Nichteingeweihte nur schwer nachvollziehbar. Wer kann sich unter den
vielen Billionen Euros, um die es dort geht, etwas vorstellen? Wer
findet sich in dem Abkürzungswirrwarr von EZB (Europäische Zentralbank), EIB (Europäische Investitionsbank), ESM (Europäischer
Stabilitätsmechanismus) I und II und PEPP (Pandemic Emergency
Purchase Programme) noch zurecht? Wer kann sagen, was die Vergemeinschaftung von Schulden für sein Land genau bedeutet?
Billionen gehen über die europäischen Verhandlungstische. Was
ist davon zu halten? 500 Milliarden ESM-Nothilfe, 750 Milliarden
Europäische Wiederaufbauhilfe: Was sagen diese Beträge einem
Normalsterblichen? Ist das viel oder wenig für die gesamte EU?
Und was soll man als Bürger davon halten, dass die Europäische
Kommission selbst zu einer »EU-Bank« geworden ist, die sich auf
den Finanzmärkten Geld leiht, das sie mit eigenen Steuern zurück-
zahlen will?

Kämpfe um Solidarität oder Solidität werden mit äußerst komplexen Finanztechniken ausgefochten, die oft viel mehr der Beru-
higung oder Wiederbelebung der Finanzmärkte dienen, um so die
Hedgefonds von den schwachen Partnern in Europa fernzuhalten,
als dass es sich um Maßnahmen einer durch Wahlen legitimierten,
demokratischen Politik handelt. Die internationalen Finanzmärkte
haben offenbar die Macht in dieser Welt. Sie können mit Spekula-
tionen Länder – und damit auch die EU – machen oder zerstören.

Für die Bürger ist diese makromonetäre Europapolitik eine
Show, die nichts mit ihnen zu tun hat. Sie lassen sie an sich vorü-
bergehen, ohne etwas zu verstehen oder sich betroffen zu fühlen.
Sie empfinden das Ganze zutiefst als »taxation without understan-
ding«, und daher als »taxation without representation and support«.
Nationale und europäische Politiker stecken so in der Klemme zwi-
schen den internationalen Finanzmärkten und dem heimischen
Wählermarkt.

Wenn wir uns Mühe geben, bekommen wir durch die Medien
noch ein wenig von den Finanzdiskussionen in der Eurogruppe
und im Europäischen Rat mit. Vor allem deshalb, weil die Medien –
mit allen Stereotypen und Klischees, die dazugehören – über harte
politische Zusammenstöße zwischen Nord- und Südeuropa berichten können. Viel weniger gut informiert werden wir über das Tun

der Europäischen Zentralbank in Frankfurt, wo über Preisstabilität und Inflation gewacht wird. Und weil die Europolitiker sich nicht einig werden und die Dinge einfach laufenlassen, wird in Frankfurt mit vielen Milliarden getrickst und jongliert, um den Euro zu retten. Und es gibt nur wenige, die hierbei die Feinheiten erkennen können.

Zum Glück gab es das Urteil des Bundesverfassungsgerichts in Karlsruhe. Es enthüllte die zwielichtigen EZB-Transaktionen und stellte sie ins Scheinwerferlicht der Öffentlichkeit. Eine wichtige demokratische Tat. Nicht von Politikern, sondern von Richtern in roten Roben!

In ihrer außer-politischen und außer-demokratischen Zone hielt die Europäische Zentralbank die Aasgeier der Finanzmärkte, die immer bereitstehen, um buchstäblich aus der Schwäche und Uneinigkeit der Währungsunion Kapital zu schlagen, vom Euro fern. Das war bestimmt durchaus nötig, um die Stabilität und die Lebensfähigkeit des Euro zu verteidigen. »*Whatever it takes*«, wiederholen wir daher die Worte des früheren EZB-Präsidenten Mario Draghi, doch dieser apolitische Schleichweg über die EZB bringt wohl ein doppeltes demokratisches Defizit mit sich.

Nicht nur sind die EZB-Milliardentransaktionen demokratisch nur schlecht legitimiert, sie finden zudem in der Grauzone zwischen dem unabhängigen Mandat der EZB zur Inflationskontrolle (»*inter vires*«) und den gemeinschaftlichen politischen Entscheidungen von Regierungen und Parlamenten statt. Siehe die Zweifel Karlsruhes. Die Komplexität dieser Operationen, weit entfernt vom europäischen Bürger und der nationalen Politik, sehr wohl aber mit großen Folgen für den europäischen Steuerzahler, bedeutet, dass hier eine krasse Form von »*taxation without representation*« vorliegt. Bei der Finanzialisierung Europas haben wir es also mit einem Demokratiedefizit und einem Wissensdefizit zu tun.

Apropos Karlsruhe. Anfang Mai 2020 gab es eine Eilmeldung; »*Ankauf von Staatsanleihen durch EZB verstößt zum Teil gegen das Grundgesetz, urteilt das Verfassungsgericht*«. Nach einem fünf Jahre dauernden Prozess urteilten die Verfassungsrichter, dass die Europäische Zentralbank unter Mario Draghi gesetzeswidrig gehandelt hat. Nach Ansicht vieler Kommentatoren und Wirtschaftswissenschaftler hat dieses Urteil auch weitreichende Folgen für das EZB-

Aufkaufprogramm in der Corona-Krise. Dieses Urteil könnte sich dann sogar als Zeitbombe unter der Währungsunion entpuppen. Allerdings scheint der Europäische Wiederaufbaufonds als eine schnelle Gegenmaßnahme dagegen zu wirken.

Die Europäische Zentralbank wird nicht mehr unbegrenzt Anleihen aufkaufen können. Das Bundesverfassungsgericht hält die Begründung und die Kompetenz für diese »quantitative Lockerung« (QE, d. i. *Quantitative Easing*) für nicht ausreichend. Man habe den makroökonomischen Konsequenzen der Aufkäufe, insbesondere für die nationalen Volkswirtschaften, nicht genügend Beachtung geschenkt. Damit endet möglicherweise das »*Whatever-it-takes*«-Zeitalter, in dem die EZB durch monetäre Finanzierung dafür gesorgt hat, dass die Eurozone nicht zerfällt. So wurde Griechenland vor dem Untergang bewahrt, und so wollte man auch das durch die Corona-Krise schwer getroffene Italien retten.

Es wird erwartet, dass dieses Urteil zu größeren politischen Spannungen in der Währungsunion führen wird. Der technokratische Umweg über die EZB ist nun teilweise blockiert. Man wird durch die politische Haustür gehen müssen. Daher auch die harten politischen Verhandlungen rund um den europäischen Corona-Wiederaufbaufonds. Für die europäischen Demokratien ist dies an sich eine gute Nachricht, doch ob es auch für die zukünftige Stabilität der Währungsunion und für die EU als Ganze eine gute Nachricht ist, bleibt abzuwarten.

Der niederländische Ökonom Edin Mujagic twitterte treffend:

> »Die deutschen Richter hätten sich nicht auf den Stuhl der Zentralbank gesetzt, wenn sich die Zentralbank nicht auf den Stuhl der Politiker gesetzt hätte, was sie notgedrungen tat, weil die Politiker vom letzten Stuhl aufgestanden waren. Ergo: Dieses monetär-juristische Chaos haben die Politiker verschuldet.«

Das Urteil des Bundesverfassungsgerichts zeigt, wie weit die technokratische Finanzialisierung der europäischen Politik fortgeschritten ist. Nicht Parlamente, sondern Gerichte beschützen jetzt den Haushalt der nationalen Mitgliedsstaaten vor dem Monster-Aufkauf-Programm einer unabhängigen Europäischen Zentralbank. Die EZB wird zurückgepfiffen, weil sie ohne demokratische

Kontrolle eigenmächtig die Finanzpolitik der europäischen Mitgliedsstaaten untergräbt. Ihre Aufkaufprogramme haben eine gewaltige, möglicherweise unverhältnismäßige Wirkung auf die Zinssätze, die Immobilienpreise und die Altersvorsorge in den nationalen Volkswirtschaften, wo nach Ansicht des Bundesverfassungsgerichts die eigentliche Souveränität liegt.

Das Wissensdefizit bezüglich der Finanzialisierung der europäischen Politik gibt es nicht nur bei nicht eingeweihten Durchschnittseuropäern, sondern man findet es auch bei den Europaexperten. Die haben zwar das Europakolleg in Brügge besucht oder den europäischen Concours durchlaufen, nachdem sie den Studiengang Internationale Beziehungen oder ein Europastudium absolviert haben. Sie sind zwar, was den Handel und Wandel der europäischen Institutionen angeht, mit allen Wassern gewaschen und kennen die Theorien für die europäische Integration von Neofunktionalismus bis hin zu *Intergovernmentalism* aus dem Effeff. Doch auch diese Europaexperten sieht man manchmal herumdrucksen, wenn es um die totale Finanzialisierung der europäischen Politik geht.

An ihren vorsichtig tastenden Ausführungen über die Probleme der Eurozone, merkt man, dass sie sich auf unbekanntes Terrain begeben. Wie alle anderen Bürger kapieren auch sie nur wenig von den finanziellen Transaktionen, dem EZB- Balance Sheet, vom Verhalten der Finanzmärkte, von den Spreads, von monetärer Finanzierung und Not- und Wiederaufbaufonds. Das ist ein anderes Fachgebiet, sehr komplex und fachspezifisch: Dafür muss man Banker oder Ökonometriker sein, nicht stinknormaler Europaexperte.

»MinFin rules the euro«

Dasselbe Phänomen der Finanzialisierung Europas beobachten wir auch in der Politik selbst. In den Niederlanden etwa ist es das Ministerium für Finanzen, das faktisch für die Eurozone zuständig ist. *MinFin rules the euro – das Finanzministerium regiert den Euro.* Debatten über den ESM-Schuldenfonds oder über das Wiederaufbauprogramm finden im Parlamentsausschuss mit Finanzexperten statt, nicht mit den EU-Experten. Mit dem Finanzminister, nicht mit dem Außenminister.

Die Währungsunion wird als buchhalterisches Projekt betrachtet, auf der Grundlage von harten Kosten-Nutzen-Analysen, Calvinismus in Reinkultur. Dabei ist der Euro vor allem ein politisches, ja sogar ein geopolitisch-diplomatisches Projekt. Das erklärt weitgehend die diplomatischen Patzer, die einem Land wie den Niederlanden ab und zu bei EU-Verhandlungen unterlaufen, wobei das letzte, berüchtigte Beispiel (es wurde bereits erwähnt) der *Faux pas* des niederländischen Finanzministers Wopke Hoekstra war, der den Zorn ganz Europas auf sich zog. Er brachte es fertig, auf dem Gipfel der Corona-Krise wenig Empathie für die gesundheitliche Katastrophe aufzubringen, mit der Italien und Spanien just in diesem Moment sehr schwer zu kämpfen hatten.

Dennoch bleibt die Frage der Schuldenunion eines der großen Streitthemen in der Eurozone: Inwieweit müssen Länder wechselseitig für ihre Schulden einstehen? Und das in einer sehr diversen, asymmetrischen Währungsunion. Diese Frage, die in der Eurokrise 2008 heftig diskutiert wurde, stellte sich in der Corona-Krise in aller Schärfe erneut und macht die großen Meinungsverschiedenheiten hinsichtlich der Zukunft des Euro, und damit der gesamten EU, deutlich. Kann die Währungsunion ohne zentrale Regierung und gemeinschaftliche Schulden überleben? Wird der Euro zum Spaltpilz der EU oder doch zum Katalysator für weitere Vereinigung?

Nach Ansicht mancher bedeutet, gemeinsam den Euro zu haben, dass man de facto zu einer Europäischen Wirtschafts- und Finanzunion wird. Vergemeinschaftung, eine zentrale Fiskalkapazität, Risikoteilung, wechselseitiges Einstehen für den andern: Das gehört dazu. Manche meinen, wir hätten es hier mit einem Scheingefecht zu tun, weil die Europäische Union schon längst gemeinsame Schulden habe, nämlich die Kredite, die Europäische Investitionsbank (EIB), der Europäische Stabilitätsmechanismus (ESM) und die Europäische Kommission vergeben, für die am Ende auch die nationalen Mitgliedsstaaten gerade stehen müssen. Diese Kredit-und-Schulden-Konstruktionen werden heute zum großen Teil aus dem Blickwinkel von Politik und Demokratie gemacht. *Whatever it takes.* Mit allen dazugehörigen Gefahren für den langfristigen politischen und elektoralen Rückhalt.

Viele meinen, die Währungsunion sei, wie man es auch drehe und wende, eine Ehe in Gütergemeinschaft. Wenn Länder zusammen eine gemeinsame Währung haben, dann erfordere das eine weitgehende Zusammenarbeit bei Finanzen und Wirtschaft. Koordination, Risikotransfers und letztendlich zentrale Beschlussfassung. Aufschlussreich ist, wie der deutsche Europaexperte Guntram Wolff vom Thinktank Bruegel in diesem Punkt argumentiert. Er hält der Währungsunion das Beispiel des deutschen Föderalstaats vor:

> »Typically, in federations, joint or central borrowing is combined with central control over spending. Let's take the example of the Federal Republic of Germany. It is unconceivable that a German federal finance minister would borrow and give the proceeds to the Bavarian prime minister to spend without any oversight or control. German federal borrowing is used for federal programmes, even though states administer large parts of the programmes. (...) Take again the example of Germany. It is unconceivable that the Bavarian prime minister, just because he is from a fiscally and economically strong state, would be allowed to exercise accountability and control over spending in North-Rhine Westphalia. Instead, he would exercise his control rights through the federal institutions of the Bundesrat and Bavarian MPs in the Bundestag.«[19]

Viele Nordeuropäer wie das niederländische Finanzministerium widersetzen sich gegen diese »Föderalisierung« der Währungsunion. Sie insistieren darauf, dass es sich beim Euro um eine Ehe mit Gütertrennung handelt. *No bail-out.* Jeder ist selbst für sein finanzielles Tun und Lassen verantwortlich. Und wenn es denn eine polygame Ehe in Gütergemeinschaft sein soll, dann nur, wenn sich alle Ehepartner gleich solide, sparsam, pflichtgetreu und finanziell verantwortungsbewusst verhalten. Mit Aufsicht, Kontrolle und Zwang zum Sparen und zu Reformen, solange man noch nicht seine ehelichen Pflichten erfüllt hat. Da haben wir wie unter einem Brennglas die *bösen Szenen einer Ehe in der Währungsunion.* Ihre Zukunft schwankt zwischen einer gefestigteren Ehe und einem Rosenkrieg.

Währungsunion ohne gegenseitiges Vertrauen?

Wie wird es mit der wirtschaftlich-monetären Ehe weitergehen? Gibt man den Sachzwängen nach, die, wie man sagt, zu jeder Währungsunion in der Geschichte gehörten, und kommt eine zentral koordinierte Führung der Währungsunion? Oder droht der Euro zu einem gefährlichen Spaltpilz für die Europäische Union zu werden?

Viel hängt von dem Europabild ab, das man hat, von dem, was man für realistisch oder wünschenswert hält. Vom Maß, in dem man die Fähigkeit der einzelnen Länder positiv oder negativ einschätzt, sich über ihre unterschiedlichen Interessen und Ansichten hinweg auf einen Kompromiss zu verständigen. Augenfällig ist, dass die Einheitswährung die politischen und (verwaltungs-)kulturellen Unterschiede deutlich aufgezeigt hat. Diskussionen über gegenseitige Risikoteilung und Reformen werden sowohl in Nord- als auch in Südeuropa möglicherweise große antieuropäische Ressentiments hervorrufen.

Was sich beim Wiederaufbaufonds und der gemeinsamen Währung rächt, ist im Allgemeinen, dass die Europäer mehr denn je gezwungen sind, einander in die Töpfe zu schauen und sich miteinander zu vergleichen. Renteneintrittsalter, Niveau der sozialen Sicherheit, die Organisation der Pflege, Steuersätze, Betrugs- und Korruptionsbekämpfung: Entweder wird das alles irgendwann einmal harmonisiert – was einen unwahrscheinlichen Einheitsbrei ergeben würde –, oder die Unterschiede bleiben bestehen, was, wenn man immer mehr voneinander abhängig wird, auch wieder zu Problemen führt.

Die Eurozonen-*Governance*, die favorisiert wird, bedeutet eine weitgehende Europäisierung der Innen- und Haushaltspolitik, und sie wird die gegenseitige Wahrnehmung der Länder eher negativ als positiv beeinflussen. Warum geht man in Italien und Frankreich bereits mit 62 in Rente, während man in den Niederlanden bis 67 arbeiten muss? Wieso muss ein in Armut lebender Hartz IV-Empfänger aus dem Ruhrgebiet solidarisch mit Reichen in Griechenland und Italien sein, die massenhaft Steuern hinterziehen? Wieso sollten Dänemark und Schweden ebenfalls für die Probleme in der Eurozone zahlen, obwohl sie ihr gar nicht zugehören?

Die Vergemeinschaftung von Schulden setzt ein gegenseitiges Vertrauen voraus, ein Familiengefühl, wie manche es in der Corona-Krise nannten, das nicht im notwendigen Maße vorhanden ist. Wo ist der Beweis dafür, dass die europäischen Wähler eine solche erzwungene, permanente Solidarität erstrebenswert finden, obschon sie vielleicht durchaus bereit sind, von Naturkatastrophen heimgesuchten oder überdurchschnittlich von der Corona-Krise betroffenen Ländern einmalig zu helfen? Hier geht man recht gleichgültig mit den vorhandenen wissenschaftlichen Erkenntnissen darüber um, welche politischen und kulturellen Voraussetzungen für dauerhafte Solidarität und politisches Vertrauen nötig sind. Sie sind das Fundament des (nationalen) sozialen Rechtsstaats. Wohlfahrtsstaaten sind nicht vom Himmel gefallen, und das wird ganz bestimmt auch für den »Föderalen Eurozonen-Wohlfahrtsstaat« gelten.

Mal ganz nüchtern: Selbst zwischen Flandern und der Wallonie in der belgischen föderativen Konstellation gibt es ein solches grundlegendes Vertrauen kaum. Und auch zwischen dem reichen Bayern und dem armen Bremen sind die Transferleistungen umstritten. Wie würde das erst bei 27 oder 19 sehr unterschiedlichen Staaten sein, die sich in Bezug auf Regierungsstil, Haushaltsdisziplin, Governance-Qualität, Wohlstand, Korruption und so weiter stark unterscheiden?

Eine »(budgetäre) Transferunion für die Eurozone« droht auf eine dauerhafte belgische Konstellation hinauszulaufen. Die Eurozone wird gekennzeichnet durch unzulängliche ökonomische Integration und große kulturelle Unterschiede zwischen ihren Mitgliedsstaaten. Theoretisch wäre in einer solchen Situation »föderale Bescheidenheit« angebracht, wenn man nicht – dann unvermeidliche – belgische Verhältnisse haben will: permanente, aber auch permanent politisch umstrittene, Solidarität zwischen dem Norden und dem Süden, ohne realistische Aussicht auf wirtschaftliche Konvergenz.

Anders als in den Vereinigten Staaten sind in Belgien (und in der Eurozone) die regionalen Ökonomien sehr viel weniger stark integriert. Eine »zentrale Eurozonen-Regierung« kann die Auswirkungen einer Krise in den schwer getroffenen Regionen – wie in einem Versicherungssystem – durch Zuschüsse aus stärkeren Regionen abschwächen, doch das setzt voraus, dass es eine wirkliche wirtschaftliche Union gibt. Das ist aber nicht der Fall. »Aufgrund der unzulänglichen Integration in der Eurozone wird eine rigorose budgetäre Union viel mehr auf eine permanente geografische Umverteilung nach belgischem Vorbild hinauslaufen als auf eine Win-Win-Stabilisierung durch eine geografisch wechselnde Einkommensversicherung wie in den Vereinigten Staaten.«

> »Transfers untergraben die Motivation wirtschaftlich rückständiger Regionen, es besser zu machen. Sie entmutigen zudem Arbeitnehmer, in stärkere Regionen umzuziehen. Außerdem ist der Handel zwischen Mitgliedsstaaten der Eurozone beschränkt, es wohnen nur wenige Gläubiger von Mitgliedsstaaten der Eurozone in anderen Mitgliedsstaaten, und die Arbeitsmigration zwischen den kulturell diversen Mitgliedsstaaten ist unzureichend (aber auch innerhalb der Mitgliedsstaaten selbst). Das sind Gründe genug, eine zentrale Führung der Eurozone möglichst klein zu halten.«

Wir stoßen hier auf knallharte Grundprinzipien. Nicht per se die des Nationalismus oder der Xenophobie, sondern die von gegenseitigem Vertrauen, *Moral Hazard*, gegenseitige Rechte- und Pflichtensolidarität, Bedürftigkeit und Anspruch und so weiter. Wenn die Währungsunion de facto eine politische (Fiskal-)Union impliziert – »Wir sitzen alle in einem Boot« –, würde Italien dann eine Eurozonen-Regierung mit einem deutschen Finanzminister, der eine nördliche Haushaltspolitik verfolgt und das Renteneintrittsalter auf nordeuropäisches Niveau hochschraubt, akzeptieren? Ist das wünschenswert und realistisch?

Der Euro ist ein politisches Projekt

Bei all der komplizierten monetären Hochseilartistik in der Eurozone darf nie vergessen werden, dass die Währungsunion als politisches Projekt begonnen wurde. Der Euro war der Preis für die deutsche Wiedervereinigung. So kann man es grob in einem Satz zusammenfassen. Die Gründung der Währungsunion wurde 1992 mit dem Maastrichter Vertrag beschlossen. Zu der Zeit fing der

Prozess einer möglichen Erweiterung um die zentraleuropäischen Länder an. Die Koinzidenz ist nicht zufällig.

Nach Ansicht von Historikern stehen die beiden Ereignisse, die Einführung des Euro und der Big Bang, im Zusammenhang. Frankreich, mit Staatspräsident Mitterrand an der Spitze, fürchtete nicht nur die Größe des wiedervereinigten Deutschlands, sondern auch die Osterweiterung der EU. Die würde Deutschland noch mehr zur zentralen politischen Macht in Europa machen, nicht zuletzt auch deshalb, weil nach dem Umzug von Bonn nach Berlin die deutsche Hauptstadt ebenfalls weit im Osten lag. Es bestehe daher die Gefahr, dass Deutschland sich von Frankreich entfernen könnte, wodurch auch der Primat der deutschen Westbindung unter Druck geriete. Außerdem würde die Deutsche Mark durch diesen Zuwachs an Macht Deutschland noch mehr zur hegemonialen monetären Autorität in Europa machen. Das alles sei geeignet, die französisch-deutsche Achse ins Ungleichgewicht zu bringen.

Mitterrand – der die Deutsche Mark einmal als »Atomwaffe« bezeichnet hatte – wollte Deutschland daher durch eine gemeinsame Währung unverbrüchlich an den Westen binden. Die gemeinsame Währung wäre zugleich die Garantie dafür, dass Frankreich ein mitbestimmender Akteur in der Wirtschafts- und Finanzpolitik Europas bleiben würde.

Unter Führung von Bundeskanzler Helmut Kohl erklärte sich Deutschland – gegen große Widerstände – bereit, im Tausch gegen die Wiedervereinigung die Mark zugunsten des Euros aufzugeben. So kamen der Maastrichter Vertrag und die Währungsunion zustande. Was sich rächen sollte, war, dass nicht die wirtschaftliche Rationalität, sondern die politische dominierte.

Man ging stillschweigend davon aus, dass die europäischen Mitgliedsstaaten durch die gemeinsame Währung so stark aneinander gefesselt waren, dass dies automatisch und unvermeidlich zu sehr weitgehenden Formen wirtschaftlicher Koordination und Integration führen würde.

Es entstand eine Währungsunion ohne klare Mechanismen, die eine effektive Handhabung und Kontrolle garantieren konnten. Die Kriterien für den Beitritt zum Euro wurden ziemlich »politisch« interpretiert, zum Beispiel bei der Aufnahme Griechenlands und Italiens in die Währungsunion. Später wurden – mit wechselndem

Erfolg – allerlei Korrektur- und Reparaturarbeiten durchgeführt, um die Euroländer doch noch an zwingende Vereinbarungen zu binden. Dazu wurden der »Stabilitäts- und Wachstumspakt«, das Europäische Semester sowie der »Europäische Fiskalpakt« ins Leben gerufen.

Diese basieren in großem Maße auf Vertrauen und Nichteinmischung (und sie haben einen eher technokratischen als politischen Charakter). Das kann man verteidigen, wenn jeder Mitgliedsstaat für sich Solidität und eine hohe wirtschaftliche Wettbewerbsfähigkeit anstrebt. Doch genau auf dieser Ebene gibt es große Ungleichheiten und Asymmetrien in der Währungsunion, wie wir zuerst bei Griechenland und später auch bei Italien und Spanien gesehen haben.

Bis heute ringt die Währungsunion mit diesen Problemen. In welchem Maße kann Aufsicht und Kontrolle über die Wirtschaftspolitik von Mitgliedsstaaten zwingend durchgeführt werden, möglicherweise durch die Europäische Kommission oder das Europäische Semester? Was tun mit Ländern, die die Spielregeln verletzen, zum Beispiel die Kriterien des Stabilitäts- und Wachstumspakts? Wie sieht in der Eurozone das optimale Gleichgewicht zwischen Solidarität und Solidität aus? Was tun mit schlecht regierten Ländern, Ländern, die sich nicht reformieren wollen oder können? Was tun mit Ländern, die sich als Steueroase anbieten?

Das sind lauter Fragen, die sich in Krisensituationen umso dringlicher stellen. Zuerst bei der Rettung Griechenlands in der Eurokrise 2010. Jetzt in der katastrophalen Corona-Krise, in der manche Euroländer härter betroffen waren als andere. Diese Kernfragen liegen folglich auch dem neuen europäischen Wiederaufbauplan Ursula von der Leyens zugrunde: Wie kontrollieren wir, was die Mitgliedsstaaten mit diesen gewaltigen Geldsummen machen? Wie fair ist der Verteilungsschlüssel?

Ist diese Krise, wie viele hoffen, der Moment für den großen Schritt vorwärts in die Eurozone/EU? Für den Schritt in Richtung Fiskalunion mit gemeinschaftlichen Steuern und Schuldenteilung und mit einem großen, europaweiten Wiederaufbau- oder Marshallplan (so der spanische Regierungspräsident), um der europäischen Wirtschaft nach der Corona-Krise wieder auf die Beine zu helfen? Ist dies der ideale Moment, um die Krise auch für eine fun-

damentale Kehrtwende hin zu einer »grünen Wirtschaft« zu be-
nutzen (Green Deal)? Und für geopolitische Investitionen in KI und
Digitalisierung, damit die EU ihren technologischen Rückstand gegenüber den konkurrierenden Mächten Amerika und China ein-
holt? Es gibt einen wachsenden Chor von Stimmen, die die Corona-
Krise eher als Chance, denn als Bedrohung für Europa sehen.

Manche, wie der deutsche Finanzminister Olaf Scholz, sprachen
sogar von einem Hamilton-Moment. Damit verweisen sie auf den
amerikanischen Finanzminister Alexander Hamilton, der 1790 den
Durchbruch zur Föderalisierung der »Vereinigten Staaten« her-
beiführte, indem er die Schulden der verschiedenen Bundesstaaten zentralisierte. Andere Experten halten das für Unsinn. Es gehe
beim Europäischen Wiederaufbauplan um einen (vermutlich) einmaligen gemeinschaftlichen Investitionsschub, um Europa aus der
Corona-Krise zu führen und stärker daraus hervorgehen zu lassen.
Nicht um den Beginn der Vereinigten Staaten von Europa.

Aber es gibt auch Stimmen, die fürchten, die Corona-Krise
könne zu einer weiteren Entfremdung zwischen Ländern führen,
die prinzipiell anderer Auffassung hinsichtlich des Umgangs mit
Staatsschulden und Staatsfinanzen sind. Oder wird die Wirklichkeit irgendwo in der Mitte liegen?

Wie wünschenswert ist eine »Disziplinarunion«?

Die Corona-Krise hat der EU und der Eurozone einen existenziellen Moment beschert. Es gab drohende Äußerungen des italienischen Ministerpräsidenten Conte und des französischen Staatspräsidenten Macron. Dies sei der Moment der Wahrheit, nicht nur für
den Euro, sondern auch für die gesamte EU. Die stünde auf dem
Spiel. Die Frage ist, warum man hier mit so hohem Einsatz spielt.
Aus politischem Kalkül? Ist es politische Erpressung oder wirkliche
Besorgtheit? Warum wird in der EU immer Großalarm gegeben?
Und warum wird bei Spannungen immer sofort die Existenzfrage
gestellt? Damit erweckt man den Eindruck, die EU sei ein sehr fra-
giles Bauwerk, das bei einer falschen Bewegung einfach so einstür-
zen kann. In Nationalstaaten oder im deutschen Bundesstaat wird
bei politischen Konflikten nie die Existenzfrage gestellt. Warum

dann in der EU? Und dann auch noch sowohl von den Befürwortern, als auch von den Gegnern. Die euphorischen Proeuropäer und die Antieuropäer, beide spekulieren sie über die Einsturzgefahr der EU. Kann das nicht einmal aufhören? Dieses binäre Schwarz-Weiß-Denken über Europa. Als gebe es nur einen Geschmack, eine Richtung, eine Zukunftsvorstellung, und wenn die nicht verwirklicht wird, dann ist alles aus. Das wird dem europäischen Projekt nicht gerecht.

Außerdem gehört es sich nicht, so zu tun, als wären die Eurozone und die EU ein und dasselbe. Als bestünde die europäische Politik nur noch aus Finanzwirtschaft und Buchhaltung. *Scheitert der Euro, scheitert Europa*. Doch dieser Satz bildet die europäische Wirklichkeit nur zum Teil ab. Als ob es bei den symbolträchtigen Fotos von de Gaulle und Adenauer, von Kohl und Mitterrand um den Euro ginge. Als gäbe es außer Finanzpolitik nichts mehr, was uns eint.

Eine These dieses Buches ist daher auch, dass wir die EU gefährden, weil wir statt über geopolitische und außenpolitische Zusammenarbeit *(Security Union)* zu sprechen, uns ganz und gar auf die Europäisierung der nationalen (Wirtschafts-)Politik fokussieren.

Nochmals: Wer die wechselseitige Schicksalsverbundenheit in der Eurozone und in der EU radikal festzurrt und unter Druck setzt, der sorgt dafür, dass die Mitgliedsstaaten sich untereinander in die nationale Wirtschaftspolitik einmischen. Dann beschäftigen sie sich gegenseitig mit der nationalen »Volkswirtschaft« des anderen. Und sie mischen sich in die Haushaltspolitik ein, wollen beim Renteneintrittsalter, den Pflegekosten, der sozialen Sicherheit, der Wettbewerbspolitik, der Einkommensverteilung und so weiter mitreden. Dann kommt es zu intensiver Einmischung der Eurogruppe und der Europäischen Kommission in die wirtschaftliche Selbstbestimmung von Mitgliedsstaaten, die kaum durch nationale Parlamente oder einem »Europarlament« gedeckt ist. Welche Auswirkungen würde eine solch weitgehende Einmischung haben? Politisch, wirtschaftlich, bei Wahlen?

Mir scheint dies ein *Ticket-to-Disaster* zu sein, und der schnellste Weg, um die EU noch weiter von den schon auf Distanz befindlichen EU-Bürgern zu entfremden. Gleichzeitig aber ist diese Art von Einmischung und Kontrolle genau das, worauf die europäische Politik gerade zusteuert. Je mehr der Süden »Solidarität« fordert, umso mehr wird die EU und die Eurozone – aus dem Blickwinkel des Nordens – zu einer »Disziplinarunion« werden müssen. Kein »Gratisgeld«, sondern Kontrolle im Hinblick auf Solidität und Reformen.

Die Corona-Krise hat den Diskurs über europäische Kräftebündelung eher verstärkt als abgeschwächt. Die große Frage ist, ob die etablierten Politiker in den Mitgliedsstaaten genug Rückhalt beim Wähler für dieses neue geopolitische Projekt mobilisieren können. Ob sie zu ausreichend überzeugender und Autorität ausstrahlender Führungskraft fähig sind, um dies zu realisieren? Ob man selbst genug von dieser Richtung überzeugt ist und ob man in der Lage ist, das makrogeopolitische Interesse mit dem Mikrointeresse des europäischen Bürgers zu verbinden.

Wie macht man deutlich, dass all die Billionen der Europäischen Zentralbank EZB, des Europäischen Wiederaufbaufonds und des *Green Deal* letztendlich dem normalen EU-Bürger zugutekommen? Und nicht den Finanzmärkten, den Banken und den Konzernen. Kann man politischen Zynismus und Misstrauen gegenüber den Eliten bei beachtlichen Teilen der Gesellschaft mit diesen großen europäischen Aktionen und Gebärden abbauen? Achtet man auf eine ehrliche und effiziente Verwendung? Ich habe da, ehrlich gesagt, so meine Zweifel. Dieser große finanz-politische Sprung vorwärts ist zugleich auch ein eine große Wette vorwärts. Leider.

Die große Wette vorwärts

Was in der Eurozone (Pars pro Toto für die ganze EU) fehlt, ist gegenseitiges Vertrauen. Das kommt zum einen daher, dass Klischees und stigmatisierende Stereotype in der Währungsunion eine beachtliche Rolle spielen, angefacht und aufgeputscht von populistischen Parteien und Boulevardmedien, sowohl in Nord-, als auch in Südeuropa.

Im Norden gilt der Süden als verschwenderisch, als unverantwortlich im Umgang mit Staatsfinanzen und Staatsschulden. Dieses Bild beruht nicht auf methodisch sauberen, akademischen Statistiken, aus denen manchmal hervorgeht, dass Italien in den letzten Jahren ganz und gar nicht auf Pump gelebt, sondern laut

Austerity-Index sogar besser gewirtschaftet hat als Länder wie Deutschland und die Niederlande (Adam Tooze). Aber die hartnäckigen Stereotype (der niederländische Finanzminister Jeroen Dijsselbloem: »Alkohol und Frauen«) basieren auch auf der *Body Language* der italienischen Politik, auf der Tatsache, dass Leute wie Berlusconi oder Savini in Rom am Ruder sind, die nicht gerade als sparsame Buchhalter gelten. Geschichten über die Schattenwirtschaft der Mafia und so weiter.

Auch das Image, das Griechenland mit seinem Gemauschel mit *Goldman Sachs* anhängt, war nicht wirklich hilfreich. Ebenso wenig wie die Ausweichmanöver Frankreichs – das doch eigentlich ein führendes Vorbild sein müsste – angesichts eines kritischen Kommentars der Europäischen Kommission zur französischen Wirtschaft.

Hinzu kommt, dass wir es in der Eurozone mit nur schwer vergleichbaren Ökonomien und Wohlfahrtsstaaten zu tun haben, was zur Verwirrung beiträgt: mit dem mehr auf die Familie ausgerichteten, mediterranen Wohlfahrtsstaat und dem mehr auf individuelle Hilfe basierenden nördlichen Wohlfahrtsstaat. Das hat auch komplexe Unterschiede à la Galbraith zur Folge: öffentlicher Reichtum und private Schulden im Norden, privater Reichtum und öffentliche Armut im Süden.

Im Süden gibt es auch Klischeevorstellungen vom Norden. Der ist angeblich imperialistisch und machtlüstern (Deutschland). Der Hitler-Schnurrbart ist nie weit weg. Für ein Land wie die Niederlande verwendet man den Ausdruck »geizig«/*frugal*, weil es sich bei den »solidarischen« Nord-Süd-Transfers querstellt. Geizig, obwohl die Niederlande schon seit Langem zu den großen Nettozahlern gehören und als kleines Land für all die in der EU investierten Kohäsions- und Strukturfondsgelder wenig »Macht« zurückbekommt. Allerdings sind die Niederlande auch eine scheinheilige Steueroase, selbst wenn sie jetzt ihre ungewöhnlichen steuerlichen Regelungen abbauen.

Bottom Line: Europäische Bürger sind über die anderen Länder der EU schlecht informiert, wodurch Vorurteile und spektakuläre Anekdoten, von populistischen Parteien und Medien aufgeblasen und ausgebeutet, eine große Rolle spielen, mit nicht zu unterschätzenden negativen Folgen für die öffentliche Meinung und damit für den Rückhalt bei den Wählern für eine weitreichende gemeinschaftliche europäische Politik.

Was auch nicht hilft, ist die geringe Transparenz und der Mangel an demokratischer Debatte im Zusammenhang mit den gewaltigen Geldtransaktionen der Europäischen Zentralbank und der Europäischen Kommission als Reaktion auf die Krise. Wie vertrauenerweckend ist es für den europäischen Steuerzahler, wenn Frau Lagarde von der EZB »No Limits« ruft? Wie steht ein Arbeitsloser oder ein marginalisiertes Mitglied der unteren Mittelschicht im globalisierenden Europa all den Beträgen gegenüber, die für den *Green Deal* oder Wiederaufbaufonds im Gespräch sind? Dieses Geld ging 2010 zuerst an die Banken und an den Finanzsektor und jetzt zum Wiederaufbau von Südeuropa. Wie solidarisch ist das alles? Für einen Hartz IV-Empfänger in den neuen Bundesländern oder für einen armen Rentner in der Wallonie?

Europa hatte nach der Euro- und Bankenkrise das Image eines »Europas für die Banken und Konzerne«. Es hat sich daher vorgenommen, wieder mehr das Europa des einfachen Bürgers zu werden. Die Frage ist, ob der Europäische Wiederaufbauplan und der Green New Deal wohl als europäisches Rettungspaket für den Bürger in der Krise wahrgenommen werden. Es steht hier viel auf dem Spiel.

Es sind die Politiker der Eurozone, die in der Klemme stecken, eingezwängt zwischen den Finanzmärkten und den Wählermärkten. Die Finanzmärkte fordern einen stabilen Euro in einer stabilen Währungsunion. Aus diesem Grund fragt sich zum Beispiel der französische Wirtschaftswissenschaftler und ehemaliger Direktor der EZB, Benoit Coeuré:

> »Can a group of sovereign nations sustain a single currency without a common polity? Can the euro be a currency without a state? I believe it cannot.«[20]

Solche Vorschläge zur Staatsgründung können insbesondere in Nordeuropa auf großen Widerstand stoßen und Exit-Optionen wahrscheinlicher machen. Sie stellen daher möglicherweise eine Gefahr für die Stabilität dar, nicht nur der Eurozone, sondern der EU als Ganzer.

Ein ehemaliger niederländischer Minister, der Sozialdemokrat Ronald Plasterk, hat bereits mit einem Nexit gedroht, sollte Südeuropa seine Idee von einer permanenten Schuldenunion durchsetzen wollen. »Die südlichen Mitgliedsstaaten wollen um jeden Preis, dass Europa gemeinschaftliche Schulden macht, sodass die nördlichen Mitgliedsstaaten für die Staatsschulden der südlichen Mitglieder bürgen. Es verläuft eine Kulturgrenze durch Europa. Nördlich davon gehen die Skandinavier, die Briten, die Deutschen und die Niederländer sparsamer mit den Staatsfinanzen um als die Länder südlich davon.« *(De Telegraaf)*

Auch niederländische Europaexperten wie Adriaan Schout sind der Meinung, dass die südlichen Lösungsvorschläge nicht funktionieren und im Norden nicht akzeptiert werden würden. Laut Schout erfordert ein stabiler Euro starke Mitgliedsstaaten: »*Wer Solidarität verlangt, muss Solidität bieten.*« Manche Länder hätten ihre Wirtschaft unzureichend reformiert, die Kontrolle der Europäischen Kommission habe nicht ausgereicht. Schout:

> »Die beste Medizin gegen Schulden ist Wachstum. Spanien und Italien haben gespart, aber hohe Arbeitslosigkeit (Spanien) und geringes Wachstum der Produktivität blieben ein Problem. Erklärungen hierfür sind schwache Führung, unzulängliche Qualität der Gesetzgebung, kontraproduktive Tarifverhandlungen, unzureichende soziale Auffangnetze, sodass man bei der EU anklopfen muss, wenn es Schwierigkeiten gibt und so weiter. Ohne gute Regierung ist jede Staatsschuld zu hoch und jede von der EU subventionierte Ausgabe verdächtig. Die wirtschaftliche Konvergenz innerhalb der Eurozone ist nur unzureichend zustande gekommen. Erforderlich ist, dass jedes Land selbst schnell angibt, wie es seine Konkurrenzfähigkeit in Ordnung bringt. (...) Auf der Grundlage der Stärke der Mitgliedsstaaten muss am wechselseitigen Vertrauen gearbeitet werden. (...) Die Botschaft muss unmissverständlich sein: Ein stabiler Euro erfordert starke Mitgliedsstaaten. Wer Solidarität verlangt, muss Solidität bieten.«

Eine deutliche nördliche Meinung. Auch Jochen Bittner weist in einem *New York Times*-open darauf hin, dass Schuldenumverteilung durch Euro- oder Corona-Bonds äußerst riskant ist und den Kernprinzipien der Währungsunion zuwiderläuft.

»Corona bonds would breach a founding principle of the eurozone, a core promise that helped convince the Germans of the idea of the euro in the first place: Every country is responsible for its own budget and no one will be allowed to live at the expense of others; the union shall not be liable for the commitments of single governments.«[21]

Die plötzliche Änderung der Spielregeln – ganz gleich, wie groß die Not in der Corona-Krise ist – wird Wasser auf die Mühlen der antieuropäischen Kräfte sein. Sie können zurecht behaupten, die EU benutze jede Krise für weitere Zentralisierung und Vertiefung. »Mehr Europa« als einzige Medizin und Richtung. Das könne, so Bittner, Europaskepsis bis tief in die politische Mitte Europas verfestigen. Man lese nur die *Bild-Zeitung*. Man achte nur einmal auf die CSU im Deutschen Bundestag oder auf die wirtschaftsliberalen Flügel in FDP und CDU, auch wenn die Umfragen zum Corona-Wiederaufbauplan auffallend positiv waren. Doch auch die politische Mitte in den Niederlanden fühlt sich nun zwischen dem europäischen Eifer nach der Corona-Krise und der Europaskepsis im eigenen Land unter Druck.

Das ist die große Gefahr, die dem Europäischen Wiederaufbauplan nun droht. Er wird von den antieuropäischen Kräften als ein »europäischer Staatsstreich gegen die Nationalstaaten« hingestellt werden. Wenn das nicht gut gemanagt wird und die politische Mitte sich allein gelassen fühlt, dann droht eine Wiederholung dessen, was wir während der Flüchtlingskrise erlebt haben: Das »*Wir schaffen das*«-Gefühl droht dann durch einen rechts-populistischen Backlash abgelöst zu werden.

Solch drastische Maßnahmen wie ein Mega-Wiederaufbauplan (mit gemeinschaftlichen Schulden und Hilfen) und die Erhebung von europäischen Steuern setzen nämlich ein Familiengefühl voraus, eine massive Pro-Europa-Haltung und politisches Vertrauen in die alten, etablierten Parteien. Doch diese Annahmen sind überholt. Man kann die europäische Zusammenarbeit nicht auf der Grundlage unbewiesener Reserven an europäischer Loyalität und Solidarität intensivieren. Noch einmal: Seid behutsam mit Europa!

Die populistische Falle

Ehe man es sich versieht, läuft man erneut in die populistische Falle. Die gibt es in zwei Varianten, eine in Nordeuropa und eine in Südeuropa. Das Dilemma ist: Unterstützt man die südlichen Problemländer nicht, liefert man den Populisten im Süden, den Salvinis, Zündstoff. Aber die Durchsetzung von Mega-Transfers und eines Schuldenpakets fördert den antieuropäischen Anti-Establishment-Populismus in Nordeuropa. Ob man aus diesem Dilemma so herauskommt, wie der französische Finanzminister Bruno Le Mair es einmal skizziert hat, muss stark bezweifelt werden. Er sagte in aller Gemütsruhe:

>»Der Wiederaufbaufonds ist nicht nur wirtschaftlich notwendig, sondern soll auch ein politisches Signal an Länder wie Italien oder Spanien sein: Wir lassen euch nicht im Stich. Ein Mangel an Solidarität kann das Ende der Eurozone, ja, der ganzen EU bedeuten, meint Frankreich. (...) Ich trage den sehr starken Reaktionen der öffentlichen Meinung im Norden Rechnung. Ich will nur, dass unsere Freunde begreifen, dass es das Ende der EU bedeuten kann, wenn wir Italien nicht helfen. Und das ist auch nicht im Interesse Schwedens, Finnlands, Dänemarks oder der Niederlande.«

Damit wir uns nicht missverstehen: Es lässt sich allerhand gegen die buchhalterische, neoliberale Haltung Nordeuropas vorbringen. Mit Scham müssen wir uns daran erinnern, wie gefühllos man die griechische Bevölkerung hat leiden lassen. Im Übrigen waren auch – allerdings in unvergleichbar kleinerem Maße – die deutsche und die niederländische Bevölkerung Opfer neoliberaler Sparpolitik. Man denke nur an die Altersarmut in Deutschland oder die zeitlich befristeten Jobs der jungen Niederländer. Aber es ist vollkommen unangebracht, den Südeuropäern mitten in der Corona-Krise eine calvinistische Lektion zu erteilen. Nur über Bedingungen und Voraussetzungen zu reden, das ist eine viel zu ausschließlich technisch-finanzielle Herangehensweise. Undiplomatische Weltfremdheit mitten in einer katastrophalen Pandemie.

Hier rächt sich, dass sich das Finanzministerium um den Euro kümmert, während die Diplomatie des Außenministeriums in der

Währungsunion an der Seitenlinie steht. Und das, obwohl der Euro durch und durch politisch ist. Es geht um nationale und gemeinsame wirtschaftliche Interessen, um machtpolitische Allianzen und die zukünftige Gestaltung der Europäischen Union. Um Solidarität und Solidität. Es geht darum, einander zu helfen und Versprechen zu halten.

Das ändert nichts daran, dass in der Währungsunion sehr wohl ein entscheidender Streit geführt wird, der über die Corona-Krise hinausgeht. Etliche einflussreiche Politiker in Brüssel und Umgebung plädieren für den großen Sprung vorwärts. Jetzt, mit der Corona-Krise, sei der Moment der großen Vereinigung Europas gekommen. »Das intergouvernementale Europa ist tot.« Jetzt müsse der Umbruch zu einer solidarischen politischen Schuldenunion und strategischer Souveränität erfolgen.

Ein solches Plädoyer wird begleitet von politischer Erpressung. Wenn wir uns nicht als Europäer vereinigten, gehe die Europäische Union unter. Oder noch stärker: Wenn der Norden sich nicht großzügig mit dem Süden solidarisch zeige, werde China oder Russland in die dann entstehende Lücke springen. Wenn das nicht schon geschehen sei. Ein markantes Detail sei nämlich, dass die Italiener, die am lautesten nach europäischer Solidarität rufen, ausgerechnet der europaskeptischen Fünf-Sterne-Bewegung angehören, die auffällig mit China flirtet und Italien an die neue Seidenstraße angeschlossen hat.

Man muss sich darüber hinaus fragen, warum Eurobonds oder zeitlich befristete Corona-Bonds in der nördlichen öffentlichen Meinung ein No-go sind. Das hat wenig mit der Angst vor Populisten bei Wahlen zu tun. Viel mehr haben wir es hier mit einem widersprüchlichen Verständnis von Solidarität zu tun. In einer niederländischen Satiresendung wurde das so ausgedrückt:

»Liebe Italiener, natürlich wollen wir euch beim Löschen Eures Hauses helfen, aber wir wollen dann nicht gleich auch noch die ganze Hypothek übernehmen müssen.«

Nordeuropäische Länder – mit einer ordentlich funktionierenden Steuermoral (mehr bei den Bürgern als bei den Unternehmen), die auf einer nicht korrupten Politik gründet – haben ein Problem damit, eine hundertprozentige finanzielle und wirtschaftliche Schicksalsgemeinschaft mit Ländern einzugehen, die Leute wie Berlusconi/Salvini oder Orbán wählen, damit sie den Staatshaushalt verwalten, und die, laut *Financial Times,* eine Schattenwirtschaft unterhalten, die so groß ist wie das Bruttoinlandsprodukt von Portugal. Dem mögen Stereotype zugrunde liegen, doch letztendlich geht es zwischen den Ländern um dauerhaftes gegenseitiges Vertrauen. Sollte es ein Zufall sein, dass die am stärksten egalitären, nach innen solidarischsten Länder wie Schweden, Dänemark, die Niederlande und Österreich die größten Probleme mit permanenten Solidaritätstransfers in Europa haben?

In einer Notsituation wie der Corona-Krise, die uns alle getroffen hat – die einen härter als die anderen – kann man es vertreten, einen einmaligen, sehr starken Appell an die gegenseitige Solidarität zu richten, wie es Merkel und Macron, motiviert durch den Willen, »*einzutreten für die europäische Idee*«, mit ihrem Vorschlag zu einem Wiederaufbauplan getan haben. Daraus ist der hyperehrgeizige Wiederaufbauplan *(NextGenerationEU)* der Europäischen Kommission hervorgegangen, über den, auch im Rahmen des europäischen Haushalts, im Europäischen und in den nationalen Parlamenten heftig debattiert werden wird.

Mit diesen Corona-Plänen scheint man viel mehr erreichen zu wollen als nur einmalige Krisenbewältigung. Das ist nicht klug. Wer die EU in Zukunft ganz und gar als solidarische Schulden-Steuerunion einrichten will, der macht, so fürchte ich, *Exits* in Nordeuropa wahrscheinlicher. Wollen wir das wirklich riskieren? Der Mythos der Einheitswährung besteht darin, dass der Euro die Volkswirtschaften in der EU nicht hat zusammenwachsen lassen, sondern sich stattdessen als Spaltpilz der Divergenz erwiesen hat. Der Euro ist keine Einheitswährung, sondern droht eine Uneinigkeitswährung zu sein und zu bleiben. *One size didn't fit all.*

LITERATUR

[56] Andrea Boitani/Roberto Tamborini: »Crisis and reform of the Euro zone: Why do we disagree? A reflection paper on the North-South divide«, Rom, Friedrich-Ebert-Stiftung, März 2020.

[57] Steffen Klusmann: »Deutschland ist unsolidarisch, kleingeistig und feige, in: *Der Spiegel,* Nr. 15, 3. April 2020.

[58] Wolfgang Münchau: »Why we would like to share the optimism on euro-bonds, but can't«, EuroIntelligence, 31. März 2020.

[59] Erik Jones: »Why Share Risk through the ECB?«, 12. April 2020, Encompass-Europe.com.

[60] Caroline de Gruyter: »›Noord tegen zuid‹ gaat in de EU niet meer op: zelfs Merkel is zuidelijker«, in: *NRC Handelsblad,* 3. April 2020.

[61] Ivo Oliveira: »Portugal's Costa questions Dutch commitment to E«, *Politico,* 4. Oktober 2020.

[62] Adam Tooze: »Coronabonds‹ and Europe's north-south divide. The Eurogroup's decision to reject coronabonds will leave destabilising politi-cal scars across the European Union«, *Social Europe,* 13. April 2020.

[63] Judy Dempsey: »Judy Asks: Should Europe Have Common Debt? How to deal with the economic costs of the coronavirus is dividing the eurozone countries once again«, *Carnegie Europe,* 23. April, 2020.

[64] Roberto Perotti: »The European response to the Covid-19 crisis: A pragma-tic proposal to break the impasse«, 21. April 2020, VOX, CEPR Policy Portal.

[65] Yvonne Hofs: »Wat is er nou zo verschrikkelijk aan Eurobonds?‹«, Interview mit Wopke Hoekstra, in: *de Volkskrant,* 4. April 2020.

[66] Peter de Waard: »Opkopen van staatsobligaties door ECB deels ongrond-wettelijk, oordeelt Duits Hof«, in: *de Volkskrant,* 5. Mai 2020.

[67] Adriaan Schout: »Harde opstelling Nederland in de EU onontkoombaar‹«, in: *Elsevier EW,* 29. April 2020.

[68] Jeroen Dijsselbloem: De Eurocrisis. Het verhaal van binnenuit, Promet-heus, 2018.

[69] Jochen Bittner: »Europe Needs to Come Together. But Not Like This«, in: *New York Times,* 22. April 2020.

[70] Bruno Le Mair: Interview, in: *de Volkskrant,* 13. April 2020.

[71] Geert Jennes: »Een transferunie voor de eurozone? Liever een mini-VS dan een maxi-België«, VIVES, Faculteit voor Economie en Bedrijfswetenschap-pen, KU Leuven (VIVES BRIEFING 2020/04).

Zum Schluss:
21 Aussagen als Zusammenfassung und Schlussfolgerung

1. Das Gefährlichste, was passieren kann, ist, eine falsche Schwarz-Weiß-Wahlmöglichkeit auf die Spitze zu treiben: für Europa oder für den Nationalstaat. Keine Grautöne, keine Optionen, keine Alternativen. Mit diesem Diskurs drohen wir, im denkbar schlechtesten Szenario zu landen: schwache Nationalstaaten in einer schwachen, uneinigen und handlungsunfähigen EU. Der zukünftige Kurs Europas wird bestimmt durch die richtige Balance zwischen europäischer Zusammenarbeit und nationaler Demokratie.

2. Ich habe kein Problem, die Europäische Union als ein heiliges Projekt zu bezeichnen. Heilig im Lichte des barbarischen 20. Jahrhunderts, in dem Europa in zwei Weltkriegen beinahe Selbstmord beging. Jene, die sich der europäischen Zusammenarbeit widersetzen und für eine schlichte Rückkehr zum Europa der unabhängigen, souveränen Staaten plädieren, machen sich einer ahistorischen Simplifizierung schuldig.

3. Ich habe Schwierigkeiten mit der Unvorsichtigkeit Europas, mit der unvorsichtigen Art und Weise, wie mit Europa umgesprungen wird. Nationalpopulisten reißen mit ihren *Exit*-Ideen die EU auseinander, als gäbe es keine Geschichte. Neo-Föderalisten reißen die Nationalstaaten auseinander, als gäbe es keine Geschichte.

4. Der Kern ist folgender: Die EU ist kein »Deutscher Bundesstaat«, und das wird sie auch nie sein. Sie ist nicht zehnmal Deutschland mit entsprechend vielen Bundesländern. Nein, die EU ist eher so etwas wie die komplexe Vergrößerung Belgiens. Die EU ist »27-mal Belgien« – und mehr.

5. Jedem (Sozial-)Demokraten müsste es zu Herzen gehen, dass das entstehende europäische Empire die exklusive Domäne der kosmopolitischen, akademischen Eliten und der Lobbyisten großer Konzernen und Nichtregierungsorganisationen zu werden droht, die sich von den nationalen Demokratien gelöst haben.

6. Man geht viel zu achtlos mit den Gefühlen um, die bei der gleichzeitigen Vertiefung und Erweiterung der EU – der Transformation der Union in ein »Viel-Völker-Imperium« mit 500 Millionen Einwohnern – entstehen. Die Auseinandersetzung zwischen nationalem Staat und größerem europäischen Zusammenschluss ist alles andere als nationalistisches Gejammer, sondern berührt entscheidende Fragen zur demokratischen Kontrolle der Macht, zu *Checks and Balances* und zur politischen Ungleichheit.

7. Sollte es Zufall sein, dass die am stärksten egalitären, solidarischen *High-Trust*-Länder Europas – Schweden, Dänemark, die Niederlande und Österreich – die größten Probleme mit einem »Wohlfahrtsstaat« auf europäischer Ebene haben?

8. Meine Sorge, und aus dieser Sorge ist dieses Buch entstanden, ist, dass Europa theoretisch eine größere und stärkere Einheit braucht, um in der globalisierenden Welt überleben zu können. Auch eine größere Einheit des Handelns, um der Währungsunion die Stabilität zu verleihen, die sie braucht. Meine Sorge ist aber auch, dass Europa per Definition politisch, kulturell, wirtschaftlich und verwaltungsmäßig zu divers und uneinig ist, um eine solche Einheit zustande zu bringen. Jedenfalls nicht ohne den demokratischen Geist und der kulturellen Vielfalt Schaden zuzufügen, denen Europa gerade seine einzigartige Lebensqualität verdankt.

9. Meine Sorge läuft auf ein faustisches Dilemma hinaus: Um Europa zu retten, zu stärken und zu beschützen, laufen wir Gefahr, seine Seele zerstören zu müssen. Ich setze daher alles auf eine Zwischenposition, in der Hoffnung, dass diese möglich sein wird. Denn wenn dem nicht so ist, dann laufen wir mit offenen Augen in die Schwarz-Weiß-Falle der Alternative zwischen Einheitsföderation oder nationalistischer Nationalstaat.

10. Dieses Buch konstatiert einen tragischen, europäischen Kurzschluss: Die meisten Europäer wissen nicht, in welchem Europa sie leben. Sie meinen, in einem konföderalen Europa zu leben – in dem europäische Integration unter Beibehaltung nationaler Souveränität stattfindet –, doch sie leben de facto in einem föderalen Europa. Insbesondere die Währungsunion ist eine schon fast Wirklichkeit gewordene »*Ever Closer Union*«, in der die Mitgliedsstaaten zu Bundesländern geworden sind, die ihre Haushaltsouveränität aufgegeben haben *(Taxation without Representation)*.

11. Dieses Buch ist ein europarealistischer Essay. Es ist ein Buch über die Stärke und Schwäche Europas. Über die Hoffnungen und Sorgen. Über die Spannkraft und die Zukunftsideale des europäischen Projekts. Über die falschen Mythen von europhilen Neoliberalen und von fremdenfeindlichen Nationalisten. Es ist weder europaskeptisch noch europaföderal.

12. Die Europäische Union ist offenbar keine »Internationale des Proletariats«, sondern hat sich zur »Internationalen der (neoliberalen) kosmopolitischen Eliten‹ entwickelt. Diesen Trend umzukehren und zu beenden, muss die Hauptaufgabe derer sein, die mit Europa sympathisieren und meinen, dass die Union kein reines Hochgebildeten-Projekt sein darf.

13. Damit wir uns verstehen: Viele europäischen Bürger stehen der Europäischen Union und der europäischen Zusammenarbeit im Prinzip nicht ablehnend gegenüber. Sie haben aber das immer stärker werdende Gefühl, immer weniger über ein Europa bestimmen zu können, das immer mehr über sie zu bestimmen hat. Dieses demokratische Alarmsignal muss äußerst ernst genommen werden.

14. Fest steht: Der Bekämpfung der europäischen Entfremdung, insbesondere bei den niedriger qualifizierten Teilen der Bevölkerung – aber dramatischer vielleicht noch: bei den nationalen politischen Eliten –, ist nicht mit panischen Ad-hoc-Lösungen gedient wie dem Durchdrücken einer Transfer- und Schuldenunion. Auch nicht in Corona-Zeiten. Das europäische Projekt ist zu wichtig und zu verletzlich für zerstörerische Schnellschüsse.

15. Worin besteht die *Ideologie des Europismus?* Das ist die Ideologie, die vorschreibt, dass alles, was mit Europa und der Europäischen Union zu tun hat, bejubelt werden muss. Ja, dass jede Kritik an Europa, an der Integration, an den europäischen Institutionen gefährlich ist, weil sie den Rückhalt für die europäische Vereinigung untergraben könnte. Der Europismus behauptet: Es gibt nur ein einziges Europa, eine einzige Europäische Union, eine einzige Form, einen einzigen Weg, eine einzige Art der europäischen Integration. Man ist europagesinnt, oder man ist ein ordinärer Nationalist und Protektionist. Man ist ein »echter« Europäer, oder man tut dem europäischen Gedanken Abbruch. Man ist entweder Europäer oder Nationalist. Keine Alternativen, keine Optionen, keine

Nuancen. Es gibt keine *Fifty Shades of Grey* in der europäischen Debatte.

16. Wird hier nicht ein Ideal auf die Spitze getrieben, das weit entfernt vom politischen Horizont des größten Teils der Bevölkerung ist, einem Horizont, der nicht weiter reicht als die lokale und nationale Demokratie? Bedeutet die (finanzielle) Europäisierung der Politik nicht, dass die Politik aus der nationalen Demokratie technokratisch entfernt wird *(Policies without Politics)*? Müssen wir nicht im Gegenteil vorsichtig und sehr selektiv mit der Europäisierung von Politik umgehen, weil die EU nun einmal für große Teile der Bevölkerung die Welt der *Postdemocracy* darstellt?

17. Bei aller Dramatik: intellektuell betrachtet, ist der Brexit äußerst faszinierend. Eine wichtige europäische Lektion. Er lehrt uns, was es genau bedeutet, Mitglied der Europäischen Union zu sein oder aber eben nicht. Der Brexit ist ein aufschlussreicher Europalehrgang für Bevölkerungen, die oft viel zu wenig über die EU wissen und ihr viel zu fernstehen. Das ist, wie immer man es sieht, demokratischer Fortschritt. Der Brexit als *europäischer Concours* für alle Europäer.

18. Damit wir uns nicht missverstehen: Das Jahrhundert der *Great Power Competition* verlangt mehr strategisches Denken und Handeln der EU. Europa hat die stärkste Unterstützung der Wähler im Bereich »auswärtige Politik« (Außenpolitik, Verteidigung, Welthandel, internationale Klimapolitik). Ich könnte mir sogar die Gründung eines Europäischen Sicherheitsrates vorstellen, als Stützpfeiler der westlichen Allianz.

19. Dieses Buch wurde vom Standpunkt der Vorsicht aus geschrieben. Es wirft den Nationalpopulisten Unvorsichtigkeit vor, und es wirft den Neoföderalisten Unvorsichtigkeit vor. Und genau zur Zeit der Niederschrift wird die EU von einem schweren Anfall von Unvorsichtigkeit erfasst. Als hätte es keinen Brexit gegeben. Als stünden viele Länder nicht unter Druck aufgrund von populistischen Anti-EU-Parteien. Als hätte die etablierte Politik noch das Mandat und das Vertrauen der Wähler, wie es die Volksparteien der Nachkriegszeit genossen. Als wären nicht viele Wähler von der Politik abgehängt.

20. Wir müssen daher mit Mythen vorsichtig sein. Mit Mythen über hundertprozentige Souveränität. Mit Mythen über einen europäischen Superstaat. Mit Mythen über das Verschwinden des Nationalstaats. Mit Mythen über europäische Einheit und mit Mythen über nationale Einheit. Mit Mythen über krumme Gurken und mit Mythen über gerade Gurken.

21. Worte haben Wirkung. Insbesondere falsche Worte und Trugbilder haben Wirkung. Das komplizierte – historisch notwendige, aber für die Demokratie riskante – europäische Projekt wird von Mythen geplagt. Durch selbstbeweihräuchernde Mythen über die Entstehung der EU, die von Europhilen gehegt werden, aber auch durch destruktive, gefährliche *Fake-news*-Fabeln, die von den Feinden der EU verbreitet werden. Um dafür zu sorgen, dass das europäische Projekt wieder von der anständigen Mitte der europäischen Bürger getragen wird, werden wir Entmythologisierung betreiben müssen. Entmythologisierung der europhilen und der europafeindlichen Fabeln, die über Europa kursieren.

Epilog: Über Mythen und Gurken

Der berüchtigtste Mythos über Europa war natürlich der Gurken-Mythos. Die Europäische Union schrieb in der *EU-Gurkenverordnung* haargenau vor, welche Krümmung eine Gurke haben muss, um in Europa als Gurke (an-)erkannt zu werden. Diese Bestimmung war das Symbol für die Regelwut der EU. Würden Bürokraten in Brüssel wirklich hingehen und die Krümmung von Gurken messen?

Lange Zeit galt diese Geschichte als Standardanekdote für Europakritiker und für Europaskeptiker, die der Ansicht waren, dass der Hang zur Gängelung und der Expansionsdrang Europas die Grenze zum Wahnsinn erreicht hatte. Hyperdetaillierte Regeln für den Krümmungsgrad von Gurken, Regeln bezüglich der Form des Apfelstiels: Das war ein Schützenfest für Europagegner. Die EU wurde zum Symbol für vollkommen sinnlose Einmischung in das tägliche Leben seiner Bürger. Es würde mich nicht wundern, wenn Boris Johnson in seiner wilden Zeit als EU-Korrespondent des *Daily Telegraph* in Brüssel darüber ganze Seiten vollgeschrieben hätte. Denn das war damals sein Metier: scherzhafte, höhnische Artikel über den bürokratischen Wahnsinn in Brüssel schreiben. Wobei er es mit der Wahrheit und der Wirklichkeit nicht so genau nahm. Johnson schrieb *Fake News avant-la-lettre*, könnte man sagen.

Das galt eigentlich auch für die berühmt-berüchtigte Gurkengeschichte. Diese Verordnung hat es sehr wohl gegeben. Wir reden hier von der »*Verordnung 1677/88/EWG zur Festsetzung von Qualitätsnormen für Gurken*«. Darin standen tatsächlich bis in die kleinsten Details die erlaubten Krümmungsgrade von Gurken. Gurken der Güteklasse »Extra« und der Handelsklasse 1 durften auf einer Länge von 10 Zentimetern eine maximale Krümmung von 10 Millimetern aufweisen. Für die der Güteklasse 2 waren 20 Millimeter erlaubt. Noch krummere gelangten nicht in den Handel. In der Verordnung steht wortwörtlich:

> »Gurken dieser Klasse müssen von guter Qualität sein. Sie müssen genügend entwickelt sein, ziemlich gut geformt und praktisch gerade sein (maximale Krümmung: 10 mm auf 10 cm Länge der Gurke). Sie dürfen folgende Fehler aufweisen: einen leichten

Formfehler, der jedoch nicht auf die Samenbildung zurückzuführen sein darf.«

Doch im Jahr 2008 strich die EU 100 Seiten Vorschriften über die Form von Obst und Gemüse. Nach gut zwanzig Jahren durfte die krumme Gurke wieder im Laden liegen. Der Gurken-Anekdote über den Brüsseler Regelungswahn war jedoch ein langes Nachleben beschieden, und sie kursierte noch Jahre, nachdem die Verordnung aufgehoben war. Der tatsächliche Gurken-Mythos besteht jedoch darin, dass nicht Brüssel die treibende Kraft hinter der Verordnung war, sondern die Landwirtschaft selbst, zusammen mit den Landwirtschaftsministern einiger EU-Mitgliedsstaaten. Es war europäischer Regelungswahn auf Bestellung, wie es oft bei den hyperdetaillierten Richtlinien für den Binnenmarkt der Fall ist.

Irgendwann hat sich zudem herausgestellt, dass der Transport von krummen, seltsam geformten Gurken viel teurer ist, als das Verpacken und Transportieren gerader Gurken, und dass die Händler eine solche Verordnung folglich gar nicht brauchten. Ende des europäischen Gurkenmythos.

Dank

Es war schwierig, dieses Buch zu schreiben. Es entstand mitten in der Corona-Krise, mit allem, was dazu gehört. Ich musste einen kühlen Kopf bewahren und mich auf die Stärken und Schwächen des europäischen Projekts zu konzentrieren. Beim lauten Nachdenken über die Mythen von Europa habe ich von diversen Freunden und intellektuellen Sparringpartnern viel Unterstützung erfahren.

Ich nenne: Monika Sie Dhian Ho und Adriaan Schout (Institut Clingendael), Frans Becker (ehemaliger Kollege bei der Wiardi Beckman Stichting), László Andor (ehemaliger EU-Kommissar, heute Generalsekretär der Stiftung für Europäische Progressive Studien, FEPS), meine alten FES-Freunde Michael Bröning und Ernst Hillebrand sowie die inhaltlich leidenschaftlich mitdenkenden Verleger Uwe Optenhögel und Alexander Behrens vom Dietz-Verlag sowie Michael Dauderstädt. Und zum Schluss danke ich natürlich meiner Frau und meinen Kindern in Amersfoort/Niederlande.

Die englischen Zitate
in deutscher Übersetzung

1 »Im Laufe der zweiten Hälfte des 20. Jahrhunderts begann die Vorstellung vom Nationalstaat als einer an sich problematischen politischen Form in der politischen Vorstellungswelt an Einfluss zu verlieren. Stattdessen setzte sich immer mehr die Auffassung durch, dass nicht die Form des Nationalstaates als solche das Problem sei, sondern die Regierungsform innerhalb dieses Staates. Insbesondere wurden die Pathologien stark mit autoritären, totalitären und anderen nicht demokratischen Regimen in Verbindung gebracht. Ein demokratischer Nationalstaat wurde dagegen als Instrument des Friedens und der Sicherheit sowohl innerhalb eines Staates als auch zwischen solchen Staaten angesehen.«

2 »Der Europäische Rat hat erklärt, dass die Bezugnahme auf eine ›immer engere Union‹ nicht verhindern kann, dass verschiedene Mitgliedsstaaten unterschiedliche Wege der Integration einschlagen, oder alle Mitgliedstaaten zwingen kann, ein gemeinsames Schicksal anzustreben.«

3 »Europa wird nicht auf einmal oder nach einem einzigen Plan geschaffen werden. Es wird durch konkrete Errungenschaften aufgebaut werden, die zunächst eine faktische Solidarität schaffen.«

4 »Im Gegensatz zu den sechs ursprünglichen Gründungsländern hatte das Vereinigte Königreich nicht mit dem Trauma der Besatzung während des Zweiten Weltkriegs oder der Schuld daran zu kämpfen, es erholte sich nicht vom Faschismus wie Griechenland, Spanien und Portugal oder vom Kommunismus wie die Länder Mittelosteuropas. Die Gründe für den ursprünglichen Beitritt des Vereinigten Königreichs waren wohl sehr viel pragmatischer.«

5 »Die Europäische Union wird mit dem Ziel gegründet, die häufigen und blutigen Kriege zwischen Nachbarn zu beenden, die im Zweiten Weltkrieg gipfelten. Ab 1950 beginnt die Europäische Gemeinschaft für Kohle und Stahl, die europäischen Länder wirtschaftlich und politisch zu vereinen, um einen dauerhaften Frieden zu sichern. (...) Die historischen Wurzeln der Europäischen Union liegen im Zweiten Weltkrieg. Die Europäer sind entschlossen, zu verhindern, dass sich ein solches Töten und eine solche Zerstörung jemals wiederholen. Die westeuropäischen Nationen gründen 1949 den Europarat. 9. Mai 1950: Der französische Außenminister Robert Schuman legt einen Plan für eine engere Zusammenarbeit vor. Später wird jeder 9. Mai als »Europatag« gefeiert. 18. April 1951: Auf der Grundlage des Schuman-Plans unterzeichnen sechs Länder einen Vertrag, um ihre Schwerindustrien – Kohle und Stahl – unter eine gemeinsame Leitung zu stellen. Auf diese Weise kann

kein Land allein die Waffen des Krieges gegen das andere richten, wie es in der Vergangenheit der Fall war. (...) Die EU hat ihre Wurzeln in den Verheerungen des Zweiten Weltkriegs. 1945 lag Europas Wirtschaft in Trümmern. Große Teile der Bevölkerung waren obdachlos oder wurden vertrieben. Und während die europäischen Industrien versuchten, wieder auf die Beine zu kommen, spalteten politische Spannungen Ost und West in einem aufkommenden Kalten Krieg. Wirtschaftliche Instabilität und das Schreckgespenst der Hyperinflation – genau die Bedingungen, die zuvor zur Entstehung des deutschen Faschismus beigetragen und den Weg zum Zweiten Weltkrieg geebnet hatten – veranlassten die europäischen Staats- und Regierungschefs der Nachkriegszeit zum Handeln. Beamte schlossen sich zusammen, um den Konflikt mit wirtschaftlichen Mitteln zu umgehen. Die Stahl- und Kohleindustrien Westdeutschlands, Frankreichs, Belgiens, Luxemburgs und der Niederlande schlossen sich zusammen und schufen einen gemeinsamen Rohstoffmarkt, um die Wirtschaft zu stabilisieren und es einem einzelnen Land unmöglich zu machen, den Markt für Kriegsmaterial zu beherrschen.«

6 ...»in gigantisches Aufeinandertreffen von Landstreitkräften der Wehrmacht und der Roten Armee, der größte Landkonflikt der Geschichte«...

7 »Wir brauchen eine Struktur, die der Vielfalt ihrer Mitglieder – Nord, Süd, Ost, West, groß, klein, alt und neu – gerecht werden kann. Einige von ihnen denken über eine viel engere wirtschaftliche und politische Integration nach. Und viele andere, darunter auch Großbritannien, die dieses Ziel niemals in Angriff nehmen würden. (...) Wir dürfen uns nicht durch das Beharren auf einer Einheitsgröße für alle erdrücken lassen, die impliziert, dass alle Länder das gleiche Maß an Integration wollen. Tatsache ist, dass dies nicht der Fall ist, und wir sollten nicht behaupten, dass sie es wollen. (...) Lassen Sie mich eine weitere ketzerische Behauptung aufstellen. Der Europäische Vertrag verpflichtet die Mitgliedstaaten, »die Grundlagen für einen immer engeren Zusammenschluss der europäischen Völker zu schaffen«. Dies wurde stets so ausgelegt, dass es nicht für die Völker, sondern für die Staaten und Institutionen gilt, was durch einen Europäischen Gerichtshof noch verstärkt wurde, der stets eine stärkere Zentralisierung unterstützt hat. Wir verstehen und respektieren das Recht anderer, an ihrem Engagement für dieses Ziel festzuhalten. Aber für Großbritannien – und vielleicht auch für andere – ist es nicht das Ziel. Und wir würden uns viel wohler fühlen, wenn der Vertrag dies ausdrücklich sagen würde, damit diejenigen, die weiter und schneller gehen wollen, dies tun können, ohne von den anderen aufgehalten zu werden.«

8 »Der Europäische Rat hat erklärt, dass der Verweis auf eine ›immer engere Union‹ nicht verhindern kann, dass verschiedene Mitgliedstaaten unterschiedliche Wege der Integration einschlagen, oder alle Mitgliedstaaten zwingen kann, ein gemeinsames Schicksal anzustreben.«

9 »Die COVID-19-Erfahrung ist zwar noch lange nicht abgeschlossen, hat aber deutlich gezeigt, dass die WHO und andere internationale Organisationen zwar für den Informationsaustausch und die Koordinierung wichtig sind, dass aber die Nationen weiterhin die Hauptarbeit leisten. (...) Und die Realität ist, dass nur eine einzige Organisation auf der ganzen Welt für die Sicherheit der amerikanischen Bevölkerung verantwortlich ist. Diese Institution ist die US-Regierung.«

10 »Die EU verfügt über die Marktmacht, die Verteidigungsausgaben und das diplomatische Gewicht, um diese Vulnerabilität zu beenden und die Souveränität ihrer Mitgliedstaaten wiederherzustellen. Aber wenn sie nicht bald handelt, könnte Europa nicht zu einem Akteur in der neuen Weltordnung werden, sondern zu einem Schachbrett, auf dem die Großmächte um Macht und Ruhm konkurrieren.«

11 »Es gibt eine neue deutsche Frage. Sie lautet wie folgt: Kann das mächtigste Land Europas beim Aufbau einer nachhaltigen, international wettbewerbsfähigen Eurozone und einer starken, international glaubwürdigen Europäischen Union vorangehen?«

12 »Es stellte sich heraus, dass eine globalisierte Wirtschaft den Interessen der meisten Menschen in den Entwicklungsländern und der Eliten in den fortgeschrittenen Ländern diente – nicht aber den Interessen der Arbeiter- und Mittelklasse in den entwickelten Volkswirtschaften, denen es in den drei Jahrzehnten nach dem Zweiten Weltkrieg so gut gegangen war.«

13 »Der tiefgreifende wirtschaftliche Strukturwandel in fast allen reichen Ländern hat die Nutznießer der Transformation zunehmend von ihren Mitbürgern getrennt, die sie zurückgelassen hat.« Sein Gegenmittel: »In einem globalen Kampf der Ideen müssen die Liberalen dringend zeigen, dass die bestehende Ordnung so gestaltet werden kann, dass sie für alle funktioniert.«

14 »Analysen im Anschluss an die Wahlen zeigen, dass Sorgen über die Einwanderung das Brexit-Referendum und die US-Präsidentschaftswahlen maßgeblich beeinflusst haben (...) Die Befürworter von Dynamik und Vielfalt geraten zunehmend mit den Befürwortern von Stabilität und Homogenität aneinander, die Nutznießer des technologischen Wandels mit denjenigen, die von den daraus resultierenden wirtschaftlichen Veränderungen betroffen sind.«

15 »Die Einwanderung ist die letzte Grenze der Globalisierung. Sie ist die aufdringlichste und störendste, weil die Menschen es dabei nicht mit Objekten oder Abstraktionen zu tun haben, sondern mit anderen Menschen, die anders aussehen, anders klingen und anders fühlen. Und das kann zu Angst, Rassismus und Fremdenfeindlichkeit führen. Aber nicht alle Reaktionen sind schädlich. Es muss anerkannt werden, dass das Tempo des Wandels für die Gesellschaft zu schnell sein kann. Die Ideen der Unterbrechung und der kreativen Zerstörung wurden so sehr gefeiert, dass man leicht vergisst, dass sie für die Menschen, die unterbrochen werden, ganz anders aussehen.«

16 »Sowohl die wirtschaftliche als auch die kulturelle Dimension der Globalisierung setzen die Systemparteien unter Druck. Dies lässt sich durch das Zusammenspiel von Globalisierung und technologischer Disruption erklären, die zu einer massiven sozioökonomischen Abwärtsmobilität, wachsenden Ungleichheiten und der Rückkehr der vergessenen Klasse der europäischen Sozialgeschichte führen: der Déclassé.«

17 »Europas rechte Mitte kann sich nicht halten. Nach der Implosion der gemäßigten Linken sind nun die Konservativen an der Reihe, zusammenzubrechen.«

18 »Anywheres« versus »Somewheres«
Die »Anywheres« sind liberal, hochgebildet, mobil, fortschrittlich und fühlen sich nicht an einen bestimmten Ort oder eine Nation gebunden. Seit über 50 Jahren dominieren sie die politische Agenda mit ihrer Unterstützung für einen wirtschaftlichen und sozialen Liberalismus, der auf individuellen Rechten und einer offenen Gesellschaft basiert. Sie sind Hochschulabsolventen, deren Leben von sozialer Mobilität geprägt ist. Berufliches Fortkommen, Toleranz und soziale Unabhängigkeit sind ihre zentralen Werte. Kurz gesagt, sie leben nicht in der Nähe ihrer Mutter.

Die »Somewheres« leben in der Nähe ihres Geburtsortes, arbeiten in der Privatwirtschaft in unsicheren Jobs, haben in der Regel nicht studiert, fühlen sich aber einer nationalen Gemeinschaft zugehörig, von der sie sich zunehmend ausgeschlossen fühlen. In diesem Aufeinandertreffen kultureller Identitäten beherrschen zwei Themen die Arena: die Europäische Union und die Massenmigration.

19 »Typischerweise wird in Föderationen die gemeinsame oder zentrale Kreditaufnahme mit einer zentralen Ausgabenkontrolle kombiniert. Nehmen wir das Beispiel der Bundesrepublik Deutschland. Es ist unvorstellbar, dass ein deutscher Bundesfinanzminister einen Kredit aufnimmt und den Erlös dem bayerischen Ministerpräsidenten zur Ausgabe ohne jegliche Aufsicht oder Kontrolle überlässt. Die Kreditaufnahme des Bundes wird für Bundesprogramme verwendet, auch wenn die Länder große Teile der Programme verwalten. (...) Nehmen wir wieder das Beispiel Deutschland. Es ist unvorstellbar, dass der bayerische Ministerpräsident, nur weil er aus einem fiskalisch und ökologisch starken Land kommt, Rechenschaft und Kontrolle über die Ausgaben in Nordrhein-Westfalen ausüben darf. Stattdessen würde er seine Kontrollrechte über die föderalen Institutionen des Bundesrates und die bayerischen Abgeordneten im Bundestag ausüben.«

20 »Kann eine Gruppe souveräner Nationen eine gemeinsame Währung ohne ein gemeinsames Staatswesen unterhalten? Kann der Euro eine Währung ohne Staat sein? Ich glaube nicht.«

21 »Corona-Bonds würden gegen ein Grundprinzip der Eurozone verstoßen, ein zentrales Versprechen, das die Deutschen überhaupt erst von der Idee des Euro überzeugen konnte: Jedes Land ist für seinen eigenen Haushalt verantwortlich und niemand darf auf Kosten der anderen leben; die Union soll nicht für die Verpflichtungen einzelner Regierungen haften.«

Über den Autor

René Cuperus

geb. 1960, Dr. Senior Associate Fellow im niederländischen internationalen Institut »Clingendael«, Mitglied im Beirat der niederländischen Regierung (AIV-Kommission Europäische Integration); Gastforscher am »Duitsland Instituut« der Universität Amsterdam. Politischer Kolumnist. Letzte Publikation: *Quo vadis Post-Merkel-Deutschland? Eine geopolitische Analyse der Bundestagswahl 2021*, Clingendael, Oktober 2021.